はじめに

京都観光に自 … 観光客や修学旅行生の方に … はもちろん、あまり詳しく紹 … 山崎。南部郊外の社寺や文化 … 京都ならではの美術館・博物館やパワースポット、伝統的建造物群保存地区、早朝おすすめスポットなどについても紹介しています。

目玉はなんといっても専用駐車場や近隣駐車場の台数・料金を記載した「駐車場情報」と、大手タクシー会社に協力頂いたプラン作りのための「白地図」とタクシー運転手さんが選ぶ「京都名所BEST10」です!

本書のポイントは、①タクシー会社考案のコースづくりの方法と移動所要分・見学所要分が分かるので計画が立てやすい。②各見学施設200件以上の見どころを詳しく説明しているので、行先決めなど事前学習に最適です。拝観・見学時間や料金などの情報も網羅。③エリア地図や各施設の専用駐車場や近隣の大型駐車場なども紹介。台数・時間・料金を掲載。④タクシーの運転手さんがこれまでの経験から選んだおススメの名所をランキングで紹介などです。

観光名所駐車場も掲載しておりますが、日々営業されているタクシー乗務員の方が、より詳しく、付近コインパーキングなどもご存じだと思いますので、アドバイスをいただいて下さい。

また、社寺文化施設の参拝・拝観情報を記していますが、もしも新型コロナ感染等の拡大があれば、人数制限で、時間短縮、休み変更、予約制のみなど多岐になります。本書では、例年の、または料金の最新等を記しておりますが、本書ご利用時点では、公式WEB等で確認をお願いいたします。

本書が、皆様の京都巡りの一助になることを祈念しております。

見学にあたっての注意です。

- 社寺仏閣・文化施設等の周辺は、住宅や土産扱い以外の商店等も数多くあります。見学地巡りの際は、くれぐれも普段の生活マナーを守って下さい。
- 基本的に、境内等は三脚カメラ、建物内はカメラ、ビデオは禁止です。
- お堂や殿上内は脱帽です。冬の板敷・畳敷の堂内は冷たいです。厚手の靴下を用意して備えておくのをおすすめします。
- 展示物には触れない、立ち入り禁止場所には気を付けて下さい。
- 境内、建物内には、酔っている方は入れません。飲食も禁止です。暑い時の水分補給は別です。
- 商店街の食べ歩きは、基本的には禁止です。

世界文化遺産、国宝、史跡名勝、重要文化財など、是非みんなで守っていきましょう。

目次

参照地図

この本の使い方とコースづくりのアドバイス

コース作成

ステップ1：京都の土地勘をつかんでみよう

はじめに8～9ページ京都の市広域図を見てみましょう。京都市の面積は約828km²。東京都区部(東京23区)の面積約628 km²と比較すると、かなり広いことが分かります。

しかし、観光地として考えると、南北約11㎞(伏見稲荷大社から上賀茂神社)、東西約12㎞(銀閣寺から嵐山･渡月橋)、11×12の約132 km²という狭いエリアに、多くの観光スポットが集まった、コンパクトな街であることにも気が付くでしょう。

勿論このエリア外にも観光地は多く、世界文化遺産の高山寺･醍醐寺･比叡山延暦寺･宇治平等院のほか、貴船･鞍馬･大原など人気スポットもエリア外になります。

見学候補地を挙げる際には、エリアの内と外を考慮してみてください。

ステップ2：見学時間の設定と訪問地数の目安

起点(宿泊地･最寄駅など)から出発して、見学巡りして帰るまでの予定時間を確認してください。見学の仕方で変わりますが、「見学時間－(マイナス)1」、例えば6時間コースでは、6時間－1(ランチタイム)＝5ヶ所(または6ヶ所)が見学地の目安数となります。折角の京都、たくさん見学したいとは思いますが、余裕を持ったコースづくりを心がけましょう。

ステップ3：訪問先を選びましょう

「どこを巡るのか」というコース作成は、京都について下調べをし、グループで話し合い、訪問地を決めるという、生徒さんにとって貴重な体験になります。

本書の「各エリアのスポットガイド」「ご利益スポット」「博物館・美術館」等では豊富な観光地の見所を分かりやすく紹介していますし、経験豊かなタクシードライバーさんのお声をまとめたアンケート「タクシー運転手さんが選ぶ京都名所BEST⑩」(158～159ページ)も参考になるでしょう。ご参加の皆さんで大いに話し合ってコース作成してください。

一つのテーマでは、見飽きてしまうこともあるでしょう。古今人気の観光スポット、巨大な・珍しい建造物、名立たる庭園、歴史的な･評判な仏像･絵画、御利益授かる神社等、出発地では見られない、体験できないアミューズメントや体験施設などバラエティーに富んだ訪問地を選びましょう。

はじめはエリアに捕らわれすぎず、行きたい訪問地を選んで、第一次案を作ってみましょう。

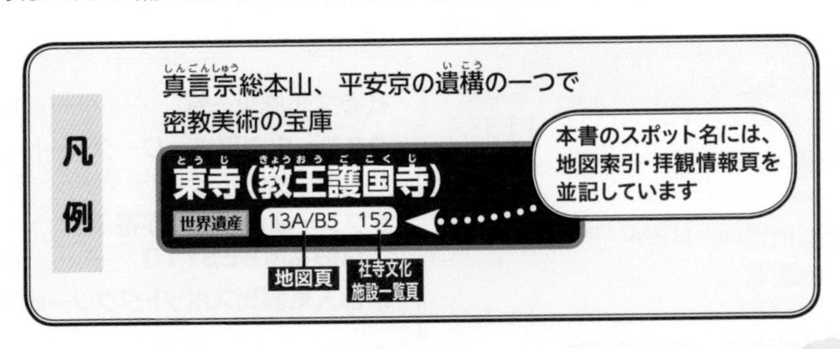

ステップ4：地図を使って訪問順序を考えてみよう

訪問地第一次案が出来ましたら、10～11ページの白地図に○印を付けてみましょう。地図上にない訪問地は、146ページからの社寺文化施設一覧や各エリア地図を参考にして、地図に書き込んでみてください。

つぎに訪問の順番を考えて、鉛筆線で結んでみましょう。

遠くの訪問地から始めて、段々と終点（宿泊地など）に近づくようにするのが基本です。渋滞等で遅れたり、逆にスムーズに進行できたりした時など、見学スポットの加減もできます。

また、京都の中心部は縦横（東西・南北）がはっきりした碁盤の目のため、斜め移動ができません。結んだ線がN字型やZ字型になっていると、時間がかかって非効率です。

きれいに結べたら、移動時間を考えてみましょう。160ページの「京都人気観光スポットタクシー所要分」と白地図ページのマス目（1マス5分）が参考になります。

さらに見学地滞在時間を加味して156～157ページの「タクシー自主研修 ワークシート」を埋めていくと、タイムテーブルの出来上がり。タクシー研修時間に合わなかった場合は、訪問地数を加減してみたり、別の訪問地を選び直したり、また洛北から洛南へ・洛東から洛西へなどのエリア間移動を見直したりして、調整してみましょう。拝観・入館等は、最終入場が16時くらいのお寺や施設が多いので注意してください。

充実した見学やグループ（班別）研修を行うには、しっかりとしたコース計画が必要です。車のメリットを生かした効率のよい移動を考えましょう。また、見学場所だけでなく、そこまでの乗車所要分、ランチ時間、お土産購入時間なども組み込んで、その季節ならではの京都巡りを充実させましょう。

京都リピーターの方々には、京都中心部から離れた郊外のおススメスポットも紹介しています。131ページ以降を参照して下さい。

スポットを結ぶ線がN字型のため、移動経路に無駄があります。
順番を変えてみましょう。

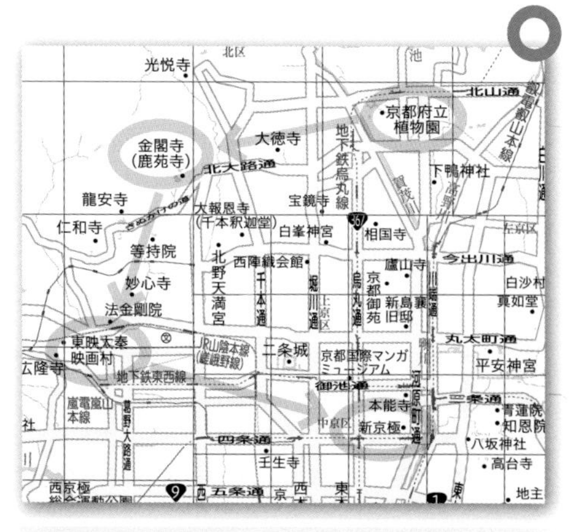

斜め移動の少ないコースになりました。
156～157pのワークシートに書き込んでみましょう。

※市内中心部は、道が混み合うため、1マスが小さくなっています

ステップ5：訪問先の情報を集め、リストを作りましょう

コースが決まったら、146ページからの社寺・文化施設一覧で所在地や拝観（入館）の時間、料金、所要分、駐車料金など調べてみましょう。

お寺や神社はお休みが少なく、境内が出入り自由なこともありますが、思わぬお休みや時間制限がある場合も。事前の下調べは重要です。

また、お金の管理も重要です。各施設の料金や食事代など、事前にリスト化して京都の現場で悩むことがないようにしましょう。共通で使う費用である駐車代などは、会計担当を決めて、管理することがおススメですね。

アドバイス

1　先生やタクシー乗務員さんの意見も聞いてみよう

タクシー研修計画が決まったら、先生に報告しましょう。了解を得られたら、プロドライバー兼ガイドでもある乗務員さんのアドバイスも受けてみましょう。

駐車場の無料情報や修学旅行割引などは勿論乗務員さんが詳しいですし、昼食等も豊富な経験をもつ乗務員さんならではの思わぬ体験ができることも。ただ、京都で絶対食べたいもの、見たいものがある時は、調べて予約してでも訪れてくださいね。

2　ルールとマナーを守って楽しい旅行

タクシーのルールとマナーは、乗務員さんの説明を受けてください。タクシー内の飲食は、水分補給以外は禁止です。修学旅行等タクシー班別研修では、その班の引率責任者は乗務員さんです。乗務員の注意を守りましょう。研修時間中の移動や見学など基本はグループ行動ですが先生の指示に従ってください。

3　時間に余裕がある場合の訪問地も考えておこう

現地での予定が思いのほかスムーズに行った場合、時間に余裕ができることも。そんな時は乗務員さんに尋ねてみて下さい。見学料金が無料だったり、楽しめる穴場を教えてもらって下さい。(例は、狸谷山不動院、日向大神宮、大石神社、八坂庚申堂(金剛寺)、護王神社など)

貸し切りタクシー利用にあたって

※乗車人数4名のタクシーから8名程度のジャンボタクシーまで、各タクシー会社ごとに多様な車種が用意されています

※駐車料金・拝観料金のチェックもお忘れなく、旅行費用の中に入れておき、思いがけない出費とならないようにしましょう。

パーキングについて

観光スポット付近コインパーキングも調べておりますが、新廃の情報も多く、観光タクシー乗務員のお尋ねするのが安心だと思います。

京都での行楽シーズン、タクシー利用でも注意したい時節

①年末年始や初詣時

例年では、八坂神社・知恩院、伏見稲荷大社、平安神宮、北野天満宮、下鴨神社、城南宮、松尾大社、石清水八幡宮、恵美須神社（十日ゑびす）周辺は臨時交通規制がありました。

②桜満開の土休日

バスの満員通過もある時期、車は避けて電車で花見に。

③春の夜間ライトアップ

臨時交通規制は無かったようだが車両渋滞必至です。

④ゴールデンウイーク

嵐山で臨時交通規制がありました。

⑤葵祭・祇園祭・五山送り火・時代祭など行事や神社祭典や各種催事の日（マラソン、駅伝等）

⑥秋の夜間ライトアップ

車両渋滞必至です。車は避けて電車でライトアップを楽しんで。

⑦紅葉ピーク時の土休日

清水寺周辺は紅葉シーズンの土日祝日のみ一般車両進入禁止になりました。

- **東大路通北行車両に対する高台寺南門通への右折禁止（午前10時〜午後7時）**
- **東大路通南行車両に対する市営清水坂観光駐車場方面への左折禁止（正午〜午後7時）**
- **国道1号西行車両に対する市営清水坂観光駐車場方面への右折進入禁止（正午〜午後7時）**
- **東福寺周辺道路の臨時交通規制**
- **嵐山周辺の臨時交通規制**

以上、例年では、上記の臨時交通規制がありました。如何に一般車両が多いか分かると思います。

⑧観光シーズンピーク時は、駐車場が閉鎖されたり、駐車場に入るのに延々と数珠つなぎ状態であったりします。

有名な嵐山の「竹林の道」や東山の「ねねの道」などは、観光シーズンの土休日は、実質歩行者天国化してしまっています。
祇園「花見小路」は、観光客多く、歩行者天国状態になり車で近づくのは危険です。
祇園の「白川南通」は、写真撮影で人が道路に進出、車で近づくのは危険です。
紅葉名所の東福寺や床もみじで有名な実相院、鷹峯の源光庵のように、紅葉シーズンは駐車場を閉鎖している観光地も増えています。
観光地の駐車場では、満車時の空き待ちも禁止されていることあります。

自家用車の方へのお知らせ

京都市「パークアンドライド」

自動車の混雑回避をするために、観光地から少し離れた駅などの近くにある駐車場に自家用車を停め、そこからバスや電車で観光地へ移動することで、観光地周辺の混雑緩和を計っています。京都市内には100ヶ所ほどのパークアンドライドの駐車場があります。
時間や料金は駐車場により異なりますので、事前にご確認ください。

京都観光パークアンドライド　駐車場案内／京都市都市計画局　歩くまち京都推進室
http://www2.city.kyoto.lg.jp/tokei/trafficpolicy/kankochi/

京都市広域図
名称
世界文化遺産
1000
2000m
N
S
鞍馬・貴船
P77
貴船神社
鞍馬寺
多聞堂
鞍馬
貴船口
二ノ瀬
寂光院
三千院
P72 大原
琴平神社
静原神社
江文神社
土井志ば漬本舗
P72
延暦寺
延暦寺
西塔
根本中堂
東塔
秋元神社
八瀬天満宮
九頭竜大社
ロープウェイ比叡
ケーブル八瀬
八瀬比叡山口
ケーブル比叡
ガーデンミュージアム比叡
比叡山頂
ケーブル延暦寺
瑠璃光院
北山杉資料館
京都市森林組合北山支所
宗蓮寺
道風神社
川島織物文化館
市原
補陀洛寺
（小町寺）
二軒茶屋
叡電鞍馬線
宝ヶ池・岩倉
P72
石座神社
長源寺
実相院
京都精華大前
木野
岩倉
八幡前
高樹院
三宅八幡神社
幡枝八幡宮社（針神社）
妙満寺
円通寺
国際会館
宝ヶ池
三宅八幡
蓮華寺
常楽院
京都産業大
「船形」
（五山送り火）
P101 高雄
高山寺
西明寺
神護寺
月輪寺
大徳寺・上賀茂・鷹峯
P80
正伝寺
神光院
上賀茂神社
源光庵
光悦寺
深泥池
P67 一乗寺・修学院
赤山禅院
修学院離宮
曼殊院
圓光寺
詩仙堂
狸谷山不動院
叡電叡山本線
修学院
一乗寺
茶山
松ヶ崎
北山通
北山
賀茂川
高野川
北大路
京都府立植物園
滋賀県
平岡八幡宮
周山街道
嵐山高雄パークウェイ
北野天満宮・金閣寺・御室
金閣寺
（鹿苑寺）
北大路通
大徳寺
下鴨神社
清滝
三宝寺
P87
龍安寺
等持院
等持院・立命館大学衣笠キャンパス前
本法寺
妙顕寺
鞍馬口
旧三井家下鴨別邸
鴨資料館
茶道資料館
妙覚寺
宝鏡寺
相国寺
元田中
白川通
愛宕念仏寺
P101 嵐山・嵯峨野
仁和寺
妙心寺
北野天満宮
今出川通
出町柳
未生流笹岡家元
P57 平安神宮・哲学の道
京都大学総合博物館
銀閣寺
（慈照寺）
「大文字」
（五山送り火）
大文字山
化野念仏寺
大覚寺
トロッコ嵯峨
嵯峨嵐山
広沢池
遍照寺
印空寺
宇多野
宇多野ユースホステル
嵯峨グレースホテル
鳴滝
御室仁和寺
妙心寺
西陣織会館
北野白梅町
京都御苑
御所・西陣
P28
京都市役所前
吉田神社
真如堂
金戒光明寺
神宮丸太町
哲学の道
トロッコ保津峡
保津川
嵐山
トロッコ嵐山
鹿王院
有栖川
常盤
太秦
花園
円町
丸太町通
千本通
二条城
二条城前
堀川通
丸太町
烏丸通
天龍寺
嵐電嵯峨
嵐山
車折神社
三条通
帷子ノ辻
撮影所前
太秦広隆寺
広隆寺
蚕ノ社
太秦天神川
天塚古墳
地下鉄東西線
山ノ内
嵐電嵐山本線
西大路御池
西大路三条
西大路
二条
烏丸御池
御池通
三条京阪
東山
青蓮院
知恩院
蹴上
日向大神宮
平安神宮
永観堂
南禅寺
鴨川

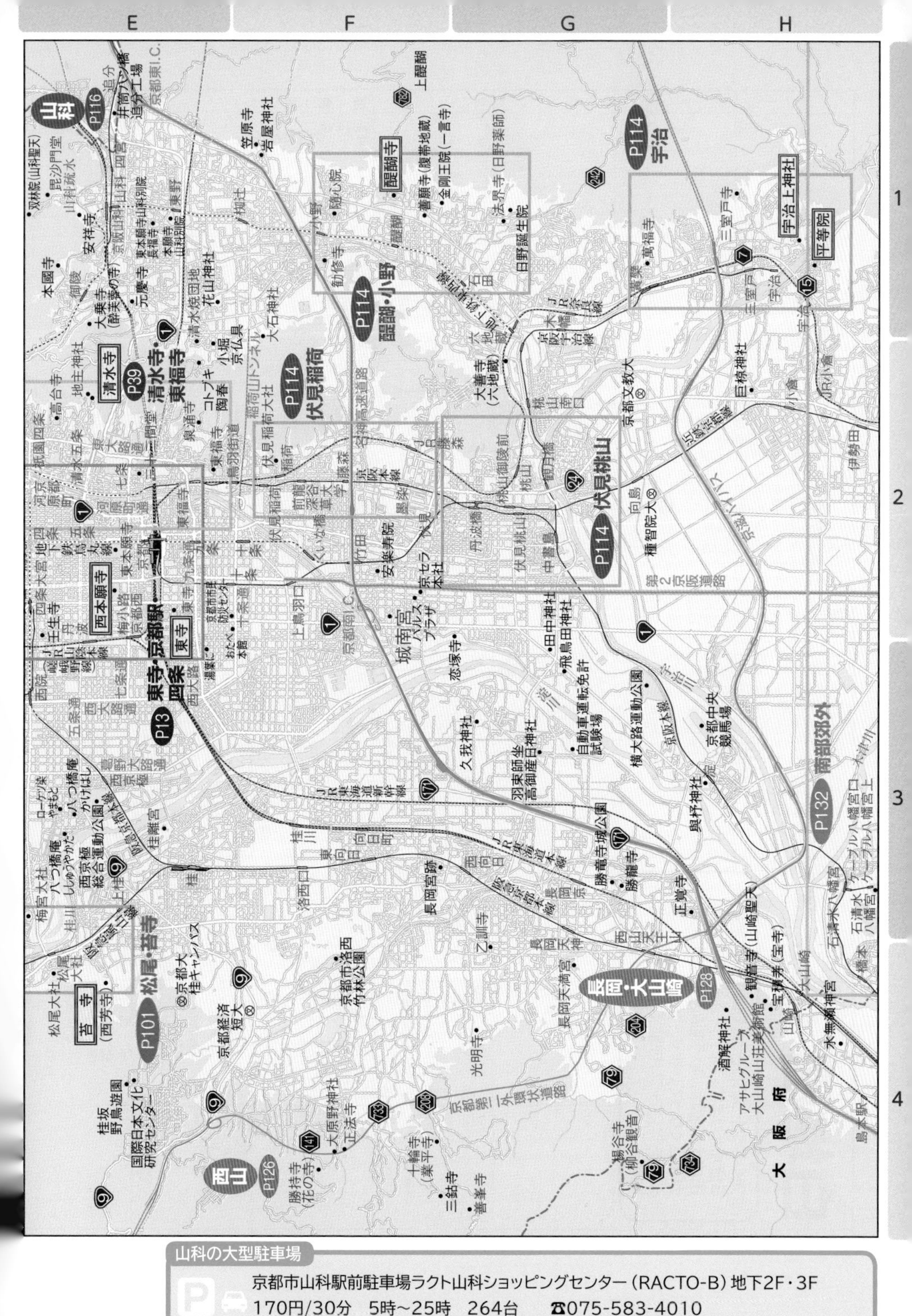

山科の大型駐車場

京都市山科駅前駐車場ラクト山科ショッピングセンター（RACTO-B）地下2F・3F
170円/30分　5時～25時　264台　☎075-583-4010

白地図

※赤いワク1つにつき、自動車での移動に約**5分**かかります
市内中心部は、道が混み合うため、1マスが小さくなっています
※使い方は「コース作成　ステップ4」(P5)を参照

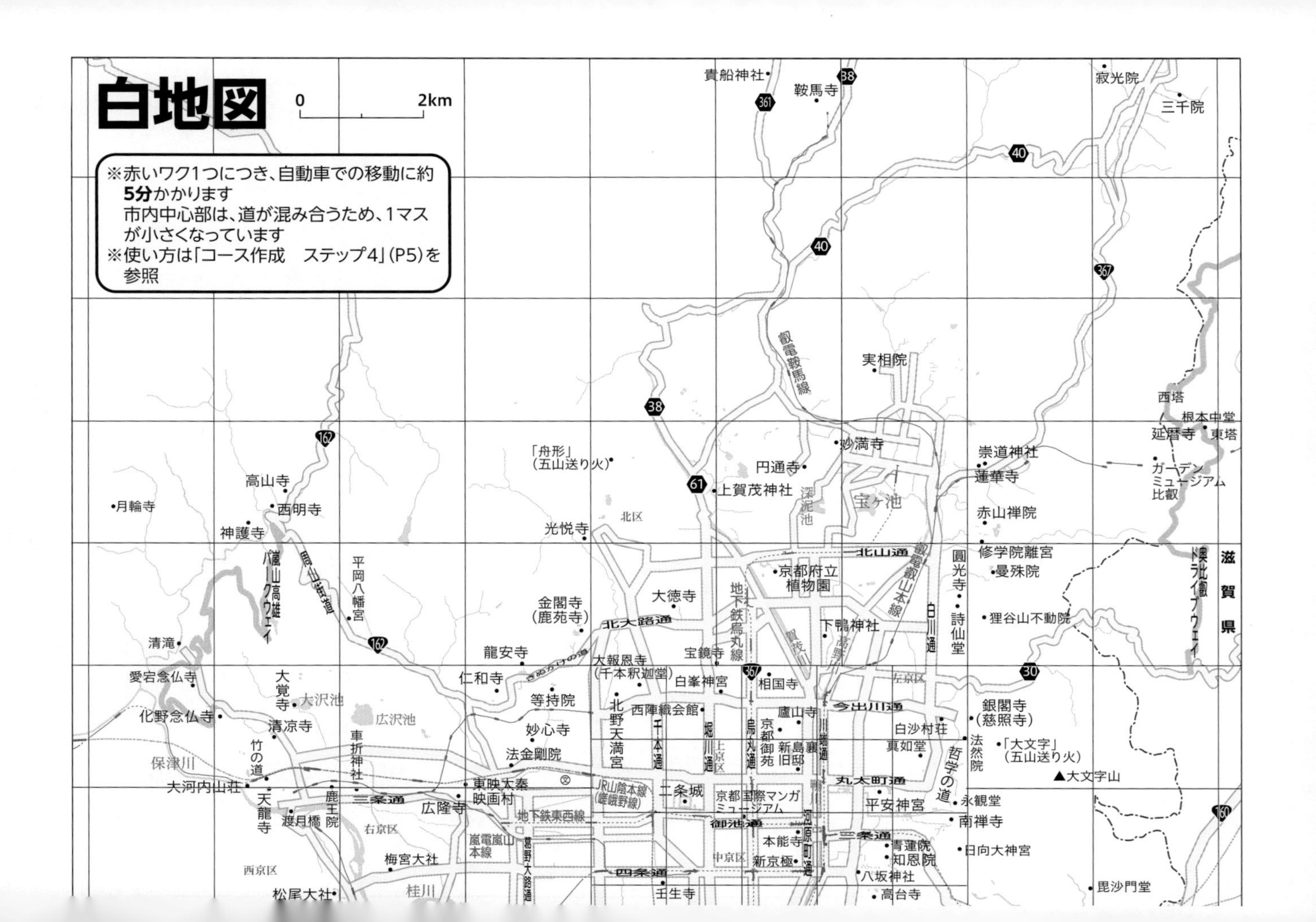

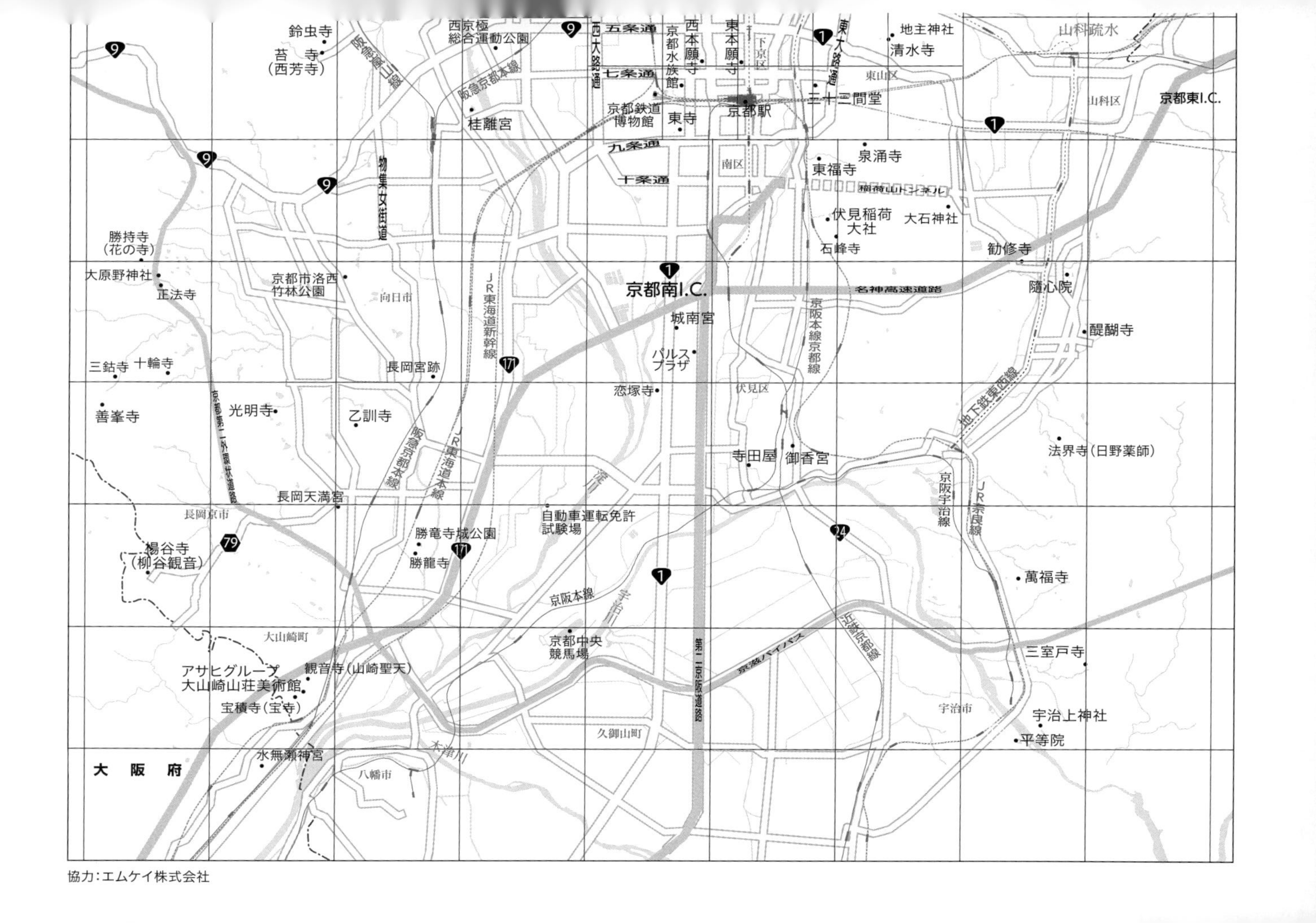

鈴虫寺
苔寺(西芳寺)
阪急嵐山線
西京極総合運動公園
阪急京都本線
桂離宮
西大路通
五条通
七条通
九条通
十条通
京都水族館
西本願寺
東本願寺
下京区
京都鉄道博物館
東寺
京都駅
東大路通
三十三間堂
東山区
地主神社
清水寺
山科疏水
山科区
京都東I.C.
南区
東福寺
泉涌寺
稲荷山トンネル
伏見稲荷大社
大石神社
石峰寺
勧修寺
随心院
醍醐寺
物集女街道
勝持寺(花の寺)
大原野神社
正法寺
京都市洛西竹林公園
向日市
JR東海道新幹線
京都南I.C.
名神高速道路
城南宮
パルスプラザ
京阪本線京都線
三鈷寺
十輪寺
長岡宮跡
恋塚寺
伏見区
善峯寺
光明寺
乙訓寺
京都第二外環状道路
阪急京都本線
JR東海道本線
地下鉄東西線
法界寺(日野薬師)
寺田屋
御香宮
長岡天満宮
長岡京市
淀川
自動車運転免許試験場
京阪宇治線
JR奈良線
勝竜寺城公園
楊谷寺(柳谷観音)
勝龍寺
萬福寺
京阪本線
宇治川
大山崎町
京都中央競馬場
第二京阪道路
京滋バイパス
近鉄京都線
三室戸寺
アサヒグループ大山崎山荘美術館
観音寺(山崎聖天)
宝積寺(宝寺)
宇治市
宇治上神社
平等院
久御山町
大阪府
水無瀬神宮
木津川
八幡市

協力:エムケイ株式会社

洛中 東寺・京都駅・四条エリア

京都の入口、京都駅を中心にみると、平安京の入口であった羅城門もこの付近であり、東寺（別名は左寺など）の位置を見みても面白い。観光施設だけでなく、繁華街や商業施設も密集しており、ルート選択次第では移動に時間がかかることもある。主な混雑エリアは、四条通（堀川通より東）、河原町通・烏丸通（ともに五条通より北）、京都駅周辺など。

真言宗総本山、平安京の遺構の一つで密教美術の宝庫

東寺（教王護国寺）

世界遺産　13A/B5　152

P 東寺境内駐車場　600円/2時間、以降300円/1時間　50台

東寺は、京都市街条坊の南縁に位置して、空間的に玄関であるばかりでなく、歴史の上からも京都の玄関口である。

延暦13年（794）、平安京への遷都が行われ、ただちに東西両寺が造営された。（現在でも、東寺の西方に西寺の遺跡が僅かだがある。）

はじめは、国外からの賓客をもてなす迎賓館のような役目をもった建物だったそうだが、唐から帰国し、日本に真言密教を広めはじめていた空海（弘法大師）が嵯峨天皇より委ねられたのは、弘仁14年（823）のことだった。

空海は、ここに真言密教の根本道場を築きはじめたが、伽藍の完成は、空海が亡くなった後まで待たねばならなかったという。

建物はこの千年余りの長い歳月の中で、しばしば荒廃し、また復興してきた。現在の伽藍は、室町時代から江戸時代にかけて再建されたものである。

現在東寺を見学するには、東側に開かれている慶賀門（東門）から入るほうが便利である。

左手にすぐ、校倉造りの宝蔵（平安後期）が見える。食堂（昭和初期再建）の左側に拝観受付の事務所が建っていて、規定の拝観区域には、五重塔（国宝）、講堂、金堂（国宝）が含まれているだけである。このうち、寛永21年（1644）徳川家光により再建された、木造としては日本一高い**五重塔**（国宝）（約55m）の内部は通常非公開だが、初層拝観の特別展が行われることもある。

東寺には、平安時代初期（美術史の方では弘仁・貞観時代といわれてきた）から近世へかけての、重要な美術品が無数にある。とくに、空海在世中からの遺品も数多い。それらは、少しずつ、

地図内の大型駐車場

P **京都駅ビル　西第1（本棟）・第2（別棟）駐車場・東第1駐車場（地下3階））**
800円/1時間、以降400円/30分　西第1は、6時～ 24時、他は24時間可　1000台　☎075-361-4501

三井のリパーク梅小路公園東（付近のコインパーキング利用）
300円/20分　24時間可　66台

京都市御池地下駐車場
300円/30分　24時間可　750台　☎075-253-2760

二条城第1駐車場
1200円/2時間、以降300円/1時間　8時15分～16時（出庫は18時迄）　120台　☎075-801-5564

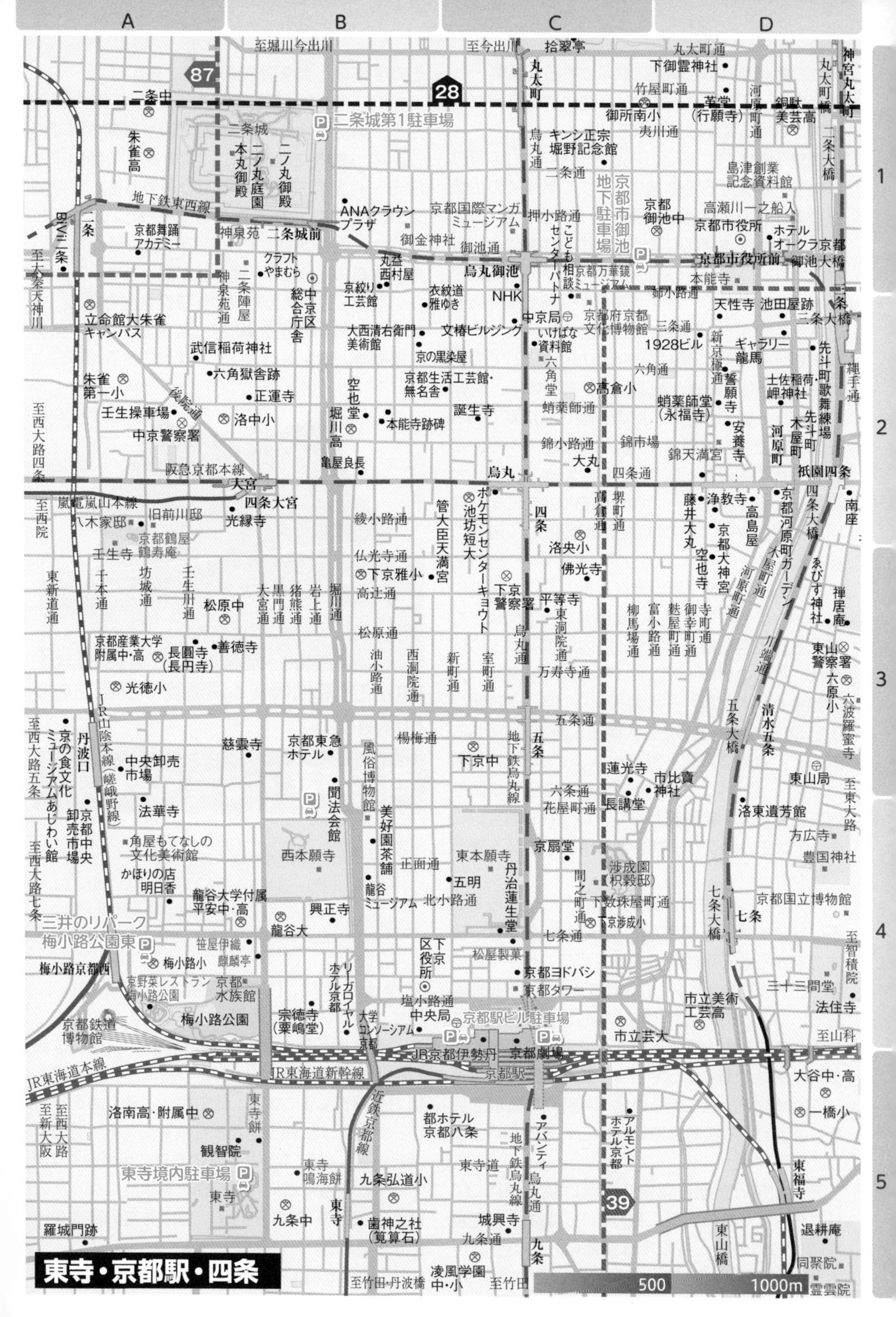

東寺・京都駅・四条
A
B
C
D
1
2
3
4
5
至堀川今出川
至今出川
拾翠亭
丸太町通
神宮丸太町
87
28
二条中
二条城第1駐車場
下御霊神社
竹屋町通
革堂(行願寺)
河原町通
銅駝美芸高
丸太町橋
丸太町
御所南小
夷川通
二条大橋
二条城
本丸御殿
二ノ丸庭園
二ノ丸御殿
朱雀高
烏丸通
キンシ正宗堀野記念館
二条通
島津創業記念資料館
京都市御池地下駐車場
地下鉄東西線
ANAクラウンプラザ
京都国際マンガミュージアム
押小路通
こども相談センターパトナ
京都御池中
高瀬川一之船入
京都市役所
ホテルオークラ京都
二条
京都舞踊アカデミー
神泉苑
二条城前
御金神社
御池通
京都市役所前
御池大橋
BiVi二条
至大秦天神川
クラフトやまむら
丸益西村屋
烏丸御池
京都万華鏡ミュージアム
本能寺
姉小路通
神泉苑通
二条陣屋
中京区総合庁舎
京絞り工芸館
衣紋道雅ゆき
NHK
三条
立命館大朱雀キャンパス
中京局
京都府京都文化博物館
三条通
天性寺
池田屋跡
三条大橋
大西清右衛門美術館
文椿ビルジング
いけばな資料館
1928ビル
ギャラリー龍馬
先斗町歌舞練場
武信稲荷神社
京の黒染屋
新京極通
縄手通
六角獄舎跡
京都生活工芸館・無名舎
六角堂
六角通
誓願寺
土佐稲荷・岬神社
朱雀第一小
正運寺
空也堂
高倉小
蛸薬師通
蛸薬師堂(永福寺)
先斗町
壬生操車場
後院通
誕生寺
木屋町
洛中小
本能寺跡碑
堀川高
安養寺
河原町
中京警察署
至西大路四条
錦小路通
錦市場
錦天満宮
大丸
阪急京都本線
亀屋良長
四条通
烏丸
祇園四条
大宮
四条大宮
京都河原町
浄教寺
南座
嵐電嵐山本線
旧前川邸
ポケモンセンターキョウト
四条
高倉通
堺町通
藤井大丸
高島屋
四条大橋
八木家邸
光縁寺
管大臣天満宮
池坊短大
至西院
京都鶴屋鶴寿庵
綾小路通
京都大神宮
壬生寺
仏光寺通
洛央小
木屋町通
河原町通
ゑびす神社
千本通
坊城通
壬生川通
下京雅小
下京警察署
佛光寺
東新道通
大宮通
黒門通
猪熊通
岩上通
堀川通
高辻通
平等寺
東洞院通
空也寺
京都河原町ガーデン
禅居庵
松原中
柳馬場通
富小路通
麩屋町通
御幸町通
寺町通
松原通
京都産業大学附属中・高
長圓寺(長円寺)
善徳寺
油小路通
西洞院通
新町通
室町通
万寿寺通
川端通
東山警察署
六原小
光徳小
JR山陰本線(嵯峨野線)
五条通
五条大橋
清水五条
六波羅蜜寺
至西大路五条
京の食文化ミュージアムあじわい館
丹波口
慈雲寺
京都東急ホテル
風俗博物館
楊梅通
下京中
地下鉄烏丸線
五条
中央卸売市場
聞法会館
蓮光寺
市比賣神社
東山局
至東大路
京都中央卸売市場
法華寺
六条通
花屋町通
長講堂
洛東遺芳館
美好園茶舗
京扇堂
方広寺
角屋もてなしの文化美術館
西本願寺
正面通
東本願寺
豊国神社
かほりの店明日香
丹治蓮生堂
渉成園(枳穀邸)
五明
間之町通
至西大路七条
龍谷大学付属平安中・高
龍谷ミュージアム
北小路通
下数珠屋町通
七条大橋
京都国立博物館
興正寺
下京渉成小
七条
三井のリパーク梅小路公園東
龍谷大
七条通
至智積院
笹屋伊織
麒麟亭
下京区役所
松屋製菓
梅小路京都西
梅小路
京都ヨドバシ
京都タワー
三十三間堂
京野菜レストラン梅小路公園
京都水族館
リーガロイヤルホテル京都
塩小路通
市立美術工芸高
法住寺
宗徳寺(粟嶋堂)
中央局
京都駅ビル駐車場
梅小路公園
京都鉄道博物館
大学コンソーシアム京都
市立芸大
至山科
JR京都伊勢丹
京都劇場
JR東海道本線
JR東海道新幹線
京都駅
大谷中・高
至西大路
至新大阪
洛南高・附属中
東寺餅
都ホテル京都八条
近鉄京都線
アバンティ
アルモントホテル京都
一橋小
観智院
地下鉄烏丸線
烏丸通
東福寺
東寺鳴海餅
東寺道
東寺境内駐車場
九条弘道小
39
東寺
九条中
東寺
歯神之社(覚算石)
城興寺
退耕庵
羅城門跡
九条
九条通
東山橋
同聚院
凌風学園中・小
至竹田・丹波橋
至竹田
500
1000m
霊雲院

年に二度開かれる宝物館に展示される（春季・秋季とも2ヶ月間程）。講堂と金堂にはそれぞれに安置された仏像が収められている。

講堂（重文）は、入母屋造、単層、本瓦葺の建物で、南面する須弥壇に、じつに数多くの仏像が安置され、密教世界を展開している。それは、本尊大日如来を中心に総計21体の諸尊によって構成されている。その構成自体が一つの密教思想の表現なのである。まず、本尊が大日如来であるということが、きわめて大きな密教の特色だ。それまで顕教では、悟りをひらいた仏陀としての釈迦を本尊としており、釈迦如来や薬師如来、阿弥陀如来などは、釈迦＝仏陀の具現された姿であった。密教では、本尊は、常に大日如来であり、これは、仏の中の仏として存在し、釈迦ですら、大日如来へ至る過程の一つの仏のありかたにすぎない。大日如来は、いわば宇宙の根源にして最高の存在者なのである。

この大日如来像（桃山時代）を中心に、講堂には、一つの曼荼羅世界が、彫像によって形成されている。東西に横長く拡がった内陣須弥壇上の仏像は、四つのグループに分けられる。中央は、大日如来を中心とした五大如来からなる。西側に、不動明王を中心とした**五大明王**（国宝）、そして、東側に、金剛波羅蜜多菩薩を中心にした**五大菩薩**（国宝）。さらに、この大きな須弥壇全体を護る**四天王**と**梵天**、**帝釈天**があり、いずれも国宝。この6体は三つのグループを含む須弥壇全体を護っている。

五大明王、四天王、帝釈天は木造、ところどころに乾漆を補う。五菩薩、梵天は乾漆像で、技法の点からも天平時代の名残を見ることができるが、五大如来といい、五大明王といい、五大菩薩といい、この組合せの基本形も三尊形式にある。梵天と帝釈天の安置の仕方も、三尊形式の源である顕教的な配置によっており、ここにも、旧教としての顕教を土台に新しい信仰＝密教の基礎を展開しようとする空海の意図がみられるともいえよう。

五大如来と金剛波羅蜜多菩薩は桃山期につくり改められたものだが、残りの15体は、東寺創建時代のもので、寺伝では空海の作という。一木造で漆箔や彩色が施されていた。この講堂は、その意味で、貞観彫刻の宝庫である。

さて、まったく顕教的である**金堂**（国宝）に入ると、講堂とは全くちがった光景が展開されている。広い堂内には静かに、背の高い薬師如来と日光・月光の三尊が佇むばかりである。薬師如来の台座下に、十二神将がめぐらされているが、これは、創建当時には光背の下方に置かれていた。本尊の光背には7体の仏が配されている。現在の薬師三尊は桃山時代の作で、金堂も慶長11年（1606）、豊臣秀頼によって再建された。重層、入母屋造、本瓦葺の堂々たる建物である。

西本願寺唐門

桃山文化を代表する建造物や庭園をもつ世界遺産

西本願寺

世界遺産　13B4　152

北境内地参拝者専用駐車場
無料　5時～17時（季節により異なる）
300台（22時から5時までの夜間、車の出し入れは不可）

浄土真宗は、13世紀親鸞によって拓かれて、日本の民衆のふところ深く住みついた信仰となった。西本願寺は、その本拠地である。最初は親鸞聖人の木像を祀った小堂だったのが、だんだん勢力を得るようになり、他の宗派と争う力を獲得し、ついには、織田信長と一戦を交える（石山合戦という）ほどになった。そのたびに転変をくりかえし、この堀川通に寺郭を構えるようになったのは、天正19年（1591）、豊臣秀吉の寄進を得てからである。

江戸時代のはじめ、後継者をめぐる内紛から分裂して、東西両本願寺ができた。その後、近世・近代を通じて真宗信仰は民衆の心のひだに浸透していったが、その背後にはやはり激しい歴史があったのだ。

西本願寺のなかで、まず重要なのは、親鸞聖人を荼毘に付した灰を漆にまぜて塗ったという親鸞坐像をまつる**御影堂**である。建物は江戸初期寛永13年（1633）の再建、平成21年（2009）大修復されたものだが、雄壮で豊かな建物である。

御影堂をまんなかに、北側に**阿弥陀堂**（本堂）。これも江戸中期宝暦10年（1760）再建の堂々とした建物。

御影堂の南に虎の間、太鼓の間、浪の間など、桃山時代の様式を残す建物が続き、書院へと連なる。それらは典型的な桃山建築の豪壮さを見せており、書院造としても、現存する建物のなかでは最大の規模をもつ。これらは、かつては、伏見城の遺構を移したものといわれていた。

黒書院及び伝廊（国宝）は非公開だが、**対面所**（国宝）は、203畳敷の大広間で、ここで門主が門徒と会う。**白書院**（国宝）は対面所の後方にある。内部は三つに仕切られ、それぞれの欄間は対面所同様透彫の豪華なもので、障壁画が部屋を飾っている。白書院に続く、装束の間、菊の間、雁の間等々、それぞれの部屋に狩野派の金地濃彩の障壁画が飾られている。筆者は、狩野探幽や海北友松、あるいは渡辺了慶など、いろいろ伝えられているが、いずれにしろ、当時京で技を誇っていた狩野派の画人の手になったことは間違いのないところだ。（書院拝観は休止中）

対面所の東側には、大書院枯山水庭園「虎渓の庭」（国指定特別名勝・非公開）がある。これは、石と蘇鉄の木の組合せの複雑な庭だ。白書院の北にある能舞台は、北能舞台（国宝）（非公開）と呼ばれ、日本の能舞台としては最古のスタイルを伝えている。天正9年（1581）建立と墨で書かれている。

金閣、銀閣とともに京都三名閣の一つ、令和2年（2020）修復された飛雲閣（国宝）（非公開）は、また桃山時代の支配者たちの美意識を如実に伝える遺構である。三層からなり、初層が入母屋造、中層が寄棟、上層が宝形造というこみ入った形が豪華に調和している。かつて豊臣秀吉の邸宅だった聚楽第からここへ移したものだという。豊臣の勢力が失墜したとき、大邸宅聚楽第は影もなく取り壊され、一部が、飛雲閣や大徳寺の唐門などに移築されたのだった。飛雲閣庭園「滴翠園」は、国指定名勝（非公開）だ。

壬生から西本願寺北集会所に屯所本拠を置いた新選組が寝泊りしたという太鼓楼（重文）が当時のままの姿をとどめている。

国際文化観光都市京都の玄関口

京都駅ビル　13C4/5

西第1（本棟）・第2（別棟）駐車場・東第1駐車場（地下3階））利用（P12）

平成9年（1997）開業の4代目新駅は、建築家原広司の設計で、高さ59.8m、東西の長さ。470m、延べ面積238,000㎡と、駅ビル施設としては全国最大級の複合施設。駅施設、ホテル、百貨店、文化施設、専門店街、駐車場などが一同に集まり、交通拠点としてだけでなく、人々が集い楽しめる巨大空間。JR西日本、JR東海道新幹線、近鉄京都線、市営地下鉄烏丸線の駅としての利用客は1日平均59万人といわれている。近未来を思わせるガラス張りの表面と、内部の高い吹き抜け。大階段を登って「大空広場」や**「空中径路」**から眺める景色は一見の価値あり。他にも南北自由通路や南遊歩道、南広場、東広場、室町小路広場、烏丸小路広場があって、駅ビル全体で憩いのひとときを楽しめる。171段の**大階段**ではイベントも開催され、今では修学旅行生や観光

客の写真スポットとなっている。ザ・キューブ、地下街ポルタ、コトチカ京都はともに、「ファッション、京みやげ・京名菓、レストラン・飲食」と、取り揃えた専門店街。駅ビル10Fの**京都拉麺小路**は、全国名店ラーメンとスイーツ1店があり、行列ができる人気ぶり（営業時間11時～22時）。その他、ジェイアール京都伊勢丹、美術館「えき」KYOTO、ホテルグランヴィア京都などがある。平成28年（2016）、北口広場には、平安京の玄関口羅城門の復元模型（10分の1）が設置された。新幹線に近い八条口のアスティ京都にも京の老舗・有名店の商品が揃えられている。

京都の入口を飾るランドマーク

京都タワー　13C4　148

付近コインパーキング、京都駅ビル駐車場利用(P12)

東海道新幹線が開通、オリンピック東京大会が開催された昭和39年（1964）に旧中央郵便局の跡地に建てられ、現在では東寺の五重塔と並ぶランドマークとして観光客に親しまれている。独特の塔の形は灯台をかたどったもので、海のない京都の街を照らすとイメージしたものという。エッフェル塔や東京タワーなどと違い、鉄骨を使っておらず、厚さ12mm～22mmの特殊鋼板シリンダーを溶接でつなぎ合わせ、円筒型の塔身としている。これまで京都タワーは、瞬間風速50m/秒を超えるいくつかの台風を経験し、また平成7年（1995）の阪神・淡路大震災では震度5強の激しい地震動を受け、肉眼でもはっきりと分かる程度に大きく揺れたものの、幸い損害は無く安全性の高さを証明した。

タワーは京都市街で一番高く、131m。地上100mの**展望室**は、四季折々の京の町のパノラマが楽しめるビューポイントとしても人気があり、京都駅ビル、東寺、東西本願寺など展望室から間近に楽しめる。

3階にはビュッフェやコースが楽しめるレストラン、見晴らしのいいバーを備え、2階の商業施設「KYOTO TOWER SANDO（京都タワーサンド）」では、京都土産の定番店から隠れた名店までが出店。地下1階には地元の名店から話題の人気店が集まるフードホールとなっている。

蒸気機関車から新幹線まで

京都鉄道博物館　13A4　148

三井のリパーク梅小路公園東等付近コインパーキング利用(P12)

平成28年（2016）に開業した新幹線や在来線車両のほか、蒸気機関車など53両を展示する新たな鉄道の博物館。基本コンセプトは「地域と歩む鉄道文化拠点」、「見る、さわる、体験する」ことで誰もが楽しむことができる「学びの場」となることも目指している。鉄道の総合博物館として、鉄道の安全性や技術を伝える場の創出、館職員によるガイドツアー、JR西日本社員が博物館内で行うワークショップなどを通じて、鉄道ファンだけでなく幅広い人々が楽しめ、鉄道についてより深く理解できる様々な文化活動を実施している。

広大な吹き抜け構造となる本館1F。黎明期から現代に至る鉄道の歴史、鉄道のしくみと特長、

そして車両の魅力を、実物車両や工夫を凝らした体験型の展示などでわかりやすく紹介する。その展示車両を見下ろす吹き抜け構造の本館2Fでは、体験型の展示はもとよりレストランや休憩所などを配している。本館3F南側の屋外展望デッキ**「スカイテラス」**は、一日を通じて、JR京都線や東海道新幹線など多くの走行車両を見ることができる鉄道ビューポイント。

なかでも扇型車庫にずらりと並ぶSL20両は見物で、実際にSLが牽引する客車に乗車できる「SLスチーム号」には、歴史とともに新鮮な驚きを感じるだろう。また、蒸気機関車がダイナミックに回転しながら向きを変える**転車台**も見ものである。このほか、500系新幹線や平成27年（2015）引退したトワイライトエクスプレス車両など、鉄道好きにはたまらない展示が多い。

同館は梅小路蒸気機関車館を前身としている。**「旧二条駅舎」**は明治37年（1904）に建設され、当時は日本最古級の木造駅舎といわれ、京都市指定有形文化財。

オオサンショウウオに会いに行く

京都水族館 13B4 148

三井のリパーク梅小路公園東等付近コインパーキング利用(P12)

京都水族館は、展示だけにとどまらず、遊びながら学べるプログラムを実施。水と、水に棲むいきものたちと親しめる、そんな総合エデュテインメント型施設を目指している。内陸型の水族館としては国内最大級規模である。館内1階は、多種多様ないきものが息づく豊かな京の海をまるごと再現した約500tの人工海水からなる「京の海」大水槽。2階「イルカスタジアム」のパフォーマンスでは、ハンドウイルカたちが本来持つ躍動的な姿を感じることができるほか、イルカたちのダイナミックなジャンプやトレーナーと息の合ったパフォーマンスにも注目。その他、オオサンショウウオなどを展示する「京の川」や小さな生き物が暮らす棚田を再現した「京の里山」、丘ではのんびり、水中ではダイナミックな「ペンギン」、「オットセイ」、「アザラシ」、約20種5,000匹のクラゲを展示する「クラゲワンダー」、京都にすむ淡水生物「山紫水明」など10エリアに分かれている。全ゾーンを巡るには2時間程度が必要。

世界最大級の木造建築「御影堂」

東本願寺 13C4 153

P 東本願寺前コインパーキング等利用 200円/20分 24時間可

本願寺が後継者問題のもつれから二つに分裂したのは、慶長7年（1602）。徳川家康は、旧来の本願寺の東側に寺地を与え、秀吉によって隠退を強いられていた教如上人を門主とする大谷派本願寺が誕生した。本願寺が京に確立してわずか10年目のことである。慶長8年（1603）上野国妙安寺（現群馬県前橋市）から宗祖親鸞聖人の自作と伝えられる御真影を迎え入れ、同年阿弥陀堂建立。慶長9年（1604）**御影堂**を建立した。こ

うして、全国の本願寺系の末寺・門徒は二分され、それ以来、西は「本願寺派」、東は「大谷派」と俗称されている。

現在の建物は明治28年（1895）再建されたものだが、東本願寺は火事などによってなんども焼け、創建時の遺構は残っていない。

御影堂門（大門とも呼ばれ、大きな楼門である）をくぐると、巨大な御影堂が前方をおおうように建っている。奈良東大寺の大仏殿（高さ47.5m、南北50.5m、東西57m）と並ぶ大きさと広さ（高さ38m、南北76m、東西58m）をもった世界最大級の木造建築である。その927畳大広間の奥に、聖人木像を中心に、本願寺歴代上人の画像が配列されている。御影堂が明治28年に落成するまで15年間を要したが、工事を推進させるため、女性の信徒たちは自分の髪を切り、材木を引く大綱を毛髪でつくらせたという。**「毛綱」**といわれ、その一部が、展示されている。

本堂には阿弥陀仏が祀られていて、**阿弥陀堂**ともいわれる。大師堂と廊下で繋がっており、「毛綱」や、これらの堂を建てたときの道具が、その廊下に展示されている。

本堂東南にある鐘楼の中の鐘は、慶長9年（1604）の銘をもち、創建時の鐘であることが分かる。

「報恩講」最終日には体を揺り動かしながら念仏を唱和する坂東曲は、あまりに有名である。

街中とは思えない静かな庭園

渉成園（枳殻邸）

13C4　150

渉成園参拝者専用駐車場　無料　10台
付近コインパーキング利用も

東本願寺から烏丸通を渡って東へ徒歩5分の飛地境内地、かつて東本願寺13世宣如上人の隠退所だった別邸・渉成園がある。一般に「枳殻邸」の名で親しまれているが、昔は生垣に枳殻がいっぱいに植えこまれていたのだという。広々とした、貴族的な趣味の**書院式回遊庭園**（国指定名勝）である。上人の願いによって石川丈山が作庭したという。建物は新しく変ったが、池や石組は昔の

姿を残しており、印月池から侵雪橋、縮遠亭を望む景観をはじめ、庭園内に咲く桜、楓、藤などが四季折々の景趣を富ませている。

新選組も遊んだ揚屋建築の唯一の遺構

角屋もてなしの文化美術館

13A4　151

入館者専用駐車場（付近コインパーキング利用も）無料　4台

寛永18年（1641）六条三筋町から現在地に移築した角屋は、島原開設当初から連綿と建物・家督を維持し続き、江戸期の饗宴・もてなしの文化の場である揚屋建築の唯一の遺構として、昭和27年（1952）に国指定重要文化財となった。

揚屋とは今で言う料亭にあたるが、角屋におい

ては、その座敷、調度、庭のすべてが社寺の書院、客殿と同等のしつらいがなされ、江戸時代、京都において民間最大規模の饗宴の場であった。饗宴のための施設ということから、大座敷に面した広庭に必ずお茶席を配するとともに、客振舞のために、寺院の庫裏と同規模の台所を備えていることを重要な特徴としている。

そこでは、太夫や芸妓を呼び歌舞音曲の遊宴のみならず、和歌や俳諧などの文芸の席があり文化サロンとしての役割も果たしていた。また、幕末には、勤皇、佐幕派双方の会合場所となり、新選組芹沢鴨が最後に宴会をした場所としても知られている維新の旧跡でもある。

平成元年（1989）には財団法人角屋保存会が設立され、以来、角屋の重要文化財建造物と美術品等の保存と活用が行われた。さらに平成10年度、「角屋もてなしの文化美術館」を開館して、角屋の建物自体と併せて所蔵美術品等の展示・公開を行っている。

建物は木造2階建てで、台所・座敷のある一階には与謝蕪村の「紅白梅図屛風」（重要文化財）など、所蔵する数々の美術品が展示されている。**（春季・秋季の公開で季節毎に入替）**

予約すれば二階の座敷も見学可能。高名な絵師達の手による襖絵などを、当時の鑑賞環境に近い形で見ることが出来る。

壬生狂言と新選組

壬生寺 13A2/3 154

タイムズ壬生寺等付近コインパーキング利用 110円/20分 4台 24時間可

4月21日から1週間にわたって行われる**壬生狂言**（重要無形民俗文化財）で有名な寺院。鎌倉末に当寺を中興した円覚上人が、融通念仏を広めるため境内で猿楽を催したことに始まるといわれ、本尊の地蔵菩薩に因む演目も少なくない。演じられる所は大念佛堂の2階部分。壬生寺境内東方にある池の中の島は、**壬生塚**と呼ばれ、幕末の新選組隊士の墓などがある。局長近藤勇の胸像と遺髪塔、新選組屯所で暗殺された芹沢鴨と平山

五郎の墓、勘定方・河合耆三郎の墓の他、隊士7名の合祀墓がある。その合祀墓には池田屋事件で亡くなった奥沢栄助、安藤早太郎、新田革左衛門らも葬られている。かつて壬生寺境内は新選組の兵法調練場に使われ、武芸や大砲の訓練が行われたという。平成14年（2002）再建された阿弥陀堂地下に、平成16年（2004）より**「歴史資料室」**がオープン。新選組関連の文書や壬生狂言で使われる仮面、平安時代後期の作とされる薬師如来像、孝明天皇から贈られた本尊厨子戸帳などが見られる。東門前の坊城通には、壬生新選組屯所跡の八木家邸、旧前川邸が今も残こり、公開されている。

壬生新選組屯所旧跡（八木家邸） P150

八木家北隣駐車場 無料/30分（有料見学者用）5台

幕末期、浪士隊として江戸からきた芹沢鴨らが住まいとした八木家の離れ座敷。現在は15代当主が「京都鶴屋鶴寿庵」という和菓子店を営み、隣の屋敷をガイド付きで一般公開している。芹沢が近藤勇らに暗殺された時のものと伝えられる、刀傷が見られる。

壬生新選組屯所跡（旧前川邸）

付近コインパーキング利用

文久3年（1863）ここに近藤勇、土方歳三、沖田総司ら試衛館一派が宿泊した。土・休日など、母屋玄関までは公開している場合もある。通りに面した長屋門など当時の面影を残している。オリジナルグッズの販売もしている。

桃山時代様式の全貌を垣間見る

二条城

世界遺産　13B1　153

二条城第1駐車場利用（P12）

二条城を造ったのは徳川家康である。関ヶ原の役で勝利を収め天下を制した家康は、京に上ったときの宿所を二条に定めた。それが起りといわれる。またその邸は、聚楽第の一部を移したともいわれている。その後、三代将軍家光のときに、敷地も拡大され、寛永3年（1626）には、後水尾天皇の行幸をあおぐために、大整備が行われた。そのころが、二条城の最盛期といっていいだろう。総面積275,000㎡、外周　約2km、東西約600m、南北約400mである。

以後は、将軍が上洛することもなく、落雷や大火で、建物の一部を失っていった。

二条城がふたたび脚光を浴びるのは、幕末である。十五代将軍徳川慶喜の大政奉還は、慶応3年（1867）、ここの大広間で行われた。明治維新の幕開けの演出がここでとり行われたわけだ。いまもそのときの情景が、大広間に人形で再現されている。

二条城は、このように江戸時代の建造物だが、聚楽第の一部を移したり、伏見城の建物をもってきたといわれるように、桃山期の特徴をよく残した建築である。

見学者は堀川通に面した入口・東大手門から入るが、二の丸御殿の正門は唐門と呼ばれている豪華な門である。切妻造、檜皮葺で、前と後ろを唐破風で飾ったこの四脚門は、伏見城から移したとも伝えられる。

二の丸御殿（国宝）（入城料とは別料金要）は、遠侍、式台、大広間、蘇鉄の間、黒書院、白書院の6棟が配列された、大書院形式の大建築で、建物面積3,300㎡、部屋数33、畳は800あま

二の丸御殿

り敷かれている。

遠侍につけられた玄関を「車寄」という。入母屋造、檜皮葺で、聚楽第の遺構と伝えられているもの。欄間彫刻は表と裏のデザインを変えており、表側には五羽の鸞鳥・松・ボタン、上部には雲、下部には笹の華麗な彫刻が施されている。床は牛車で中に入れるように四半敷と広い。

遠侍は、入母屋造、本瓦葺、城へ参上した諸大名や来客の控場所。城の中では最も大きな建物で、多くの部屋があるが、狩野派の画人たちによる襖絵がびっしりと描かれている。なかでも、二の間は虎の間とも呼ばれていて虎と豹の絵が描かれていて注目。また欄間の彫刻も見事である。

式台は、老中と諸大名が対面したところ。**八方にらみの獅子**（どちらから見ても獅子が正面を向いているように見える）の杉戸絵がある。

将軍と大名との対面所が**大広間**である。将軍が座る上段の間と、大名たちが座る二の間、三の間、四の間があり、とくに上段の間は、桃山時代の武家の書院造の代表的なスタイルをみせている。そこは、正面には大床、左右に違棚、武者隠しなどを設け、天井も格間にいろどり華やかな模様が描かれている。四の間は将軍の上洛のときに武器をおさめた場所と云われており、襖絵の「松鷹図」は、長年作者不明であったが、令和元年（2019）に狩野山楽筆である事が調査研究でわかっている。

この遠侍・式台・大広間をつなぐ廊下は、**鶯張**でできていて、歩くと不思議なきしみ音を出す。

黒書院は将軍と親藩大名・譜代大名の内輪の対面所。

白書院は、将軍の居間兼寝室で、水墨画の屏風絵（狩野興以作という）などが飾られている。

「二条城障壁画　展示収蔵館」が平成17年（2005）に開館。収蔵庫では、障壁画は御殿と同じ配置で、移動可能なパネル内に収納されている。これらのパネルを、通常年4回、御殿の部屋ごと、あるいはテーマごとに選び、ガラス張りの展示エリアに移動して障壁画を公開している。

二の丸御殿を出て、**二の丸庭園**（国指定特別名勝）を散歩する。小堀遠州が、後水尾天皇の行幸にさいして改造したと伝えられる庭園である。庭園はその他、明治時代の本丸庭園、昭和時代の清流園がある。また城内の花木は豊富で四季を通じて楽しめる。

さて、橋を渡って本丸櫓門をくぐると本丸御殿へ出る。これは、明治26年（1893）、御所内にあった桂宮家の御殿を移築したもので、武家風とは趣のちがう公家風の建物である。耐震強化のため、現在は公開を中止している。

伏見城から移したという天守閣は、寛延3年（1750）の落雷で焼失、その後再建されることもなく、いまは基壇のみが残っている。

毎年1・7・8・12月の火曜日と1月1日～3日、12月26日～28日は、二の丸御殿の休殿日なので注意。

元は平安京大内裏に接して造営された禁苑

神泉苑　13B1　150

付近コインパーキング、二条城第1駐車場利用（P12）も。

延暦13年（794）桓武天皇により禁苑として造営された。平安京（大内裏）の南東隣りに位置し、南北4町東西2町の規模を有する苑池で、歴代の天皇や貴族が舟遊びや遊宴を催したところ。苑内の放生池はかつての大池の名残で、池中の小島に水神の善女竜王を祀る。貞観の大地震や富士山の噴火など、全国的な災いが相次ぐ中で、貞観11年（869）には、全国の国の数、66本の鉾を立て、祇園社（八坂神社）から神泉苑に御輿を送り、厄払いをした。後世には、これが町衆の祭典として、鉾に車を付け、飾りを施して京の都を練り歩く、祇園祭へとなる。祈雨の法会の場としても有名で、東寺の空海と西寺の守敏が祈雨の法力を競っ

たという話が「神泉苑絵巻」として伝わっている。

天明8年（1788）、京都に起こった大火事「天明の大火」によって、神泉苑の各社も多く焼失してしまった。

江戸時代後期の豪商の屋敷

二条陣屋　13B1　153

付近コインパーキング、二条城第1駐車場利用(P12)も。

神泉苑の南東にある江戸時代初期の町家の遺構で、数寄屋造と書院造の特徴を備えた珍しい建物として、昭和19年（1944）国宝とされたが、昭和25年（1950）の法改正（文化財保護法）により国の重要文化財となった。「二條陣屋」の名称は一般公開にあたり命名。公事宿であったが、京に屋敷を持たない大名のため陣屋（宿所）として提供したのが始まりといわれ、防火や外敵に備えて外壁はすべて土蔵造。家構えに比べ、逗留中の大名の部屋「大広間」、家臣の控の間「お能の間」、奈良を偲んで作られた「春日の間」、「赤壁の間」、茶室「苫舟の間」など24室と部屋数が多く、奇襲に備えた防衛建築として、階段や廊下など建物の随所に**武者隠し・吊り階段・隠し階段・騙戸・猿梯子**など忍者屋敷まがいの巧妙なからくり仕掛けが見られるなど、数ある京都の建築遺構の中でも一風変わった建物である。

繁華街の天満天神

錦天満宮　13C/D2　152

付近コインパーキング利用

平安前期長保年間（999～1004）菅原道真の生家「菅原院」に創建されたという。道真没後、嵯峨天皇の皇子源融の旧邸六条河原院に場所を移し、歓喜寺の鎮守社として天満大自在天神を祀ったのが起こり。

その後、桃山時代の豊臣秀吉の都市計画によって、天正15年（1587）、時宗四条道場としても有名な「金蓮寺」の敷地に移転し、明治5年（1872）神仏分離令によって「錦天満宮」が独立。新京極通開通の際に社地を縮小し、現在に至る。

約660㎡余の境内は、京の繁華街の中心にありながら見所も多く、地中から湧く良質な名水「錦の水」や、源融を御祭神とする「塩竈神社」、商売繁盛のご利益がある「日之出稲荷神社」、子授かりの「白太夫神社」や、八幡神社（勝負）・床浦神社（疱瘡除け）・竈神社（火除け）・市杵島神社（家内安全）・熊野神社（子孫繁栄）・恵美須神社（商売繁盛）・事比良神社（航海・漁業）がズラリと並

んだ「七社之宮」などがある。他にも獅子がおみくじを運ぶ「からくりおみくじ」や祭神菅原道真について解説する「紙芝居ロボット」などの変わった仕掛けもある。

「錦の天神さん」として親しまれるこの神社は地元の方はもちろん、旅行者や観光客で毎日賑わっている。錦小路通の寺町通と新京極通の間にある鳥居は、昭和10年（1935）に建てられたもの。その後に両側のビルが建てられたため、ビルの中に鳥居の一部が入り込んでいる。

織田信長を祀る

本能寺　13D1　154

本能寺パーキング
200円/30分　20台　24時間可

御池通からアーケードで覆われた寺町通に入るとすぐに左手に大きな本能寺の門が見えてくる。織田信長が家臣明智光秀の謀反により命を落とした「本能寺の変」はあまりにも有名で誰もが思い浮かべることだろう。しかし当時の場所はここではなかった。

歴史は古く、室町時代創建の法華宗寺院本応寺がその前身という。京都における法華宗の隆盛と衰退にともない寺地を変遷することとなり、天文5年（1536）比叡山との抗争（天文法華の乱）の際は堺に逃れた。

天文16〜17年（1547〜1548）頃、ようやく京に戻り、日承上人の入寺により西洞院蛸薬師付近に広大な寺地を得た。その後、日承上人に帰依した織田信長により京都宿所の一つとして、堀や石垣を備えた城塞のように改築される。これが「本能寺の変」の舞台となった。戦火で堂宇は消失し、現在その場所には本能特別養護老人ホーム・堀川高等学校本能学舎が建つ。平成19年（2007）マンション建設に伴う遺構調査では、本能寺の変において焼けたと思われる瓦や、当時は「能」よりも広く用いられていた字形「䏻」がデザインされた丸瓦が、堀跡のヘドロの中から見つかっている西側と北東角に石碑が建っている（本能寺跡）。

本能寺はその後豊臣秀吉による京の区画整理に伴い、現在の地（四度目）に移された。境内には織田信長を祀る廟所や供養塔、ゆかりの宝物を展示する**大宝殿宝物館**、七度目の堂宇復興という室町期の様式にならった昭和3年（1928）再建の本堂などがある。

京都と大阪を結んだ交通拠点

高瀬川一之船入　13D1　151

付近コインパーキング等利用

高瀬川は角倉了以が開削した運河で、中京区樋之口町から鴨川の水を分岐し、鴨川に平行して十条まで南下、伏見の京橋で宇治川に合流する。慶長19年（1614）頃完成。底が平たく舷側の高い高瀬舟を使ったことから高瀬川と呼ばれ、江戸時代の約250年、京都と大坂の貨物輸送に大きな役割を果たしてきた。

船入とは当時の貨物の積卸しをする船溜所で、もとは東北約85m、南北10m程の掘割であった。数ヶ所あったが、今は東西20m、南北6m程の

烏丸～河原町周辺繁華街エリア

付近コインパーキング等利用

木屋町通にある土佐藩邸跡碑

京都で繁華街といえば、河原町通・烏丸通・御池通・四条通に囲まれたおよそ1km四方のエリアとその周辺が、まず思い浮かぶ。

三条通りは、京の七口と呼ばれた都の出入り口の1つ・粟田口に繋がる交通の要所だった。鴨川に架かる三条大橋は東京の日本橋から始まる**東海道五十三次**の終点でもあり、西のたもとには弥次さん喜多さんの像もある。豊臣秀吉の時代にもこの橋はあったとされ、これまで何度となく架け替えられてきたが、欄干の擬宝珠の中には秀吉の頃以来の逸品もあるという。

周囲は古くから交通・経済の要所であったらしく、幕末・明治の頃には各藩の藩邸が集まり、相当な賑わいであったという。いきおい、桂小五郎・坂本龍馬をはじめとする当時の重要人物にまつわる石碑や旧跡が多数伝わっている。有名な**池田屋騒動**もこの三条通り沿いで起きた。

太平洋戦争で空襲の被害が少なかった京都には、戦争以前の建物が相当数残っている。昔ながらの知恵を生かした町家も、江戸時代から現役ということすらある。当然、明治・大正・昭和の**モダンな建築物**も非常に多い。どの建物も現代とは異なる当時の最先端のセンスを随所に散りばめていて、散策の目を楽しませてくれる。建築当時からの業務を継続しているもの、別の商業施設に転用されているものなど、幾つかのパターンはあり、外観だけでなく内観を楽しめることもある。

長く商業や政治の重要地点であったということは、その時々の最先端・最上質の商いが集まっていたともいえる。それらは時代を経て老舗となって今に伝わる。周囲には珈琲・茶・菓子などの嗜好品、扇子・針などの工芸品など、探し出すとキリが無いほどの分野の名店がある。ちょっと見ただけでは古めかしいかもしれない店舗には、当時の最先端を突っ走った心意気が潜んでいる。

このエリアの観光として外せないのが、京の台所・**錦市場**。

宗教都市・京都らしく、このエリアにも多くの社寺がある。誰もが知っている有名社寺はもちろんだが、全く聞いたことが無いお寺でも通りがかりに気軽にお参りしてみよう。実はビックリする様な謂れがある名刹だったり、一目見るべき名物があるなど、まさに散策の醍醐味を楽しめる場所となっている。ただし、拝観不可の社寺もあるので注意。

平安時代以来の神社仏閣とここ数年でオープンしたファッションビルが軒を並べ、一大繁華街のすぐ側には時代を経た住居が佇んでいる。このエリアを歩いていると数百年前は、「たった」数百年前にしか過ぎないことが実感されてやまない。

ここだけが残されている。江戸時代の交通運輸の貴重な遺跡として史跡に指定されて、復元された**高瀬舟**がある。高瀬川は木屋町通の西を流れるが、木屋町の名はここに材木問屋が多かったことに由来するという。

坂本龍馬と海援隊を匿った材木商**「酢屋」（2Fギャラリー龍馬）**は、中京区河原町三条下ル龍馬通にある。

聖徳太子の創建という

六角堂（頂法寺）

13C2　155

付近有料パーキング等利用

平安時代以前の創建ともされる古刹。正式名称は紫雲山頂法寺で、天台系の単立寺院。

本堂の形が六角形をしていることから、古くより「六角堂」と称し、聖徳太子ゆかりの寺として、また生け花発祥の地と知られている。境内を入ると縁結びの六角柳や巨大な提灯が目を引き、聖徳太子を祀る「太子堂」や浄土真宗を開くきっかけを得たことにちなむ「親鸞堂」など、諸堂が静かに佇んでいる。他にも太子沐浴の古跡と伝えられる場所や、京の都の中心とされる**「へそ石」**、岩に立つ「十六羅漢」など、楽しめる見所が多い。西国三十三所観音巡礼十八番札所でもあり、全国から多くの旅行者や観光客が訪れている。四条界隈を散策するならぜひ寄っておきたい場所といえるだろう。興味があれば北隣、池坊会館の**いけばな資料館**を訪ねるのもおススメ。会館の展望エレベーター利用で六角堂の特徴的な屋根を確認できる。

京都1200年余の歴史と文化を知り学ぶ

京都府京都文化博物館

13C2　148

京都文化博物館前駐車場は、現在、都合により休止中。付近有料コインパーキング利用

平安建都1200年の記念事業として開館した京都の歴史・産業・文化の博物館で、館内は歴史展示室、美術工芸展示室、映像ホールなどのある本館と、民俗資料や考古資料中心の別館に分かれ、**赤レンガの別館**（旧日本銀行京都支店）は重文に指定されている。2階展示室は、「京の歴史」「京のまつり」「京の至宝と文化」の3つのゾーンに分け、祇園祭の懸装品や京都ゆかりの名品など「ほんまもん」の魅力を紹介。京の歴史展示では平安京遷都から現代まで京都1200年余の歴史と文化を、都市の変遷を中心に、時代別展示と集中展示（宗家の地、能と狂言、描かれた京都、匠の世界、京のまつりなど）に分け、模型・映像・パネルなどで分かりやすく展示。映像展示がよく充実してお

り、現代作家の美術・工芸作品を中心に展示するコーナーなど、さまざまな角度から京都文化に触れることができる。一階には、江戸時代末期の京町家の外観を復元した**「ろうじ店舗」**が飲食店や京都の伝統工芸品や土産物を販売する店がある。

万華鏡の幻想的な世界

京都万華鏡ミュージアム

13C1/2　148

「こども相談センターパトナ」駐車場
260円/30分　12台
（付近コインパーキング利用も）

万華鏡を専門に収集・展示しているミュージアム。平成16年（2004）に開館し、NPO法人京都万華鏡こう房が、教育施設「こども相談センターパトナ」の展示スペースを活用し各方面からの協力と、ボランティアの力で運営している。

国内外の作家作品、約300点の所蔵品コレクションの中から季節ごとにテーマを設け、常時50点程展示。展示中の万華鏡はすべて直接手に取り自由に見られる。また、1時間おきに約5分間ずつ投影式万華鏡で展示室内の天井・壁面に万華鏡が映し出され、幻想的な世界を楽しめる。

いつでもできる体験教室は、ミュージアムショップで手作りキットを購入し、スタッフのレクチャーを受けて製作することができる。世界でただ一つ、あなただけの万華鏡だ。

日本初のマンガ博物館&図書館

京都国際マンガミュージアム

13C1　147

タイムズ両替町御池第3等付近コインパーキング利用　330円/15分　11台　24時間可。京都市御池駐車場利用（P12）も。

京都市と京都精華大学の運営で、マンガの収集・保管・展示およびマンガ文化に関する調査研究及び事業を行うことを目的として設立。博物館的機能と図書館的機能を併せ持った文化施設。建物は、元龍池小学校の昭和4年（1929）建造の校舎を活用し、当時の佇まいを残したもの。保存されるマンガ資料は、明治の雑誌や戦後の貸本などの貴重な歴史資料や現在の人気作品、海外のものまで、約30万点。また、アニメーションに関する資料やキャラクターグッズなども収集しており、これらの資料をもとに進められる調査研究の成果は、展示という形で発表＝公開。約5万冊が配架されて、自由に閲覧できる。マンガに関するワークショップやセミナーなども開催。ワークショップは、だれでも自由に参加できる**「えむえむワークショップ」**、5名以上のグループを対象とした**「グループ向けワークショップ」**（要事前予約/別途料金）、希望に合わせて個別指導を行う「プレミアムワークショップ」（要事前予約/別途料金）の3つがある。**似顔絵コーナー**では、マンガやアニメ風にも描いてもらえて大人気。作家さんと楽しくお話しながら、この世に1点ものは、一人20分程度で完成（有料）。

洛中 御所・西陣エリア

京都御苑や下鴨神社が含まれ、洛中ではあるが閑静な雰囲気があるエリア。この辺りの交通は基本的にスムーズであるが、夕方など混み合う可能性がある。京都御苑は明治維新でも重要な場面を担っており、周囲には維新志士や新政府の活動の痕跡が見られる。

憩いの場・内裏そして迎賓館を見る

京都御苑・京都御所

28C3　147

中立売駐車場利用(P28)

南北1,300m、東西700mに及ぶ京都御苑は、京都の市街地のほぼ中央にあたる。約65万㎡の広さがあり、目的をもって効率よく巡ることが大事である。丸太町通・今出川通、寺町通・烏丸通に囲まれた御苑の中北部には明治の東京遷都まで皇居として使用されていた禁裏御所、南東部に大宮御所、京都仙洞御所があり、かつては御所の周囲に公家や皇族の邸宅が集まって公家町を形作っていた。遷都に伴い公家屋敷が移転した後は、御所を除く御苑全域は国民公園として整備され、苑内五万本の樹木を愛でる、観光客や京都市民の憩いの場として親しまれている。**京都御所**、**京都仙洞御所**、近年建設の**京都迎賓館**も平成28年(2016)より通年公開が開始された。

紫宸殿

京都御所

中立売駐車場利用(P28)

南北約450m、東西約250mの築地塀と清流の溝に囲まれた御所は、安政2年（1855）の再建で古来の内裏の形態を如実に再現しており、建築史的にも注目すべきものがある。歴代天皇が即位した紫宸殿を始めとし、御車寄、清涼殿（令和4年3月までの予定で工事中）、小御所、御学問所、御常御殿など平安時代以降の寝殿造りや書院造りなど建築様式の移りかわりを見ることができる。また、小御所の東には池泉回遊式庭園の御池庭があり、池中に中島をつくり、橋をかけ、石組を用いた光景は建物とよく調和し、上品な品格をそなえた見所といえる。

京都仙洞御所

清和院駐車場利用(P28)

17世紀の初め、後水尾天皇が上皇となった際に造営された。御殿は安政元年（1854）に焼失したのを最後に再建されていないが、庭園・茶室などが残っている。大宮御所と合わせて面積は9

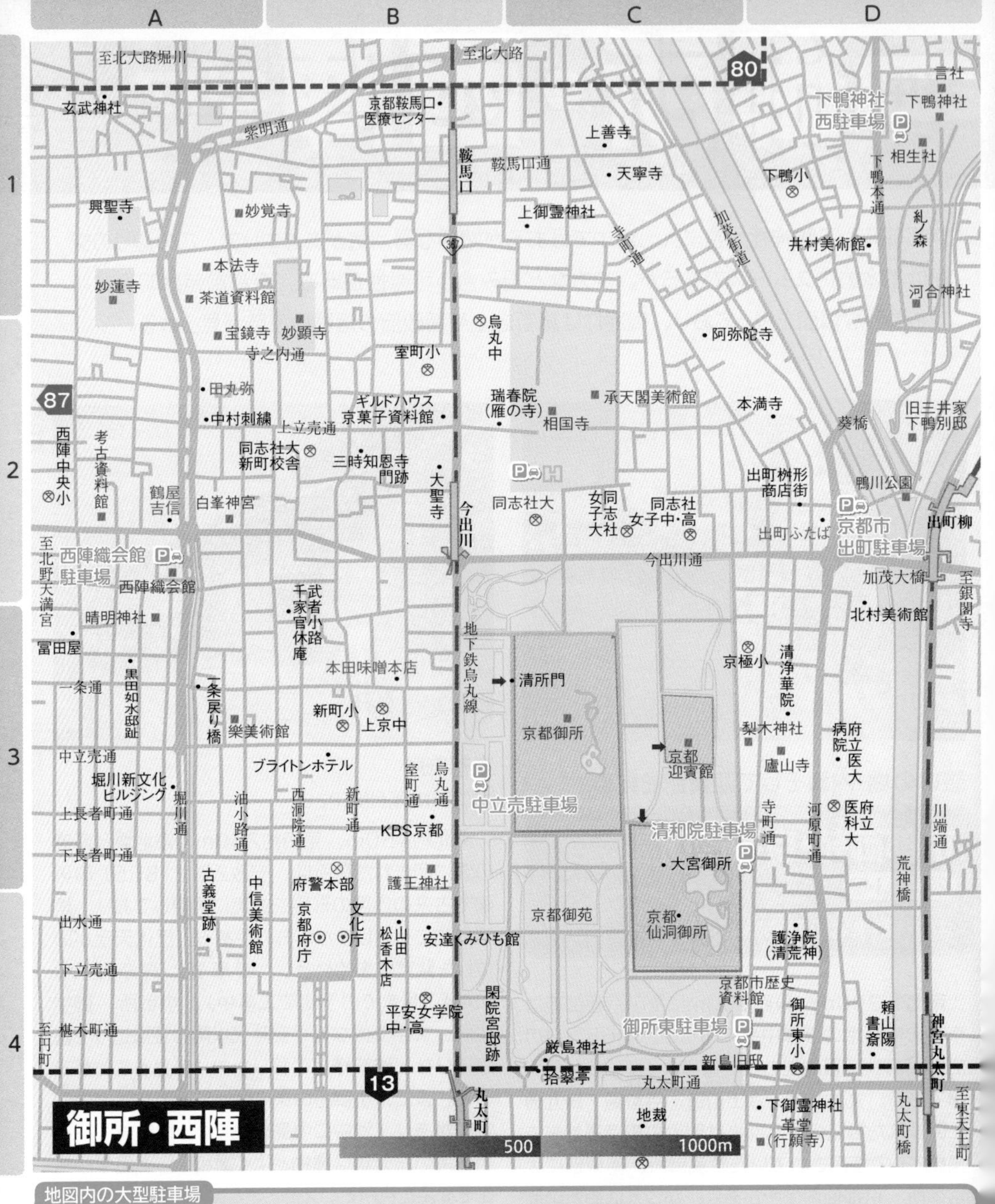

地図内の大型駐車場

中立売駐車場 800円/3時間、以降100円/30分 7時～20時 131台

御所東駐車場 100円/20分 69台 24時間可

清和院駐車場 800円/3時間、以降100円/30分 7時～20時 81台

下鴨神社西駐車場 200円/30分 24時間可 150台 ☎075-781-0010

京都市出町駐車場 150円/30分 159台 4時半～25時 ☎075-251-0222

西陣織会館駐車場 100円/30分 50台（タクシー300円/回） 10時～17時 ☎075-451-9231

万1,640㎡で、東京ドーム2個分とほぼ同じ広さ。庭園は北池と南池の2つの大きな池からなる池泉回遊式庭園で小堀遠州作とされており、北と南で変わった風景が楽しめる。また桜や藤・つつじ・紅葉といった四季折々の景観も楽しむ事ができる。大宮御所は現在でも天皇皇后両陛下が京都に来られた際の御宿泊所として用いられている。

京都迎賓館

清和院駐車場利用（P28）

海外からの賓客をもてなすために、平成17年（2005）に開館。正面玄関の木の温もりを感じるケヤキの一枚板の扉に始まり、採光に利用した廊下の障子や京指物の行灯などのほか、建物や調度品の多くに、数寄屋大工、左官、作庭、截金、西陣織や蒔絵、漆など、京都を代表する伝統技能の匠の技を用いており、細かい部分に至るまでさりげない演出がされている。平成28年（2016）7月、外国からの賓客の接遇に支障のない範囲で通年公開が開始されました。我々日本人にとっても、改めて日本の良さや伝統、文化を今一度体感できる場所となっており、ぜひ見学しておきたい。

新島襄・八重夫妻の住居

新島旧邸　28D4　152

御所東駐車場利用（P28）

同志社を創立した新島襄の私邸であり、妻・新島八重との新婚生活の場でもある。ボストンの友人J.M.シアーズの寄付によって建てられた。当時ではまだ珍しかったベッドやイス、洋風のキッチン・家具など、西洋風な生活習慣を取り入れた夫妻の暮らしの様子が偲ばれる。

ベランダ付の外観は、いわゆるコロニアルスタイルの洋風だが、造りの基本は和風寄棟住宅といった和洋折衷になっている。京都市指定有形文化財。

通常公開については、公式HPで、よく確かめること。

古来よりの萩の名所

梨木神社　28D3　152

清和院駐車場　800円/3時間、以降100円/30分　7時～20時　81台

明治維新の原動力となった三条実万と三条実美父子を祭神として、明治18年（1885）旧梨木

町の今の地に梨木神社を創建。

ささやかな境内には本殿・拝殿・社務所などの建物のほか、江戸後期の国学者で雨月物語の著者である上田秋成や、日本最初のノーベル賞受賞者の湯川秀樹博士の歌碑が建立されている。また、京都の三名水の一つ「染井」の井戸がある。

秋には「萩の宮」と称するほど境内には萩が咲き誇り、古今を通じて和歌が詠まれてきた。

紫式部の邸宅跡として知られる

廬山寺 28D3 155

参詣者駐車場
無料 12台 9時~16時

比叡山天台18世座主元三大師良源によって天慶年間(938~947)に船岡山の南に創建され、天正年間(1573~1593)に現在地に移転した。

紫式部は、「平安京東郊の中河の地」、現在の廬山寺の境内に住んでいたという。昭和40年(1965)、廬山寺の境内に紫式部の邸宅址を記念する顕彰碑がたてられるとともに本堂の前に**「源氏庭」**が整備されている。庭園は枯山水の平庭で、白砂と苔の美しいコントラストを楽しむ事ができる。源氏物語に出てくる朝顔の花は現在の桔梗のことであり、紫式部に因み、紫の桔梗が6月から8月末まで静かに花開く。節分会の代表行事の一つである「追儺式鬼法楽(通称:鬼おどり)」は、赤鬼が松明と宝剣、青鬼が斧、黒鬼が大槌を持って現れ、太鼓と法螺貝に合わせて踊る様子が有名で、当日は多くの参拝客で賑わう。

源氏庭

平安時代を偲ぶ文化財を今に伝える

下鴨神社 世界遺産 28D1 149

下鴨神社西駐車場利用(P28)

賀茂川と高野川が合流してつくる三角州の地に、木が鬱蒼と茂り、昼でも黒々とした、どこか神秘的な雰囲気に包まれた森がある。森の名は**「糺の森」**。神々の裁判が行われたという古代の伝説が、その名の由来となっている。

糺の森

下鴨神社を訪れるには、まず、この糺の森を通り抜けていくのがよい（車の場合は帰り道に待機してもらう）。縄文時代から生き続ける広さ3万6千坪の森。ケヤキ、エノキ、ムクノキなどの広葉樹を中心に、古代・山背原野の樹林を構成していた樹種が自生。樹齢6百年から2百年の樹木が約600本にも数えられ、森林生態学、環境学などの学術分野からも、たいへん貴重な森とされている。森の中の参道を北へ進むと、右に泉川が透明なせせらぎの音をたてて流れている。左には御手洗川の水が。川沿いの奥に神社がある。

下鴨神社の正式の名は「賀茂御祖神社」である。古代――平安京が建設される以前の、この地の豪族・賀茂氏の氏神であり、歴史は古い。五穀豊穣の神が坐すところとして、遷都後も朝廷から篤く奉られてきた。

南の大鳥居から表参道を進んだ（または、西有料駐車場を出た）先に2層建・檜皮葺の楼門が聳え、目の前に舞殿（葵祭の時、勅使が祭文を奏上する殿舎）、右に橋殿と細殿、左に神服殿が建つ。舞殿の奥に中門（四脚門）、言社をはさんで弊殿が建ち、左右に連なる回廊内の神域には、縦に長い祝詞舎の奥に左右2棟の本殿が鎮座するが、外からは見えない。本殿（東殿・西殿）（国宝）は、幕末文久3年（1863）に建てられた檜皮葺のおごそかな建物である。お供えもの（神饌）を調理していた、**大炊殿（神様の台所）・井戸屋形**を公開。葵祭の特殊神饌等、古代より伝わるお供えのレプリカや調理器具等を特別展示。別棟の御車舎では、古くから伝わる葵祭関係資料等を展示（定期的に展示替）。その他、随時要予約の特別公開や、「みたらし団子」の語源とされる御手洗池、水みくじなど見所が多い。社殿53棟は重要文化財、さらに、重要社殿30棟など歴史的建造物を有する。

楼門と舞殿

御手洗社

鴨川デルタ

また、参道沿いにある大正14年（1925）に完成した豪商・旧三井家の別邸**「旧三井家下鴨別邸」**（P147）や、下鴨神社の学問所絵師であった浅田家の社家住宅「鴨資料館 秀穂舎」も見学できる。

出町柳駅前の鴨川公園の**「鴨川デルタ」**は、東から流れてくる高野川と西から流れてくる賀茂川の合流点で、休日ともなると学生や親子連れで賑わう市民の憩いの場。アニメや映画にも登場し、穏やかな流れの中、飛び石を楽しめインスタ映えもしていると人気でおススメだ。

縁結び・安産・子育て・家内安全の神

相生社（下鴨神社末社） 28D1

下鴨神社西駐車場利用（P28）

参道奥・楼門手前の左側にある小祠。朱塗りの鳥居の奥に社殿（一間社流造・檜皮葺）が鎮座する。産霊神を祭神とする縁結びの霊験あらたかな社として、古くから信仰されている。

この社の左側にご神木**「連理の賢木」**が祀られており、縁結びの社のご神徳によって、離れた2本の木が途中から1本に結ばれた不思議な形をしている。このご神木は4代目で枯れてもまた連理の木が糺の森に生えてくるため京の七不思議の1つされている。縁結びのほか、安産・子育て・家庭円満などを祈願する場所としても人気がある。

また、このようなことからめでたいことを「相生」というのは、ここから始まったといわれている。縁結びのお守り、心願絵馬、縁結びの御祈祷の申し込みは、授与所へ申し込むこと。

女性守護と美人祈願

河合神社(下鴨神社摂社) 28D1

下鴨神社西駐車場利用(P28)

河合とは、川合、賀茂川と高野川の合流点(合流点にできた州)に祀られるから、とするが、糺の森の中に鎮座し、古くは、河合社を“ただすのやしろ”・河合宮を“ただすのみや”とよんだように、河合と書いて“ただす”とよむのが慣例だったという。

祭神は、玉依姫命とされ、延喜式神名帳に、「山城国愛宕郡　鴨川川合坐小社宅神社(正式名)　名神大　月次相嘗新嘗」とある式内社で、下鴨神社の最も重要な摂社として第一摂社とされている。女性守護の社とされていたが、最近は、祭神玉依姫命から美麗の神とされ、美麗の祈願絵馬として鏡絵馬の授与を行っている。

また境内の一画に、鴨長明が隠遁後の栖としていた方丈を復元した小さな家屋がある。『方丈記』とは、方一丈の小宅(方丈)で書かれたからの呼称という。

末社任部社の祭神は、八咫烏命。日本の国土を開拓された神の象徴として、日本サッカー協会のシンボルマークとなる。

生まれ歳毎の守護神

言社(下鴨神社末社) 28D1

下鴨神社西駐車場利用(P28)

下鴨神社中門をはいった弊殿前に鎮座する小祠七社の総称。中門を入った正面・藩塀(目隠しの塀)の背後に一言社2社が、右手(東)に二言社2社、左手(西)に三言社3社が鎮座する。重要文化財。**七社には干支(十二支)の守護神**が祀られ、通称「大国さま」と呼ばれている。

一言社東が大国魂命(巳・未歳生まれの守護神)、
一言社西が顕国魂命(午歳生まれの守護神)、
二言社北が大国主命(子歳生まれの守護神)、
二言社南が大物主命(丑・亥歳生まれの守護神)、
三言社北が志固男命(卯・酉歳生まれの守護神)、
三言社中が大己貴命(寅・戌歳生まれの守護神)、
三言社南が八千矛命(辰・申歳生まれの守護神)。

足利義満・禅的賛仰の発現の大寺

相国寺　28C2　150

京都市出町駐車場利用（P28）
＊特別公開時は、境内の檀信徒用駐車場

相国寺の開山始祖は夢窓国師ということになっているが、夢窓国師自身は、相国寺建立の30年前に示寂していた。足利義満の祈願によって建立がすすめられることになったとき、義満の禅の道における師である春屋妙葩が、建立の実務の一切を司ったのだったが、春屋は始祖たることを辞退し、春屋の先師夢窓国師を始祖とすることになった。

このような事情は相国寺が、義満をはじめ当時の禅僧たちの、いかに強い願いを込めて建立されたかを物語る。すでに京都五山も出来上っていた中へ、こうして新たに一禅刹を加え、しかもそれも、いままでにない大きな力のある禅寺を建立しようというのである。

10年の歳月をかけて落成したとき、相国寺は、五山の一たる南禅寺を天皇の建立であるから五山の上位におくという処置を経て、五山の第二位に列ねられた。こうして、京都五山の一、臨済宗相国寺派の大本山としての相国寺の歴史ははじまる。

以来、雪舟や一休をはじめ、多くの学僧や名僧が、この相国寺から育っていった。

約4万坪の境内に人影はまばらである。しかし、室町時代の文化の精粋を、この相国寺がつくりだし、近世から近代へとわたって、それをこの伽藍のすみずみに保存してきたことは確かである。**現在、春秋の特別公開で拝観できるのは、法堂、方丈**、平成14年（2002）復元修復された宣明と呼ばれる**浴室**である。

法堂

応仁の乱や天明の大火を経験した京都の寺社の例にもれず、相国寺もしばしば災禍をこうむっている。それでも、この広い境内を歩めば、剛直な禅刹の雄姿にしばしば眼を奪われることだろう。

法堂は、豊臣秀頼の寄進により慶長10年（1605）の再建。再建というより五建というのが正しい。入母屋造、重層の構造をがっしりした基壇の上に築くこの建物は、四度の火災をこうむってきた。現在では、日本最古の法堂として、桃山時代にできた禅宗様建築としての歴史を誇っている。天井には、狩野光信作と伝えられる**「蟠龍図」（鳴き龍）**が描かれている。

4月8日、お釈迦様の誕生日には、この法堂で「誕生会」が催される。法堂には、運慶の作という本尊釈迦如来と、脇侍の迦葉尊者と阿難尊者の木像が安置されているが、その前に花御堂がつくられ、天上天下を指さした小さな誕生仏が拝まれる花まつりである。

方丈は開山堂とともに文久3年（1863）に復建されたものだが、3月春分の日には「開山忌」、6月17日には「観音懺法」の法要が営まれる。「観音懺法」の法要のときには、祭壇に、兆殿司筆「白衣観音」、伊藤若冲筆の普賢・文殊両画像が架けられる。

開山堂には、始祖夢窓国師の木像をはじめ、無学祖元、高峰顕日といった高僧の木像が安置されている。このほか相国寺には、高僧の墨蹟、頂相、牧渓・周文・長谷川等伯・円山応挙らの水墨画、襖絵など名品が数多いが、特別公開されるときを待ってしか拝観することはできない。

水墨の世界を知る

相国寺承天閣美術館　28C2　150

相国寺境内の檀信徒用駐車場
無料　10時～17時

承天閣美術館は、昭和59年（1984）相国寺創立600年記念に建てられ、本山相国寺及び山外塔頭の鹿苑寺（金閣）・慈照寺（銀閣）をはじめ、

相国寺派に伝わる美術品を展示公開している。

収蔵品は鎌倉・室町から江戸期にわたる墨蹟・絵画や工芸品が主で、国宝5点や重要文化財145点を含む数百点。また茶碗や茶杓等桃山時代の茶道具も多く収蔵。これら美術品を順次入替しながら常時展示公開している。第一展示室には、鹿苑寺境内に建つ金森宗和造と伝えられる「夕佳亭」を復元、第二展示室には近世京都画壇の奇才、伊藤若冲による水墨画の傑作である重要文化財**「鹿苑寺大書院障壁画」**の一部「芭蕉図」を移設、同「葡萄図」など水墨の世界が満喫できる。

新島襄が創設したキリスト教の学校

同志社大学（今出川校地重要文化財外観見学）

28B/C2　152

中立売駐車場利用(P28)

同志社大学今出川キャンパスといえばレンガの建物。緑豊かな敷地には明治時代のレンガ建築だけでなく、大正、昭和の各時代を代表する建物があり、歴史と伝統を誇る校舎が整然と並んだ様子は古都京都の景観に溶け込んでいる。明治17年（1884）と、京都市最古のレンガ建築**「彰栄館」**、同19年の日本最古のプロテスタントの礼拝堂**「礼拝堂」**、同23年の同志社の歴史と新島襄の精神を資料で展示する**「ハリス理化学館」**、同26年の高く突き出た尖塔が特徴の**「クラーク記念館」**などである。

東隣りの同志社女子大学校地には、大正3年（1914）の赤レンガに大理石の白ラインが映える「ジェームス館」、昭和7年（1932）の新島八重の葬儀が行われた「栄光館」などがある。開校時随意であるが、10人以上の団体は、075-251-3043（同志社エンタープライズ　キャンパスツアー担当）に連絡を。

お腹が空いたら烏丸通の「寒梅館」1階のカフェレストラン「アマーク・ド・パラディ」へ。ランチメニューが600円（税込）前後で楽しめる。

人形寺とも呼ばれる

宝鏡寺

28A2　153

参詣者専用駐車場（付近コインパーキング利用も）無料　7台　10時～16時

百々御所という御所号をもつ臨済宗単立の尼門跡寺院。山号を「西山」と号す。本尊は聖観世音菩薩。

禅宗尼五山第一位の景愛寺の支院、建福尼寺として上京区五辻大宮に創建。景愛寺第六世華林宮恵厳（光厳天皇皇女）が、御所に祀られていた聖観世音菩薩像を建福尼寺に奉納安置したが、景愛寺は応仁の乱で廃絶。応安年間（1368～1375）恵厳は現在地に中興、聖観世音が手に小さな宝鏡を

人形塚

持っていたことにちなんだ「宝鏡寺」の名前を後光厳天皇より賜り、名前を改めたのが始まりという。

その後も戦火で転々としたが、15世紀末、宝鏡寺は洛中・大慈院近くに移ったともいう。

寛永21年（1644）後水尾天皇々女第20世仙寺院宮久厳理昌禅尼の入寺以来、再び尼門跡寺院になる。「百々御所」とも呼ばれた。小川付近の東西の通りが、「百々ノ辻」と呼ばれたことにちなむという。

天明8年（1788）の大火で焼失したが、恭礼門院や光格天皇の援助を受けて寛政10年（1798）竣工の書院をはじめ、本堂・大門・阿弥陀堂・玄関・使者の間の6棟が復興され、安政4年（1857）皇女和宮は1月より4ヶ月間（5ヶ月間とも）を当寺で過ごしたという。

文政10年（1827）上棟の本堂は、前後三室からなる六間取の方丈形式で、書院には円山応挙の杉戸絵、天保4（1833）年に円山応震と吉村孝敬が描いた襖絵がはめられている。

当寺は人形寺としても有名で、第24世三鷹地院宮霊厳理欽尼が、父の光格天皇から下賜された三組の有職雛、猩々人形など、数多くが残されている。昭和32年（1957）年秋より**人形展**が始められ、毎年春と秋に一般公開している。昭和34年の秋には**人形塚**が境内に建立された。

現在はこの塚の前で毎年10月14日に人形供養祭が行われており、島原太夫による舞や和楽器の演奏などが奉納され、また全国各地より人形やぬいぐるみが年中持ち寄られるようになり、人形供養も毎日受け付けている。

茶道裏千家の博物館

茶道資料館　28A1　152

入館者専用駐車場（付近コインパーキング利用も）無料　3台　9時～16時半

千利休を遠祖とする茶道裏千家に代々伝わる茶道具や資料を展示する博物館で、収蔵品は春季（4月中旬～6月中旬など）・秋季（10月中旬～12月上旬など）の特別展等で公開されている。前身となった**「今日庵文庫」**は歴代家元が収集した

6万点を超える茶道文献の一大コレクションで、現在は館内で自由に閲覧でき、貴重な資料として茶道愛好家に親しまれている。展覧会期間中の平日入館者に1階立礼席にて呈茶があり、予約希望すれば抹茶を初めて飲む人、作法に興味がある人には、お茶碗の持ち方やお茶・お菓子のいただき方の説明をしてくれる（有料）。

京都初の日蓮宗道場として創建

妙顕寺（妙顯寺）　28B1/2　154

妙顕寺パーキング
200円/40分　24時間　15台

龍華具足山妙顯寺と称し、日蓮宗四大本山の一つで、日像上人により元亨元年（1321）に創建された京都における日蓮宗最初の寺院。

建武元年（1334）日像は、後醍醐天皇より法華経布教の勅旨を賜り、門下屈指の勅願寺となり栄えた。

伽藍は災禍などによりたびたび移転を繰り返し

本堂

ており、応仁の乱や天文法難（法華一揆）を経て、本能寺の変後、天正11年（1583）豊臣秀吉の命により、堂宇を現在の地である小川寺之内に移転、今日の伽藍の形が定まった。秀吉はここを京都の宿所としていた。さらに秀吉は妙顕寺に泊まるだけでなく城へと改造し、その城を二条城と呼び、聚楽第築城まで拠点としていた。

江戸時代天明8年（1788）の「天明の大火」により、伽藍の大半を消失したが、天保5年（1834）再建され復興、現在の建物の大半はそのときのもの。

広大な寺域には黄金釈迦如来像を祀る**本堂**や、鬼子母神堂、三菩薩堂、日蓮・日朗・日像の遺骨を納める鐘真窟があり、本堂前に建つ背の高い石灯籠は**妙顕寺型灯籠**と呼ばれ有名だ。また、妙顕寺には意趣が異なる庭園があり、滝から流れる水が白砂の大海に流れ込む景色を表している**「四海唱導の庭」**、鮮やかな苔の緑と孟宗竹の清々しさに趣が感じられる**「孟宗竹の坪庭」**、樹齢400年の赤松を中心に琳派を代表する絵師尾形光琳の掛け軸をモチーフにした**「光琳曲水の庭」**、水琴窟の音色が体験できる**「五色椿と松の庭」**など、静かに拝観できる場所として人気がある。

他にも塔頭寺院には泉妙院には尾形光琳・乾山及び尾形家一族の墓がある。

紅葉の穴場スポット

妙覚寺　28A1　154

本堂裏手に参拝者専用駐車場
無料　10台。境内南側（門の横）のコインパーキング利用も

永和4年（1378）四条大宮に竜華院日実上人が創建。北竜華具足山と号し、妙顕寺・立本寺と並び京都の三具足山の一つ。文明15年（1483年）に二条南小路衣棚に移転し、戦国時代は妙顕寺と同様に大規模な敷地をもっていた。当寺はたびたび織田信長上洛時の宿になっていたが、天正10年（1582）の本能寺の変の際、嫡子信忠が宿泊していたため明智光秀に攻められ、信忠は自害、寺も焼失した。翌年豊臣秀吉の洛中整理命後の市街地改造により現在地へ移

大門

転。江戸時代天明8年（1788）天明の大火により焼失、その後、再建された。現在の建物の多くは大火後の再建によるものとなる。

大門は豊臣秀吉が天正18年（1590）に建てた聚楽第の裏門を移築したものとされ、三間一戸、本瓦葺、切妻造、重量感あふれる薬医門である。

他にも国指定重要文化財の盂蘭盆御書や、狩野派が扉絵を手がけた**華芳塔堂**、緑の苔と楓が生える庭園**「法姿園」**（本堂前）などがあり見どころだ。

5月頃の新緑もみじ特別拝観、秋季特別拝観の紅葉ライトアップなど、普段は静かな境内が季節になると一層華やぐ。

本阿弥光悦ゆかりの寺

本法寺　28A1　154

境内の奥に参詣者専用駐車場
無料　5台

永享8年(1436)、久遠成院日親上人によって創建。はじめ四条高倉にあったが、天文法難（法華一揆）後、一条戻橋付近で再興し、さらに天正15年（1587）、豊臣秀吉の聚楽第建設に伴う都市整備の影響で、現在の地へ移転した。

当寺は創建当時から本阿弥家と縁が深く、現在

の地に移転した時も本阿弥光悦と父光二親子の支援を受けて寺院の建物は整備されたが、天明8年（1788）天明の大火で経蔵と宝蔵を除き、多くの堂宇を失った。しかしその後、多くの檀信徒達よって維持され、今日の本法寺となった。

静かな境内には本堂、多宝塔など寛政年間の建造物が建ち並ぶほか、書院東側には光悦によって造られたとされる庭園がある。書院からの観賞する築山式の枯山水庭園で**「巴の庭」**と呼ばれ、安土桃山時代の息吹を感じる庭（国指定名勝）である。本庭は3つの巴の紋様の築山からなり、滝から流れ出た水が庭の中央にある池に集まり、渦を巻くという形式を象徴していることから**三巴の庭**ともいわれるが、巴の形は経年により解りづらくなっている。半円状の石を2つ組み合わせた石は「日」、蓮池は文字通り「蓮」で日蓮宗の開祖「日蓮」を表現している。

絵師長谷川等伯も当寺と縁深く、養父母の菩提寺の本山が本法寺であったため、京都に移り住んだ等伯は当寺を拠点に数々の作品を描いた。作品の縦10m、横6mという巨大な**「佛涅槃図」**（原寸大複製）など霊宝・宝物は**宝物館**で常設展示している。

京都で最初のお題目道場

妙蓮寺　28A1　154

P　境内の奥に参拝者専用駐車場
無料　10台

日蓮が興した法華宗の大本山で孫弟子の日像上人によって永仁2年（1294）創建。天文法難（法華一揆）後、天文11年（1542）大宮西北小路に再興され、天正15年（1587）には豊臣秀吉の聚楽第造営に際して現在の地へ移った。当時は1k㎡の境内に27ヶ院を有する大寺院だったが、天明8年（1788）天明の大火によってそのほとんどが焼失し、山門・鐘楼・宝蔵を残すのみとなった。寛政元年（1789）より暫時復興、塔頭8ヶ院をもち、今日に至る。

境内では方丈や**「十六羅漢の石庭」**を公開。庭園は妙蓮寺の僧・玉淵坊日首による作庭の観賞式庭園で、秀吉より贈られた臥牛石と釈迦を中心に十六羅漢に見立てた置石が表情豊かに配置されている。あたかも釈迦の説法を十六羅漢がうかがっているさまを表現していることからこの名がつけられた。獅子や象を模った珍しい石もある。**宝物殿**には、長谷川等伯一派の襖絵、松尾社一切経、本阿弥光悦が書写した、日蓮の『立正安国論』、『始聞仏乗義』が収蔵されている。奥書院の四間には現代絵画家幸野豊一筆の「四季の襖絵」もある。

春の桜、境内の名木「妙蓮寺椿」も有名だ。

洛東 清水寺・東福寺エリア

京都観光の東の中心地で、非常に混み合う。車の場合は注意が必要で、特に東大路通（全域）、四条通（全域）は、歩いたほうが早い場合もある。そのため、祇園・清水寺周辺は、大型駐車場から歩いて観光もおすすめ。風情あるエリアなので、散策自体も楽しい。三十三間堂・東福寺周辺は、季節にもよる（紅葉時以外）が概ねスムーズに移動できるだろう。

谷や森の中を壮大な伽藍が甍を並べて佇む

東福寺 39B5 152

参詣者専用は、東福寺北駐車場・東福寺境内禅堂南側駐車場　無料　（駐車場は秋の看楓拝観は閉鎖）　9時～16時（冬期は～15時半）　30台・20台

かつて奈良の最大の寺であった東大寺と興福寺から一字ずつとって、東福寺と名づけられた。その由来からも、この寺の建立に際して込められた意義の大きさが判ろうというものだ。嘉禎2年（1236）より実に19年を費やして、建長7年（1255）完成された。現在の敷地面積は約24万㎡で、京都でもっとも大きな禅寺である。京都五山の一つであり、京の東山を背景に、谷や森の中を伽藍が甍を並べている。あたかも自然公園を行くような気分にさえなる。秋の紅葉はとりわけ美しい。

三門（国宝）（特別公開あり）は重層の楼門で、入母屋造、本瓦葺。両脇に切妻造の山廊がついている。創建以来たびたび火災に遭い、現在のものは室町初期に再建されたものといわれている。とすると、現存する日本の三門のうち、最も古いものに属する。山廊から階上へ上る正面縁に大扁額「妙雲閣」が架かっている。足利義持の筆になるものである。2階内部には、コの字型の須弥壇に、宝冠釈迦如来や十六羅漢が安置され、天井や梁、円柱に極彩色の絵や文様が描かれている。

寺伝では、これらの絵は兆殿司（吉山明兆）とその門人寒殿司の筆になるものだという。兆殿司は、室町時代この東福寺の住職であり、画僧としても有名な人で、「大涅槃図」や「白衣観音」「五百羅漢図」、また、東福寺の開山国師である「聖一国師像」など、いまに遺っている作品も多

地図内の大型駐車場等

三井のリパーク京都国立博物館前※9月現在発掘調査のため利用停止中（付近コインパーキング利用も）200円/30分など　24時間可　62台

京都市清水坂観光駐車場（満車時は付近コインパーキング利用）　1600円/回（タクシー1280円/回）　24時間可　59台（バス・タクシー優先）

タイムズ東山五条第3
330円/20分　24時間可　8台

高台寺駐車場　600円/60分、以降300円/30分　24時間可　100台

京都市円山駐車場　300円/30分　24時間可　134台　☎075-541-6371

京都市鴨東駐車場　230円/30分　131台　24時間可　☎075-551-2034

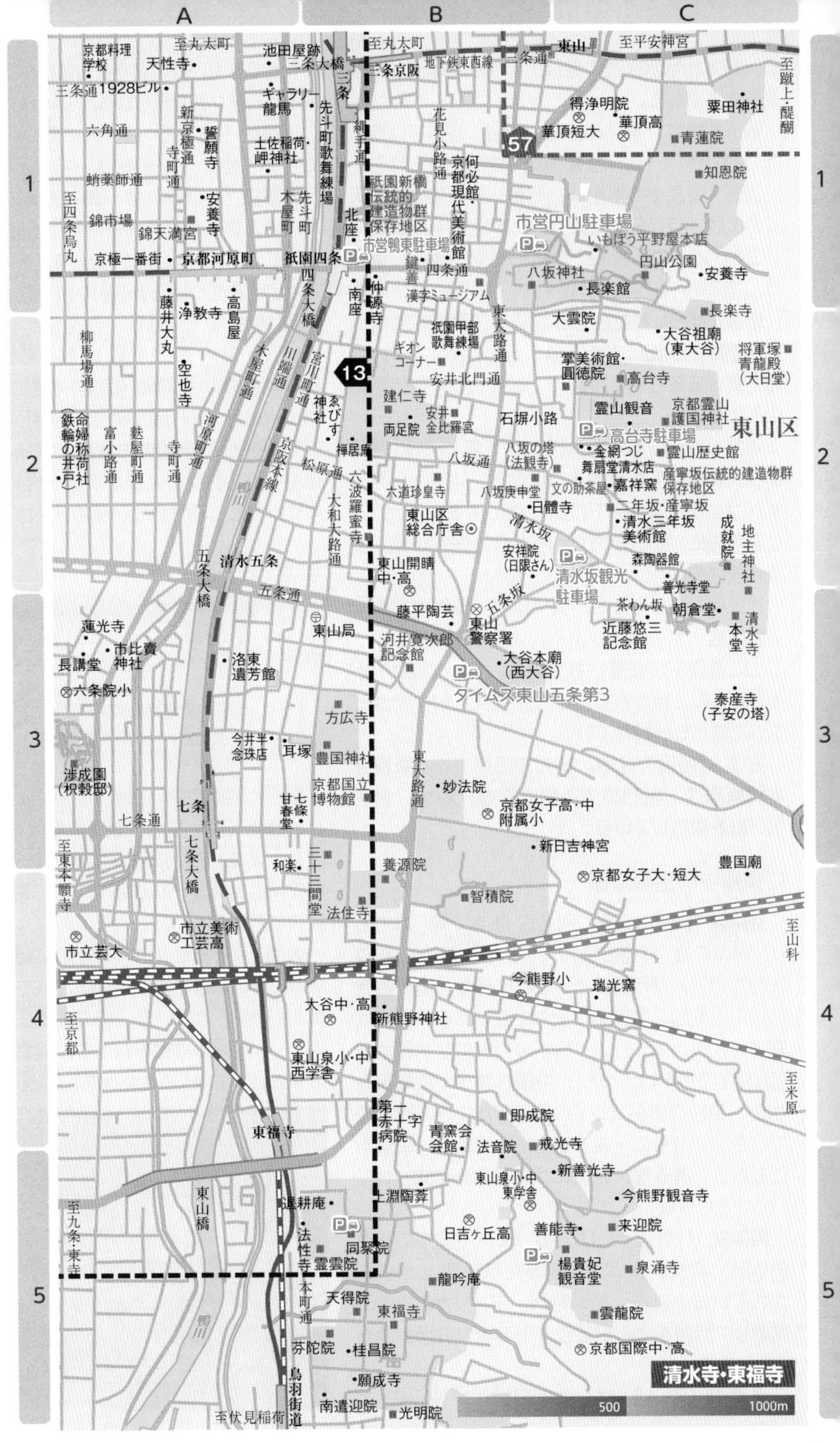

清水寺・東福寺
東山区
三条京阪
祇園四条
清水五条
七条
東福寺
京都河原町
東山
市宮円山駐車場
高台寺駐車場
清水坂観光駐車場
タイムズ東山五条第3
市宮鴨東駐車場
八坂神社
円山公園
高台寺
清水寺
三十三間堂
京都国立博物館
豊国神社
智積院
新日吉神宮
東福寺
泉涌寺
六波羅蜜寺
建仁寺
安井金比羅宮
八坂の塔（法観寺）
二年坂・産寧坂
清水三年坂美術館
大谷本廟（西大谷）
東山区総合庁舎
東山警察署
京都女子大・短大
今熊野観音寺
楊貴妃観音堂
渉成園（枳殻邸）
五条通
七条通
四条通
三条通
500
1000m

い。日本初期水墨画の発展史のなかで重要な役割を果す人である。

数ある国宝、重文の絵画・彫刻・書蹟等は普段非公開だが、一部は京都国立博物館で見られる。

重層入母屋造の本堂は、昭和初期の落成で、天井の竜は、近代日本画家・堂本印象の手になる。

三門・本堂の西側に、東司、禅堂が並ぶ。東司は、室町時代の禅宗式便所で、細長い建物の中に便器がずらりと並び「百雪隠」と呼ばれている。

禅堂は、正面に「選仏場」（無準師範筆）の扁額を掲げる落ち着いた建物。これも室町時代初期のものである。

本堂と禅堂の間を北へ行くと、鐘楼や経蔵があり、有名な**「通天橋」**にいたる。本堂から開山堂へつながる渡り廊下だが、林の中をまっすぐ通じる両側に、「洗玉澗」と呼ばれる渓谷を見下ろす光景は美しい。

通天橋を渡りきると、奥には聖一国師を記念する**開山堂**（常楽庵）がある。上層を伝衣閣という。ここに布袋像が安置されている。聖一国師が請来したものと伝えられ、また、伏見人形の起源となった像ともいわれている。

方丈は明治の建造。国指定名勝である**東福寺本坊庭園**は、昭和期の造園家重森三玲が、鎌倉風の庭を設計している。

□東福寺の主な塔頭

芬陀院（P153）は、別名雪舟寺で知られており、鶴亀の庭（雪舟庭園）が、雪舟等楊の作（重森三玲が復元）だと言い伝えられてきた。室町時代の枯山水庭園の雰囲気に満ちた庭である。雪舟は、室町時代の、というより日本の代表的な水墨画僧。相国寺で修学し、のち、中国へ渡って画業をみがき、当時の僧侶としての安定した生き方を捨てて、放浪のうちに一生を過した人である。生没年にも議論がある程、伝記について確実に知られていることは少ない。

同聚院（P152）には、定朝（平安期の代表的仏師）の父、康尚がつくった不動明王が安置されている。また、明治時代、アメリカの富豪と結婚して話題をよんだ芸妓、モルガンお雪の墓もここにある。

光明院（P149）は、重森三玲作の「波心庭」という庭で有名。虹の苔寺とも言われ、5月下旬から年末まで綺麗な苔が見られる。四季の花や紅葉も美しい。

天得院（P152）は、苔に覆われた枯山水の庭に咲く桔梗の花が名高い。（初夏と秋特別公開）

霊雲院（P155）は、細川光尚の遺愛石で知られる。重森三玲修復の書院枯山水庭園は、九山八海の庭・臥雲の庭と称される。3月下旬～4月初めに、薄桃色の花をつける小ぶりの椿・ワビスケが人気。

龍吟庵（P155）は、無関普門（大明国師）の住居跡。書院造に寝殿造風の名残をとどめた、現存最古の方丈建築（国宝）をもつ。方丈を囲む枯山水の庭・龍吟庭が有名。（特別公開あり）

そのほか、東福寺の寺院や塔頭には、日本美術史を飾る数々の名宝が所蔵されているが、それらはいつも公開されているわけではない。

皇室の菩提所・御寺

泉涌寺 39C5 151

P 参詣者専用駐車場　無料　9時～17時
20台

皇室と関係の深いお寺で、御寺とも呼ばれており、歴代天皇・皇后・親王の尊牌を奉納する霊明殿や、また、歴代天皇・皇后の念持仏を安置する御座所もある。一山の広さを誇る境内は春の新緑、秋の紅葉も美しい。

大門をくぐると、すぐ左手北に**楊貴妃観音堂**がある。そこには中国から請来された仏像「聖観音像」が安置されている。唐の皇帝玄宗が寵愛した后・楊貴妃の冥福を祈って、楊貴妃の等身坐像にかたどってつくらせた像を、建長7年（1255）

に、この寺の開山した月輪大師の弟子湛海によってもってこられたというが、彫像の様式からみて宋時代（11〜13世紀）の作であろう。長く秘仏だったので、施された彩色はいまも鮮やかに残っていて、楊貴妃という一人の美女の姿を彷彿させる。今日では、女性の様々な願いを叶えてくれるパワースポットとして知られている。

境内正面中央に仏殿がある。入母屋造、重層、本瓦葺、江戸初期の建物。須弥壇には、釈迦を本尊として両脇に、阿弥陀と弥勒菩薩が配された三尊が安置されている。寺伝によれば鎌倉の大仏師・運慶の作だというが、むしろ、鎌倉時代の様式を忠実に再現した江戸初期頃の彫像と考えるべきだろう。天井には、これも江戸初期の大画家、狩野探幽の手になる「雲龍図」が、三尊背後の壁には、同じく探幽筆の白衣観音図が描かれている。

3月14・15・16日にこの仏殿で行われる涅槃会には、明誉古澗筆の大涅槃図がかけられ公開される。江戸期—享保2年（1717）—を代表する涅槃図の一つである。

本坊内**御座所**は、旧京都御所の御里御殿を移築した雅な建物。屏風絵・庭も味わいがある。

□泉涌寺の主な塔頭

泉涌寺の諸塔頭・寺院にも見るべきものは多い。**雲龍院**（P146）は、春の梅、初夏の皐刈り込、秋の紅葉が見事な庭園、座敷毛氈で抹茶が賞味できる。鎌倉時代の「走る大黒天尊像」がなんと、台所にある。写経道場としても、450年の歴史があり、予約なしで写経体験ができる。

忠臣蔵の大石良雄と縁の深い（討入直前、ここに身を寄せ、茶室・含翠軒を寄進）**来迎院**（P155）は、見事な紅葉の境内そして庭もいいが、鎌倉期の木彫護法神5体も見逃せない。

即成院（P151）にある阿弥陀如来と二十五菩薩坐像は、藤原時代後期の彫像（一部に江戸時代の補作が混じる）。阿弥陀来迎の姿が、絵に描かれたものは多いが、このように来迎を彫刻であらわした例は少ない。寄木造、漆箔。境内には那須与一の墓と伝えられる石造宝塔がある。10月第3日曜に行われる二十五菩薩お練り供養が有名。

戒光寺（P147）（内陣特別拝観あり）は、泉山丈六釈迦堂とも呼ばれるように、巨大な釈迦如来像（身の丈5.4m）が安置されている。宋風の香りの強い木造（寄木造）。彩色、玉眼を使う。鎌倉前期を代表する像の一つである。

即成院　石造宝塔

1001体の観音像は大迫力で圧巻

三十三間堂（蓮華王院） 39B3　149

拝観者専用駐車場　無料　50台

後白河法皇の御所法住寺殿の御堂として長寛2年（1164）に創建された。蓮華王院というよりも、三十三間堂という名前の方がはるかに親しまれている。観音さまの並んでいる本堂内陣の柱間が、33あるところから由来した名前だが、鎌倉時代の蓮華王院の面影を伝えているのも、いまはこの**本堂**（国宝）だけだ。本堂は、文永3年（1266）に再建されたもので、単層、入母屋造、本瓦葺で、正面が33間（柱と柱の間の数）ある長い建物である。その120mの長い建物の背後の縁で、江戸時代には盛んに通し矢競技が行われたものだった。現在でも毎年1月成人の日に、通し矢に因み、「大的全国大会」が行われ、その伝統が守られている。

内陣には、**千手観音坐像**（国宝）を中心に左右500体ずつの**千体千手観音立像**（国宝）が安置されている。また、観音群像の両端には、**風神像・雷神像**（国宝）が鎌倉彫刻らしい力溢れる姿をみせて安置されている。

中央の千手観音坐像は、高さ3.4m、檜の寄木造、漆箔の大きな像で湛慶が造ったものだと伝えられている。湛慶は運慶の子で、父と共に東大寺や興福寺の仏像製作にたずさわった、鎌倉時代の代表的仏師の一人。左右の1000体（正確には1001体）の立像124体は平安期作、その他はほとんどが鎌倉時代の作で、そのうち273体には作者の銘が刻まれている。寄木造、漆箔。鎌倉期のものにしては、玉眼が使われているものが少ないが、1001体ひとつひとつ表情や衣文の様子が異なっている。

内陣の表には、**二十八部衆立像**（国宝）がずらりと並んでいる。寄木造で彩色もよく遺っており、暗い廊下に玉眼がギラリと光って壮観である。なかでも婆藪仙人像・大弁功徳天像・摩和羅女像・迦楼羅王像などは、鎌倉時代の代表的な彫像といえよう。

堂内の裏手には、三十三間堂の歴史や建物などについての写真や模型があり、点字説明や触感を楽しむこともできる。外観でその長さに驚く三十三間堂は、鎌倉彫刻の宝庫である。

日本・東洋の多数の古美術品や考古資料

京都国立博物館　39B3　147

三井のリパーク京都国立博物館前利用※9月現在発掘調査のため利用停止中（P38）（付近コインパーキング利用も）

三十三間堂の向いにある京都国立博物館は、明治30年（1897）開設された。入場してまず目を引くのが、明治28年（1895）建築のレンガ造りが洒落ている明治古都館（旧陳列館）である。現在は、免震改修他の基本計画を進めるため、展示は行っていない。フランス・ドリック式の建物で、左右の煉瓦塀・正門とともに重文に指定されており、重厚で華やか雰囲気に溢れている。中庭にはロダンの代表作「考える人」や鎌倉時代の石造十三重石塔など、建物や庭園自体も見応えがある。

収蔵品の多くは近畿各地の社寺からの寄贈品や京都で育まれた美術品・工芸品などである。京都は長く文化の中心であり、その成果を知ることができる。

このように仏像・絵画・書蹟・工芸品など多数の名品が所蔵されており、平成26年（2014）9月13日にリニューアルした**「平成知新館」**名品ギャラリーで陳列されている。

特別展覧会は例年2回、春と秋に開催されている。

教科書にある俵屋宗達の杉戸絵

養源院　39B4　155

P 付近コインパーキング利用

三十三間堂の東隣りにある。文禄3年（1594）、淀殿（茶々）が豊臣秀吉に願い、父浅井長政追善のため創建。焼失後、元和7年（1621）、徳川二代将軍秀忠夫人崇源院（お江）が、伏見城の遺構を移して再建したという。本堂廊下の天井は、**「血天井」**の呼び名でよく知られており、伏見城落城の際、鳥居元忠らが自刃した廊下の板がこの天井に使われたといわれている。よく見ると血痕もなまなましく、自刃の壮烈な様子が想像されるようだ。

本堂には、俵屋宗達が描いたと伝えられている**「8面の杉戸絵」**があり、白象や唐獅子、麒麟などのダイナミックな図柄が眼を奪う。宗達は、生

年も没年も不明の謎につつまれた画家である。桃山末期から江戸初期にかけての狩野派興隆期に、独自の大和絵風絵画を遺した。狩野派が一世を風靡した時勢のなかでは異端にすぎなかったが、のち、尾形光琳などに大きな影響を与えた、日本絵画史上重要な画家の1人である。

また、本堂の廊下はすべて左甚五郎の造った鶯張という。

そのほか、祭壇の間には、狩野山楽の障壁画などがあり、カセットテープの説明と寺の人の説明がある。

後白河法皇ゆかりのお寺

法住寺　39B4　154

参拝者専用駐車場　無料　9時～16時
25台　東大路から塩小路通を入る

後白河法皇が建立した法住寺殿跡に立つ寺。法住寺殿は後白河法皇が出家して院政を行った場所であったが、寿永2年（1183）に木曽義仲の襲撃をうけ、殿舎が焼失し，以後再興されなかった。後に法住寺殿の一画には法華堂が建てられ、法皇の御陵となったが、明治の神仏分離により御陵（現在は宮内庁管轄）と寺が分離された。

境内には木曽義仲の襲撃の際に身代わりになり法皇を救ったという**本尊不動明王**があり、「身代わりさん」と親しまれ、方除け厄除けの信仰がある。庭園では、春の枝垂れ梅、桜が美しい。後白河法皇御前立木像が毎年5月1日から7日に開扉されている。また、大石良雄（内蔵助）が仇討ちを祈願し、ここで会合したともいい、四十七士の小木像がある。

桃山絵画の世界を展開

智積院　39B4　151

参拝者専用駐車場　無料　30台

東山を背景にしたこの大きなお寺（6万6千㎡）は、もとは江戸の初めに、祥雲寺跡（幼くして死んだ長男・棄丸の菩提を弔うために豊臣秀吉が建立）に建てられたものである。

建物は、その後もしばしば火災にあって新しいものだが、大書院の東にある「利休好みの庭」と伝わる**庭園**は、江戸初期の面影をとどめる池泉鑑賞式で、中国の廬山の景を摸したといわれる築山や、池庭が書院の縁の下まで入り込んで平安期の寝殿造りの釣殿のような景色は見事。初夏にはツツジやサツキが咲きみだれて一層華やかな彩りをそえる。国指定名勝。

宝物館にはかつて、堂内を飾った桃山時代の障壁画が収められている。とりわけ見ものは、長谷川等伯一門による障壁画（国宝・重文）で、桜図、楓図、雪松図、松に黄蜀葵図、松に秋草図、松に梅図など絢爛たる桃山絵画の世界を展開している。等伯は、はじめ狩野派に学んだがそのアカデミズムにあき足らず、自分の納得いく画法を求めて長谷川派を興した。水墨画の源流・宋元画などを改めて学びなおし雪舟に私淑した。等伯の「等」は、雪舟等楊の「等」をもらったもので、み

ずから雪舟五代目を任じた。そのため、雪舟派の門弟たちとの争いも辞さなかった。系譜というものが、非常に重要視された時代だった。智積院にある、これらの障壁画も見事だが、水墨に表現されている彼の画技は、同時代のどの画家をも圧している。東京国立博物館にある松林図屛風（国宝）はその代表的な作品である。

豊臣秀吉を祀る

豊国神社　39B3　152

参拝者専用駐車場　無料（他見学は150円/30分）24時間可　15台

豊臣秀吉・夫人北政所を祀る。当時は、大きな社殿と社域を有した神社であったが、豊臣氏滅亡後、徳川家康によってとり壊された。現在の社殿は明治13年（1880）の再建であるが、参道正面にある**唐門**（国宝）は、伏見城の遺構を移したものといわれ、桃山風のきらびやかな四脚門である。慶長燈籠と呼ばれる石燈籠が8つ、唐門の左右にあり、これは創建当時のものといわれている。秀吉に因んだ千成瓢箪の絵馬が珍しい。社殿の南側に**宝物館**があり、秀吉の遺品や、豊国祭礼図屛風（狩野内膳筆）などが陳列されている。

社殿の西100m正面通には、五輪塔がある。秀吉の命で加藤清正らが韓国・朝鮮に出兵した文禄の役・慶長の役のとき、敵の将兵の首の代わりに鼻を削ぎ持ちかえった。日本国内では首を持ち帰った戦国の世だが、敵の兵士とはいえ、霊を厚く弔うことにして「御身塚」といわれていたのが、いつのまにかなまって**「耳塚」**といわれるようになった。清正が持ち帰ったのは耳だという説もあるし、また、方広寺の大仏鋳造のとき、鋳型の土を埋めた御影塚がなまったという説もある。

大坂冬の陣の導火線となった大鐘

方広寺　39B3　153

豊国神社駐車場利用

方広寺は、天正14年（1586）に豊臣秀吉が創建した。当時、大仏殿に安置された大仏は高さ19mの大きな仏像だったといわれているが、慶長元年（1596）の地震で壊れてしまった。秀吉の死後、徳川家康が豊臣秀頼と淀殿に再興を勧め、金銅大仏が完成した。

そして**大鐘**も造られたが、そこに**「国家安康・君臣豊楽」**の銘を入れたところ、家康が関東不吉の語ありとし、大坂冬の陣・夏の陣の発端となって、豊臣氏が滅亡したのは有名な話だ。この銘は撞座の左上にある。

金銅大仏も、寛文2年（1662）に壊れ、その後、天保14年（1843）につくられた仏像が大仏殿に安置されていたが、昭和48年（1973）の火災で焼失した。大鐘（重要文化財）は京都三条釜座鋳物師、名越（名護屋）三昌らによって慶長19年（1614）に製作され、高さが4.2m、外径2.8m、厚さ0.27m、重さ82.7tと大きく、奈良の東大寺・京都の知恩院とともに日本三大梵鐘とされている。

大鐘

清水の舞台、全国屈指の名勝

清水寺

世界遺産　39C3　148

京都市清水坂観光駐車場利用(P38)
＊満車時は付近コインパーキング利用

西国三十三箇所巡りの16番御札所として訪れる人も多いが、京都を代表するお寺としていつもたくさんの人で賑わっている。由来をたずねれば、開山は延鎮（賢心）、創建は坂上田村麻呂と伝える、平安遷都直前にまで遡れるほどの古いお寺だし、本堂にある**「清水の舞台」**はあまりにも有名だ。この舞台から見下ろす東山南部の渓谷美は、たしかに逸品である。

13万㎡と音羽山の山腹に広大な寺域をもつこの寺は、山の樹木の中に、数多くの伽藍をそびえさせている。

馬駐は貴族や武士が此所で馬から下り、馬をこの建物につないで諸堂へ参拝した。室町時代の建築。桃山時代の様式を見せる鐘楼は、慶長12年（1607）の再建。清水寺正門の仁王門も室町時代の建立と推定できる優美な門。西門は鐘楼と同時期に建てられた、八脚門の堂々たる建物である。三重塔も本堂と同じ時に再建されたものだが、日本最大級で高さ31m弱の塔である。内部は非公開だが、天井や柱に描かれた彩色文様、菩薩・明王図などは美しい。窓裏には八大祖師像等が描かれている。

本堂（国宝）は寛永10年（1633）に再建された寄棟造、檜皮葺。屋根の線が美しい。本尊千手観音と脇侍の地蔵菩薩・毘沙門天を祀る。外陣の梁の上の絵馬も見逃せない。錦雲渓の急崖に約190㎡、総檜板張りの「舞台」を懸造にして張り出し、巨大な欅の柱を立て並べて支えている。舞楽などを奉納する正真正銘の「舞台」で、そこからの眺望は、絶景である。ちなみに木材同士を巧みに組み合わせた構造は継ぎ手と称され、釘を1本も使用していない。

阿弥陀堂は法然上人と縁の深い御堂。本尊阿弥陀如来坐像は京都六阿弥陀仏の一つに数えられている。

奥の院は、本堂同様に舞台造で、「奥の千手堂」ともいい、千手観音三尊と二十八部衆、風神・雷神を祀る。千手観音は藤原末から鎌倉初期にかけての作とみえる。

なかなか厳しい階段を下ると**音羽の滝**。こんこんと流れ出る清水は古来「黄金水」「延命水」と称し、尊ばれ、多くの参詣者が列をなす人気スポットである。

奥の院から音羽の滝へと、奥深く入っていく子安塔（非公開）は、高さ約15mで錦雲渓を隔てた丘上に建つ、檜皮葺の軽快な三重塔である。子安観音（千手観音）を祀り、安産に大きな信仰を集めて来た。

成就院参道途中の右手に千体余りの石仏が群集して祀られてあるのも、散策をする楽しみを高めてくれるし、春には桜、秋には楓が、山や谷の樹々をいろどり、夜の特別拝観は大勢の人々で賑わう。

清水寺塔頭**成就院**は、借景・池泉鑑賞式庭園（国指定名勝）が有名である。誰が袖手水鉢・烏帽子石・蜻蛉燈籠、手毬燈籠などが名高く、五葉松・侘助椿が一段と風趣をそえ、月の庭と賞美されている。普段は非公開だが例年5月・11月に特別公開がある。

随求堂胎内めぐり（拝観100円）　9時～16時

随求堂は清水寺の塔頭・慈心院の本堂で随求菩薩が本尊。その本堂の地下に通路を巡らし、御本尊の真下にある「ハラ」という梵字が書かれた石に触れる事により、諸願成就を願う。真っ暗闇の中、順路の左の壁に手摺のように廻らされた太い数珠を頼りに進む。1分ほどで明かりが点いたところに行き着く。

忠僕茶屋

舌切茶屋

忠僕茶屋と舌切茶屋

尊皇攘夷派の清水寺成就院の月照と薩摩藩の西郷隆盛は、安政の大獄で追われ、鹿児島湾（錦江湾）で身を投げる。月照は亡くなり西郷は一命を取り留めるが月照の下僕であった大槻重助は捕らえられ牢獄に。その後釈放された重助は、西郷隆盛、清水寺の援助で境内に茶店を開くことを許された。これが今に残る「忠僕茶屋」。

一方、「舌切茶屋」は、同じ頃に清水寺の寺男だった近藤正慎が京都西奉行所に捕らえられ、月照の動向を厳しく追及された。そして口を開いてしまうことを恐れ、自ら牢獄の壁に頭を打ち付けた上、舌を噛み切ったという。

そのような由来もあって二つの茶店は、子孫に茶店を営むことが許されたという。昔ながらの味わいの甘酒、ぜんざい、わらび餅などの甘味がそろう店である。

縁結び祈願

地主神社　39C2/3　149

清水寺参照

清水寺の本堂の真北にある小さな神社で、産土神、寺の鎮守として信仰されてきた。近年では縁結びの神としてもつとに有名。**恋占いの石**は本殿前にあって、片方の立石から反対側の石に目を閉じて歩き、無事たどりつくことができると恋の願いが叶うといわれている。一度でたどりつければ恋の成就も早く、二度三度となると恋の成就も遅れるとか。

境内は謡曲にも謡われた桜の名所で、**地主桜**は一本の木に八重と一重の花が同時に咲く珍しい品種。嵯峨天皇行幸の折、地主の桜のあまりの美しさに、三度、御車を返したという故事より、別名「御車返しの桜」とも呼ばれる。さくら祭りの頃、背後の黄桜（ウコンの桜）と共に満開となり、その気品と風格のある美しさで境内は華やぐ。総門や本殿、拝殿は重要文化財。拝殿天井の龍の絵は狩野元信の筆。

※2025年頃まで社殿修復工事のため閉門

古趣あふれる五重塔

八坂の塔（法観寺）　39B/C2　155

付近コインパーキング利用

産寧坂・二年坂を上ると八坂の塔が眼に入る。京都・東山の看板のような五重塔だが、法観寺というのが正式の名で、創建は飛鳥時代にまで遡ると伝えられている。東寺、興福寺の五重塔に次ぐ高さ46m、6.4m四方、本瓦葺の和様建築の塔は、室町時代永享12年（1440）に足利義教が再建したものだが、明治40年（1907）1月、改築工事が竣工されたという。今は薬師堂・大師堂があるだけで、昔の壮大な面影をたどることはできなくなった。しかし、京都の下町からのぞく、その姿に、いにしえの都のイメージを重ねあわせることができる。

問い合わせれば、内部も見学できる。その初層には五大力尊が安置されている。二層まで急な階段で登ることが出来て、途中には鏡が設置されているので、心柱が塔を貫く様子をつぶさに見ることが出来る。最上部まで登ると小さな窓から外界を眺めることができ、西側に市内の町並みが広がる。

インスタ映えすると人気

八坂庚申堂(金剛寺) 39B2 154

付近コインパーキング利用

ここは、日本三大庚申（他に東京入谷（廃寺）、大阪四天王寺）の一つで、日本最古の庚申堂でもある。地元の人々から「八坂の庚申さん」の愛称で親しまれているが、正式名は「大黒山延命院金剛寺」。

本尊は「青面金剛童子」、それは飛鳥時代、京都の豪族である秦氏の守り神として中国大陸から招来されたもの。しかし、平安時代に八坂庚申堂の開祖である浄蔵貴所が一般の人も青面金剛にお参りできるようにと、天徳4年（960）八坂庚申堂を創建し、以後、日本最初の庚申信仰の霊場として信仰を集めるようになった。

庚申信仰とは、中国の道教の説によると、人の体の中には「三尸の虫」がいて、干支が庚申となる日の夜に人々が寝静まると、この三尸が体内から抜け出て天に上り、天帝にその人の悪事を告げ、命を奪うとされたことから、三尸の虫が抜け出さないように寝ずに徹夜する行事（庚申待）があった。日本でも平安時代の宮中においてすでに行われていたという。庚申待は後生、申より猿を神使とする山王権現、また庚申塚より道祖神の信仰となり、仏教では青面金剛の信仰、神道では猿田彦大神を本尊とする場合が多くなった。

庚申堂では年に6回の庚申の日に護摩法要と「コンニャク炊き」が行われる。これは浄蔵貴所が重病の父にコンニャクを捧げ、無事に病気が治ったという言い伝えに由来している。**「くくり猿」**という猿のお守りがあり、コンニャクはその猿の形にくり抜かれている。北に向かって無言で食べると無病息災で過ごせるとか。

現在はインスタ映えスポットとして女性に人気があり、その理由が延宝6年（1679）の再建の本堂左前の小祠に、カラフルな生地で色とりどりの「くくり猿」が吊り下げられ、花が咲いたように華やかであるから。人間の欲望が動かないよう、庚申によってくくられているという意味だそうだ。八坂庚申堂では願いを持ち続けるのではなく、「欲を捨てる」と願いが叶うと言われている。

また、朱塗りの門の上や本堂など境内のいたるところに「見ざる、言わざる、聞かざる」の3匹の猿もいる。

空也の寺

六波羅蜜寺 39B2 155

タイムズ松原大和大路
（付近コインパーキング利用も）
330円/30分　8台　24時間可
参拝者専用駐車場　無料　9時～16時　5台

胸に金鼓をぶらさげ、右手に撞木、左手に鹿角の杖をつき、口から「南無阿弥陀仏」の6体の阿弥陀仏を吐き出している、あの**空也上人立像**がある六波羅蜜寺は、この上人が、応和3年（963）に開いたものである。当時、京の街に悪疫が流行した。そのとき上人は、十一面観音像を刻み、車にのせて街中を引きまわし、「空也踊躍念仏」を唱えて、病魔を鎮めたという。この十一面観音立像（国宝）は、現在、本堂に安置されており、33年に1度しか公開されない秘仏である。上人の「踊躍念仏」は、今日「六斎念仏」となって伝えられている。

令和館には、運慶とその長子・湛慶の像といわれる木像彫刻をはじめ、伝平清盛坐像などの鎌倉期の作品が多く並べられている。藤原期の仏像もあるが、やはり、眼をとらえるのは、運慶の四男康勝の作といわれる空也上人立像である。1mばかりの小さな木像だが、やせ細った行者姿で念仏を唱える上人の姿は迫真的で、鎌倉期彫刻の特徴をよく表わしている。

平安時代の終り頃、平忠盛がこの寺に軍勢を集めた時から、清盛、重盛など、平家一門の館が建ち並んだこともあった。寿永2年（1183）、平家没落とともに、館も焼け、寺も燃えつきた。その後は、源頼朝、足利義詮、豊臣秀吉、そのほか徳川家の将軍たちによって庇護されてきた。

現在の本堂は、貞治2年（1605）に修現されたもので、寄棟造、本瓦葺、昭和44年（1969）開創1000年を記念して、大解体修理が行われた。今や、装いも新たになった建物が、混み入った民家の一隅に丹の色も鮮やかに構えている。

冥界への入口

六道珍皇寺　39B2　155

拝観者専用駐車場（付近コインパーキング利用も）無料　9時～16時　3台

延暦年間（782～805）、空海の師・慶俊僧都が開基という。8月7日～10日、先祖の霊をお迎えする「六道まいり」で知られる。今昔物語にもでてくる行事で、梵鐘の迎え鐘によって亡者（ご先祖様）をこの世に呼ぶ、お盆の風物詩である。京都では、「六道さん」の名で親しまれる。

ここは葬場（鳥辺野）の入口にあったことから、現世とあの世との境・六道の辻と見なされた。平安時代の官僚・小野篁は、昼間は宮廷に仕え夜は本堂裏の井戸（非公開）から地獄に通い、閻魔大王に仕えたという。

現在も**閻魔堂**（篁堂）には閻魔大王像と小野篁像が安置されている。閻魔堂や重文の本尊薬師如来や地獄絵等の拝観は、特別拝観時には予約無しで見られる。公式WEB等で確認を。境内は自由。

悪縁を切り良縁を結ぶ

安井金比羅宮　39B2　155

安井金比羅宮参拝者専用駐車場
200円/30分　24時間可　12台

建仁寺の東、縁切りと縁結び、両方を叶えてくれる安井金比羅宮。崇徳天皇、讃岐の金刀比羅宮より勧請した大物主神と、源頼政を祀る。

境内の**縁切り・縁結び碑**には、「形代」（身代わりのおふだ）がびっしりと貼られている。参拝祈願者は、「形代」に願い事を書き、碑の中央に空けられた穴を、表から裏へとくぐり悪縁を切り、裏から表へとくぐり良縁を結ぶ。そして、「形代」を碑に貼って祈願する。

縁切り・縁結び碑

境内の**金比羅絵馬館**は、日本独特の信仰絵画である絵馬を保存・展示するため、古い絵馬堂を改築して、昭和51年（1976）に開館

した日本初の絵馬ギャラリー。アール・ヌーボ（エミール・ガレ、ナンシー・ドーム）やアール・デコ（ルネ・ラリック）等の小品が並ぶ**ガラスの部屋**がある。

日本最古の禅宗の寺院

建仁寺　39B2　148

建仁寺駐車場
250円/30分　24時間可　40台

臨済宗建仁寺派の大本山。京都五山のひとつ。建仁2年（1202）、鎌倉幕府2代将軍・源頼家が寺域を寄進し、栄西が建立した京都で最初の禅寺である。何度かの兵火をくぐりぬけて、天正年間（1573～92）に安国寺恵瓊によって方丈や仏殿を移築され、再興がはじまった。

今では、往時の壮大な面影はなくなってしまった。しかし**方丈**は、慶長4年（1599）恵瓊が安芸の安国寺から移築したもので、単層入母屋造で優美な銅板葺の屋根が印象的な禅宗方丈建築。本尊は東福門院寄進の十一面観音菩薩像。古い歴史のあるお寺であり、多くの宝物を所蔵している。なかでも、俵屋宗達の**風神雷神図**（国宝高精細複製作品）は、彼の代表作である。拝観できるものとしては、方丈襖絵は橋本関雪筆「生々流転」「松韻」「伯楽」、108畳の大きさの**双龍図**（法堂大天井画）がある。そのほか通常非公開だが、中国宋代の水墨画の名品もあり、海北友松の襖絵も数多い。友松は、桃山時代から江戸初期にかけて活躍した水墨画家で、独特の画風を残した。

公開の方丈の前庭**「大雄苑」**は、昭和15年（1940）に昭和初期に活躍した作庭家・加藤熊吉（屋号：植熊）による禅寺らしい枯山水の庭園で、お茶席（東陽坊茶席―豊臣秀吉が北野大茶会のとき、千利休の高弟・東陽坊長盛に造らせた茶席を移築したもの）があるあたりの竹垣は、**「建仁寺垣」**と呼ばれ有名である。

小書院と大書院の間にある近代庭園**「潮音庭」**は、苔の美しい庭で、中央に仏教の三尊仏になぞられ組まれた3個の三尊石を組み、周辺には坐禅石を配置。もみじの木と石組のバランスが美しく、四方向どの方向から眺めても美しい四方正面の禅庭となる。

建仁寺塔頭の一つに、**両足院**（P155）がある。長谷川等伯筆と伝えられる襖絵があり、五山文学の蔵書でも知られている。また、重文クラスの仏像とともに市指定の名勝庭園を有することで有名である。3つに分かれた庭はそれぞれ趣が異なる。一つは石庭、そして枯山水、大きな池を配した池泉鑑賞式となる。

日本の伝統芸能に酔いしれる

ギオンコーナー　39B2　147

弥栄会館駐車場　250円/30分

京都の多彩な**伝統芸能**を約1時間で気軽に楽しむことが出来る小劇場。

京都祇園の祇園甲部歌舞練場の隣、有形文化財の弥栄会館にあり、日本人観光客はもとより、外国人観光客にも人気のスポット。

舞妓さんによる**京舞**をはじめ、**茶道**（裏千家の立礼式）、**華道**（日替わりで池坊と嵯峨御流）、

箏曲（生田流の演奏）、世界最古の音楽の一つの**雅楽**、室町時代から栄える**狂言**、世界無形文化遺産の**人形浄瑠璃文楽**と、7つの伝統芸能を一つの舞台でコンパクトに観賞に鑑賞できる。

また、「京都五花街」の年中行事の映像をはじめ、舞妓さんの花かんざしなどの小物を無料展示するギャラリーを併設。舞台とあわせて、花街文化に触れることができる。

修学旅行生には、希望があれば昼間に特別公演を設けているので問合せを。

漢字の総合ミュージアム

漢検 漢字博物館・図書館（漢字ミュージアム） 39B1 147

京都市円山駐車場利用（P38）

平成23年（2011）に閉校した京都市元弥栄中学校跡地に建築された。ただ漢字を見るだけでなく、触れる・学ぶ・楽しむ展示を通して、いくつもの驚きや発見を生み出す体験型ミュージアム。入場者には「体験シート」というリーフレットが配られ、これを使いながら展示物を見てまわる。

館内1階**「見て聴いて触れる」**展示では、映像やグラフィック、資料に触れるハンズオン装置などの体験的な手法を用いて、日本語を書き記す文字として発展・変容してきた漢字の歴史が学べる。2階**「遊び楽しみ学ぶ」**展示は、漢字の仕組みや特徴が遊びのツールとなる、テーマパークのような展示エリア。遊びながら漢字に親しめ、写真撮影スポットもある。当日の入館券の提示で、何度でも再入館が可能。

他にも注目は、年末年始に展示される**「今年の漢字」**だ。毎年年末になると清水寺住職がその年の世相を表す漢字一文字を書くシーンが有名。

志士たちの足跡を記念する

幕末維新ミュージアム「霊山歴史館」 39C2 155

入館者駐車場（高台寺有料駐車場利用（P38）も）無料　9時～17時半　5台

全国的にもユニークな**幕末・明治維新の専門歴史博物館**として昭和45年（1970）に開館。

江戸中期以降、とりわけ天保期後の諸藩志士をはじめ朝廷、公卿、諸侯、藩主、文人、画家など重要人物の遺墨、詩文、遺品、書状や各種資料・文献などの収集、調査、研究、公開展示を行っている。坂本龍馬、中岡慎太郎、西郷隆盛、木戸孝允、高杉晋作など倒幕派志士の遺品とともに、新選組、徳川慶喜、松平容保など幕府側に関する資料も数多くあり、倒幕・佐幕両派がともに活躍したこの地で幕末維新史を双方の視点から見ることができる。収集資料は5,000点を超えるといい、常設展では約100点を展示、館蔵の逸品にはペリー来航絵図、龍馬を切った刀、新選組大幟等があり、例年春、夏・秋に展覧会を開催している。

修学旅行生は事前に予約すれば、学芸員に質問することもできる。

傘亭

坂本龍馬と昭和の杜

京都霊山護国神社 39C2 148

高台寺有料駐車場利用(P38)

幕末の激動期に登場した維新の志士たちを奉祀すべく、招魂社のはじまりとして明治元年(1868)に創祀、社号「霊山官祭招魂社」と称した。昭和14年(1939)京都霊山護国神社と改称。境内には坂本龍馬、中岡慎太郎、桂小五郎(祀られている志士はなんと約3,100柱という)を始めとする墓石、慰霊碑の他、従軍記念公園「昭和の杜」がある。墓碑(合葬墓を含む)の確認されているのは386柱の内、龍馬・慎太郎の墓付近には参拝者が書いた石板が数多く供えられている。熱いメッセージがつづられており、現代にも龍馬が生き続けていることを実感する。龍馬の墓前では、毎年11月15日龍馬祭が執り行われる。「昭和の杜」は昭和63年(1988)、大東亜戦争(太平洋戦争)に従軍生還した有志が、昭和史に残した足跡と従軍した事実を永く後世に伝えんと、祖国の繁栄と世界恒久平和の願いを込めて平成9年(1997)建設された。

また、小高い丘からは市内の景色が望める。年末年始・春・夏・秋に夜間拝観を開催。

坂本龍馬・中岡慎太郎像

秀吉とねねの寺

高台寺 39C2 148

高台寺有料駐車場利用(P38)

豊臣秀吉の正室、北政所ねねが亡夫の菩提を弔うために建立した寺院で、正式には高台聖寿禅寺という。高台寺蒔絵の名で知られる霊屋内陣(開山堂から臥龍廊と呼ばれる長い廊下を経て東の山腹に位置し、秀吉と北政所の坐像を安置する)の優美な金蒔絵装飾(高台寺蒔絵)や、伏見城から移した**傘亭・時雨亭**の茶室は特に有名で、いずれも桃山文化の粋として高く評価されている。開山堂前の池泉回遊式庭園は小堀遠州作で、臥龍池、偃月池という東西の池と石組みを生かした桃山時代の代表的名園として国指定名勝とされている。春から夏の週末コンサート、夜間拝観など、イベントが盛ん。建物内部は、数多くの特別公開時に見ることができる。宝物は、「ねねの道」沿いの「京・洛市ねね」内の**高台寺掌美術館**(P148)でも見られる。

向かいの**圓徳院**(P146)は高台寺の塔頭とされた寺院で開基は北政所の甥木下利房。北庭は、もともと伏見城化粧御殿の前庭を移したもので、巨岩を多数配置した豪快な造りが特徴的な桃山時代の代表的庭園の一つ。賢庭作で後に小堀遠州が手を加えたとのこと。池泉回遊式だが枯山水となっている(国指定名勝)。方丈の襖絵「冬の絵」は長谷川等柏の筆。

圓徳院

祇園祭で有名

八坂神社

39B/C1 155

京都市円山駐車場利用(P38)

「祇園さん」の名で親しまれる八坂神社は、全国に約3,000あるという祇園社の根本神社であり、京都市民に広く信仰を得ている。かつては「祇園社」「感神院」等と称し、八坂神社の名に改められたのは明治元年（1868）のことだが、神社の歴史は、いろいろな説があるが、平安京建都（794）以後貞観年代（859～876）ともいわれ、かなり古いものである。祭神は、素戔嗚尊以下13座の神々を祀るという。素戔嗚尊は、平安時代末期以来、神仏習合によって「牛頭天王」とも呼ばれていた。

さて、八坂神社の**本殿**は、祇園造と呼ばれる独特の神社建築様式で、承応3年（1654）に再建されたものである。その後幾度かの修理を経て、平成14年（2002）に大修理が行われた。入母屋造、檜皮葺。通常、神社では参拝者が本殿の外からお参りするが、本殿と拝殿を1つの入母屋屋根で覆った独特の建築様式を持つ。

令和2年（2020）、文化審議会により本殿が国宝指定に向けて、また境内・境外の摂末社等26棟を重要文化財として文部科学省に答申された。

神社の正門、南楼門前には石鳥居が建つ。高さ9.5m、寛文6年（1666）に再建された。現存する石鳥居のなかでもっとも大きいものといわれ

祇園祭

京都祇園祭は、八坂神社（祇園社）の祭礼で、明治までは祇園御霊会と呼ばれた。貞観年間(859～877)より続く京都の夏の風物詩であり、大阪の天神祭、東京の神田祭とともに日本三大祭の一つに数えられる。当時、京の都に悪疫が流行した時、牛頭天王の祟りであるといい、六十六本の鉾をたて、洛中の男児が祇園社の神輿を神泉苑に送って疫神を鎮めるために祈ったのが起りと伝わる。そののち鉾に対して山が加わり、田楽、猿楽等も加わってにぎやかな御霊会となった。現在の祇園祭は7月1日の吉符入りから1ヶ月間にわたり、多くの行事が神社や各山鉾町で行われる。ハイライトとなる山鉾行事は、山鉾が設置される時期により前祭と後祭の二つに分けられ、16日の**「宵山」**、17日と24日の**「山鉾巡行」**が著名である。八坂神社主催の神事は「神輿渡御」や「神幸祭」などが著名で、花傘連合会が主催する花傘巡行も八坂神社側の行事といえる。

ている。

四条通突き当り、平成19年（2007）に94年ぶりに瓦の葺替えや朱の塗替えなどの大修復が行われた**西楼門**は、明応6年（1497）に再建されたもので当初は檜皮葺だったという。左右の翼廊は古式を模して大正時代に造られたものであるが、宇治の平等院鳳凰堂にも似ており、その構成は平安時代の絵巻物をみているような優美さがある。

本殿の東側に立つ**美御前社**（八坂神社内末社）の祭神は、天照大神と建速須佐之男命（スサノオ）の誓約（ウケヒ）に際し、天照大神が須佐之男命の佩いていた剣を噛み砕いて吹き出した霧のなかから成り出たという三女神である。須佐之男命の剣を物実（モノザネ）とすることから須佐之男命の御子とされる。（古事記）宗像の三女神「市杵島比売神」、「多紀理毘売神」、「多岐津比売神」を指す。容姿端麗であったとの言い伝えから、美容の神として祇園の舞妓や若い女性らのお参りが多いというが、この三女神は海洋航行の守護神としての神格が強く、美容の神というのは後世の付会（こじつけること）である。また、右横にはそれで手や顔を洗うと肌も心も美しくなるといわれるご神水「美容水」が湧き出ている。

京都市最古の公園

円山公園　39C1　154

京都市円山駐車場利用(P38)

東山の山麓、北には知恩院、西には八坂神社、そして南は高台寺に囲まれたこの公園は、実は明治19年（1886）につくられたものである。東山を背に86,600㎡あり、池泉回遊式庭園（国指定名勝）を中心に、春には、枝垂れ桜が咲き乱れ、初夏にはアヤメや藤も咲ききそい、市民の格好の散策の場として親しまれている。花見時のかの枝垂れ桜を中心とした**「祇園の夜桜」**は圧巻である。

公園内には、円山野外音楽堂があり、コンサートや集会が開かれ、**長楽館**という鹿鳴館時代を偲ばせるホテル&カフェは、ここの人気所の一つである。このような公園として整備される以前からある建物や旅館、料亭が今も営まれている。

池のそばには、明治維新、志半ばにして倒

れた、坂本龍馬・中岡慎太郎の銅像が建っている。公園の南側の道を行くと、茅葺屋根の芭蕉堂、西行庵がある。

このあたり、昔から花の名所であったらしい。円山応挙や池大雅の住居跡も遺っている。

平家物語ゆかりの寺

長楽寺　39C1/2　152

京都市円山駐車場利用(P38)

平安時代より西行などが詩歌にうたうほど、紅葉で名高い。円山公園東南奥にあり、壇ノ浦の戦いで生き残った建礼門院徳子が、この寺で落飾（出家）した。その剃髪を祀る十三重の塔が現存し、また書院には安徳天皇の御衣で作った仏幡などゆかりの寺宝を展示している。（仏幡の現物は春季特別展のみ展観）。

時宗の祖師**一遍上人像**など7体の重要文化財の肖像彫刻がある。銀閣寺の庭を作る時、試作的に作ったという相阿弥作庭園、平安の滝も拝観できる。

江戸時代の有名な文人である頼山陽・頼三樹三郎親子の墓がある、徳川慶喜ゆかりの「尊攘苑」（水戸烈士墓所）からは市内が一望できる。

大小106棟の大伽藍が威容を誇る

知恩院

39C1　151

京都市円山駐車場利用(P38)

神宮道に面して、知恩院の大きな**三門**（国宝）が建っている。空・無相・無願の三つの解脱の境地を表わす門、これは、元和5年（1619）の建立。重層、入母屋造本瓦葺の現存の木造建築としてわが国最大の三門である。この門をバックにした記念写真はおすすめだ。

ここは、法然上人が浄土宗を布教しはじめたところであり、また上人入滅の地でもある。承安5年（1175）、上人は悟りを得、浄土宗を開くことになるが、そのとき、この地に「吉水の草庵」を結んで、布教をはじめたのである。しかし、浄土宗の教えを旧宗派の人たちは、激しく非難しまた迫害した。そして、承元元年（1207）上人はついに四国に流されることになり、京都へ帰ることを許されたのは、それから4年後（建暦元年・1211）のことだった。そして、再び、この大谷山上の禅房（現在、勢至堂の場所）に入り、布教をはじめることになる。上人79歳のことである。

上人は、翌年（1212）この世を去るが、かつて拒まれた彼の教えは、弟子・源智上人に受け継がれ、文暦元年（1234）上人を開山として諸堂を興し、華頂山知恩教院大谷寺となって発展する。

その後、応仁の乱（1467）などを経て、伽藍は変貌を遂げてきたが、織田信長や豊臣秀吉、徳川家康などの庇護を得て、規模を大きくしていった境内は広く、敷地面積約24万1千㎡を誇る。

俗に大殿と称する**御影堂**（国宝）は、寛永16年（1639）に徳川家光によって建立。入母屋造、本瓦葺、法然上人の像を安置する。平成の大修理が成った御影堂の北東には、大方丈と小方丈。大方丈の仏間には快慶作の本尊阿弥陀如来像が安置されている。寛永18年（1641）の建立で、入母屋造、檜皮葺。江戸初期方丈建築としては代表的なものといえよう。大方丈の襖絵は、狩野尚信・信政・興以らの筆によるといわれる。

宝物収蔵庫（非公開）には、法然上人絵伝・阿弥陀二十五菩薩来迎図（「早来迎」の名で知られる）など数多くの鎌倉時代の名画も納められている。

テレビ「ゆく年くる年」で広く知られた**大鐘**は、高さ3.3m、口径2.8m、重さ約70トンという。

「忘れ傘」や「抜け雀」など知恩院に古くから伝わる七不思議もおもしろい。

東山を前に見て、三門をくぐり、坂を登って、上・中・下三段に画された境内・広大な寺内を巡っていくと、不思議に心が洗われ、付近の騒音を忘れてしまうようである。

男坂

三門

大鐘

御殿のような趣を持った寺

青蓮院 39C1 150

P 青蓮院拝観者専用駐車場
無料 9時～17時 5台

平安末期比叡山の東塔の一つとして青蓮坊が建てられ、この寺の起源となった。青蓮坊の第十二代行玄大僧正（藤原師実の子）に鳥羽法皇が帰依、第七王子を弟子として入寺させ、青蓮院と改称したのが門跡寺院としての始まりであり、行玄が第一世の門主である。代々法親王が住職となっていた。この寺が最も栄えたのは、平安末期から鎌倉にかけてで、第三代門主慈円（藤原兼実の弟で歴史書「愚管抄」の著者、歌人としても名高い）が住職を務めた頃である。

天台宗総本山比叡山延暦寺の三門跡並びに京都五箇室門跡の一つとして知られており、粟田御所の名もある。

門前の名木「**楠**」は、親鸞の手植と伝えられ、入口と境内廻りに五本ある。江戸時代には、知恩院に全域を取りあげられたこともあったし、応仁の乱の時には兵火に焼かれたこともあった。しかし、庭園は、室町時代の相阿弥の作と伝えられ、池泉回遊式で築山が設けられ、その北側に好文亭（後桜町上皇学問所）が建っている。その庭は、門跡寺院らしい格調高い優雅な雰囲気に包まれており、今日なお、当時の面影をとどめている。もう一つ、小堀遠州作と伝える庭園（霧島の庭）では、霧島ツツジが植えてあり、五月の連休の頃、一面を真っ赤に染める。

密教の仏である**青不動明王**の図「不動明王二童子像」（国宝・複製）も、藤原時代の作と伝えられている。日本三不動の一つである。

宸殿には、住吉具慶作（江戸初期）と伝えられる、金地に緑青で松の群像が描かれた「浜松図」もある。

春と秋の二回にわたり、約二週間程度の夜の特別拝観を開催、人気である。

市内を一望できる新名所「大舞台」

将軍塚青龍殿(大日堂) 39C2 150

P 将軍塚青龍殿（青龍殿福徳門内）駐車場
無料 9時～17時（春・秋はライトアップがある）12台 ＊将軍塚駐車場（無料 30台）も

東山ドライブウェイ頂上に青蓮院の飛地境内・将軍塚大日堂がある。境内は外からは想像もつかないほど広大で、四季を通じていろいろな美しさを楽しませてくれる。五山送り火もおすすめ。

近年、境内に青龍殿が完成した。そこには清水寺の舞台の4倍以上の広さ（延面積1,046㎡）の木造**大舞台**を新設され、京都市内の大パノラマが広がる。その圧倒的なスケールに、訪問者たち方から大歓声が上がっている。また、青龍殿には桜が約200本、紅葉が約220本、その他にも桃、藤、石楠花、さつきなどが植えられた庭園がある。「昭和の小堀遠州」と称えられた中根金作が作庭した枯山水庭園を取りこんだ回遊式庭園となっており、四季折々光景を楽しめる。青龍殿奥殿に、仏教絵画史の傑作の一つ、国宝の**青不動明王**の図「不動明王二童子像」が安置されている。その手前に精巧に製作された複製を祀り、参拝者からの願い事を毎月所定日に護摩供にて祈願している。

洛東 平安神宮・哲学の道エリア

観光客に人気の平安神宮や南禅寺、銀閣寺が点在するが、交通は基本的にスムーズに流れている。ただし南禅寺周辺の白川通や仁王門通は、季節（桜・紅葉）・時間によって全く動かなくなることも。哲学の道や岡崎公園など、歩いて楽しいエリアなので、大型駐車場からゆっくり散策しても良いだろう。

平安京の風景と明治時代の代表的な日本庭園

平安神宮 57A/B3 153

岡崎公園駐車場利用（P56）

社殿の建立は、明治28年（1895）、平安奠都1100年祭を記念して建てられたものであり、平城京から長岡京および平安京への遷都を行った、第50代桓武天皇（平安京最初の天皇）を祀る。昭和15年（1940）、明治維新の悲劇の天皇・第121代孝明天皇（平安京最後の天皇）も祀られるようになった。

社殿は平安京大内裏朝堂院を昔の規模の約8分の5の大きさに縮小して建てられたものであるが、平安京創建当時が偲ばれる豪華な建物が立つ。大極殿（外拝殿）・応天門（神門）・蒼龍楼・白虎楼・歩廊・龍尾壇などは明治28年（1895）の創建当時に造営されたもの。その後、孝明天皇鎮座にあたり、本殿・祝詞殿・内拝殿・翼廊・神楽殿・額殿などが増改築され、これまでの社殿も大修理が行われた。

入口の**応天門**を入ると広々とした白砂の広場が広がり、上下二段に仕切られ、上段を龍尾壇といい、朱塗りの欄が設け、左右に石段をつけて

いる。この龍尾壇の北にあるのが大極殿で入母屋造、屋根には碧瓦（緑釉瓦）、左右には金色の鴟尾が使用されており、正面の長さは30mの建物に、52本の朱塗りの円柱が整然と立つ様は見事である。本殿は前方3箇所の5段の階段を設け、その前に祝詞殿となる浜床を付した国内最大規模の銅板葺き七間社流造となる。

広々とした庭（**神苑**）は総面積33,000㎡（約10,000坪）、社殿を取り囲むように東・中・西・南の四つの庭からなっている。池泉回遊式庭園で国指定名勝である。春には紅の枝垂桜、初夏には花菖蒲にサツキ、睡蓮、秋には萩や紅葉で鮮やかに彩られ、その美しさを満喫することができる。また、冬の雪景色や裸木も得がたい風情である。天正10年（1582）、豊臣秀吉が建造した三条大橋や五条大橋の橋脚を使った臥龍橋もおもしろく、明治期を代表する庭園といえよう。

10月22日には、**時代祭**が行われ、平安遷都の頃から明治に至る千有余年の歴史の風俗絵巻が繰り広げられる。

地図内の大型駐車場

岡崎公園駐車場
510円/60分、以降210円/30分。
修旅生乗車タクシー300円/回　506台
7時半～23時　☎075-761-9617

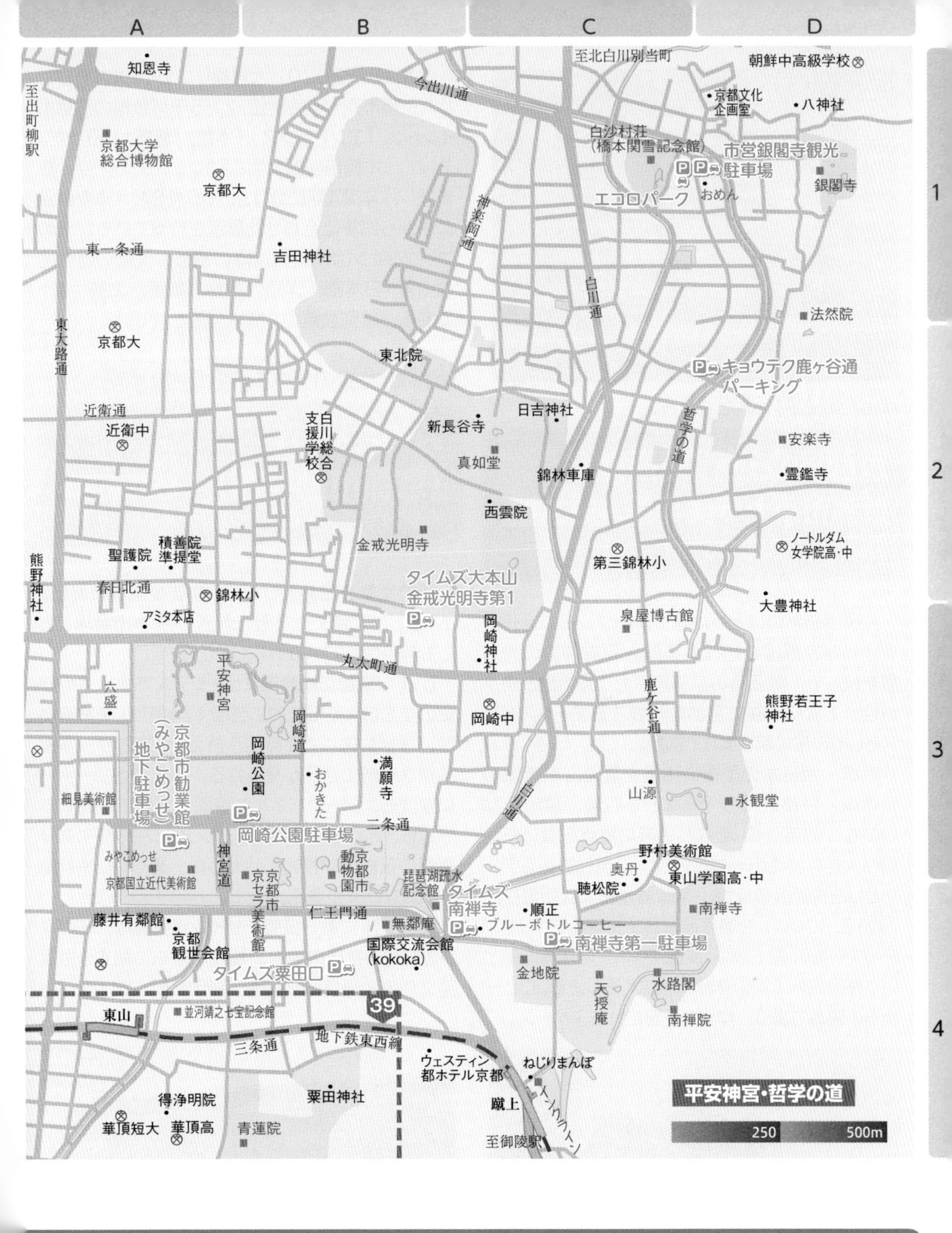

京都市勧業館（みやこめっせ）地下駐車場
520円/60分、以降200円/30分
7時～22時半　163台
☎075-762-2633

京都市営銀閣寺観光駐車場
1040円/回（タクシー830円/回）
8時40分～17時10分　40台
☎075-771-0783

ゆったりとアートを楽しむ

京都国立近代美術館・京都市京セラ美術館 57A/B3 147

岡崎公園駐車場利用(P56)

琵琶湖疏水のほとりに建つ淡いグレーの近代的な建物が京都国立近代美術館。平安神宮の大鳥居を挟んで、煉瓦造の京都市京セラ美術館と向かい合っており、共に京都を代表するアートスペースとして市民に親しまれてきた。

京都、西日本の美術に比重を置き、京都派の日本画、京都近代の洋画などを収集、展示、なかでも、陶芸、染織など工芸に重点を置いた活動が大きな特色の一つという。近現代美術をテーマとした企画展のほか、常設展示室では所蔵作品（約12,300点）を適宜展示替えする。アンリ・マティスや梅原龍三郎、長谷川潔、河井寛次郎といった国内外の美術作品が幅広く楽しめる。ロビーからの眺めもよく、ゆったり過ごせるスペース。

令和2年（2020）大規模リニューアルオープンした京都市京セラ美術館、2万5千㎡敷地の注目ポイントは、**「エントランス」「本館」「新館」**の3つだ。そして、本館南回廊1階に「コレクションルーム」を新設し、年間4期に分け3,700点を超える収蔵品の中から四季に合わせた展示を行っている。そのコレクションは、近代以降の京都の美術の総合的な内容（日本画、洋画、彫刻、版画、工芸、書）である。特別展覧会も随時開催されている。

京都最大級のイベント会場・展示場

みやこめっせ（京都市勧業館） 57A3 154

京都市勧業館(みやこめっせ)地下駐車場利用(P57)

伝統産業を始めとしたあらゆる産業界の展示。イベントに利用できる展示施設、見本市会場としても利用されている。

B1Fの**京都伝統産業ミュージアム**では、京の歴史の技を伝える伝統的工芸品（74品目）を常時展示。季節に応じて随時展示替えをしており、多種多様な伝統工芸品が見られる。また、各コーナーに映像モニターやパネルを設置、制作工程を肌で感じることができる。ミュージアムショップもあり、京都の伝統的な技術を活かした、暮らしに寄り添う多彩な品々が並ぶ。

同じB1Fにある**日図デザイン博物館**は、デザインの文化・美術の過去、現在、未来に関する生活美文化の変遷資料を収集、展示公開している。

全国で二番目に開園した動物園

京都市動物園 57B3 147

岡崎公園駐車場利用(P56)

ここは、明治36年(1903)4月に大正天皇の御成婚を記念して、上野動物園に次ぐ全国で2番目に開園した歴史をもつ動物園。市費と市民からの多額の寄付金によって建設された園は、市民の手による日本で初めての動物園という。平成27年(2015)11月には、7年かけて改装工事が完了してグランドオープン。「もうじゅうワールド」トラ舎では、三つのグラウンドを繋ぐ空中通路を設置し、ネコ科最大のトラが頭上を移動する姿を見られ、観察窓から覗くとまるでグラウンドの中に入っているかのような感覚を味わうことができる。「アフリカの草原」キリンウォールでは、ガラス越しにキリンを間近で観察でき、エサ台ではキリンがエサを食べている姿を真下から見られるよう工夫されている。「ゴリラのおうち～樹林のすみか～」の多目的室では、ゴリラでは国内初となる、タッチパネルを使って勉強をする姿が見られる。飼育・展示だけでなく、繁殖にも尽力、ライオン・トラ・ニシゴリラなど国内初の繁殖実績事例も多い。その他、学習施設も充実している。

和洋折衷の庭

無鄰菴 57B4 154

P タイムズ粟田口（付近コインパーキング利用も）220円/30分　24時間可　25台

疏水の流れる仁王門通沿いにある、明治初期の宰相・山県有朋の別荘。明治29年（1896）

に建てられた。木造の母屋と茶室、洋館などが、東山を借景にした庭に控え目に佇んでいる。**洋館の2階**には、伊藤博文らと山縣有朋が日露開戦に向けて話し合った「無鄰菴会議」に使われた部屋があり、当日の様子を今に伝える。

国指定名勝の**池泉回遊式庭園**は、小川治兵衛（植治）作、ゆるやかな傾斜地に疏水を取り入れ、三段の滝と池と流水のせせらぎが演出されている。さらに周囲を深い木立の植栽で囲んで、東山を借景とした芝生空間を造営した庭園は、さながら里山の風景や小川そのもののような躍動的な流れ感じさせる。

南禅寺界隈別荘群の中で唯一通年公開されている。庭園を眺めながら、お抹茶（有料）がいただけ、紅葉見物もゆっくりできるところだ。

水道橋と桜の名所

琵琶湖疏水と蹴上インクライン 57C4

P タイムズ粟田口（付近コインパーキング利用も）220円/30分　24時間可　25台

明治維新のとき、東京遷都が行われたことは、千年の都を誇っていた京都にとっては大きな打撃だった。そこで新しい政策がうちたてられ、京都は近代化への道を歩みはじめた。琵琶湖疏水は、琵琶湖から京都市内に向けて引かれた水路である。滋賀県大津市で取水され、南禅寺横を通り京都市東山区蹴上迄の区間である。明治18年(1885)着工、同23年(1890)竣工した。赤煉瓦のアーチを思わせるレトロな**水道橋**は、南禅寺の和の雰囲

気になじんで、周囲の自然を一層引き立てている。

落差のある二ヶ所に敷設した傾斜鉄道・**インクライン**は、明治23年（1890）竣工、琵琶湖と京都をつなぐ交通機関として小舟が往復していた。昭和23年（1948）廃止になったが、平成30年（2018）観光船「びわ湖疏水船」として復活した。船とそれを乗せた台車が地下鉄蹴上駅北に形態保存されている。インクライン軌道跡は、今は桜の名所だ。

明治の大事業を知る

琵琶湖疏水記念館 57B4 153

タイムズ南禅寺（付近コインパーキング利用も） 400円/15分 24時間可 30台

琵琶湖疏水開通100周年を記念し、平成元年（1989）年にオープンした博物館で、地上2階、地下1階の展示室には、建設当時の疏水関連の図面や絵図、工事に関わった人々の苦労をしのばせるいろいろな資料などを展示。また、インクラインの模型等も展示されており、中庭にある発電機は国内最初の水力発電に使われたもの。中庭からインクラインや、正面に流れる疏水の景観も楽しめる。

五山文化の中心

南禅寺 57C4 152

南禅寺第1駐車場 1000円/120分、以降500円/60分 24時間可 8台
＊付近コインパーキング・岡崎公園駐車場利用も

南禅寺参道の総門から放生池、勅使門、三門、法堂、方丈と南禅寺の大伽藍が真っ直ぐに連なっている。そしてまわりには、樹木の梢の間からいろいろな塔頭の屋根がのぞく。境内はなんと敷地面積約14万9千㎡もある。

今から700年ほど前、亀山天皇がここに離宮をつくったのがはじまりである。正応4年（1291）、天皇は法皇となり、離宮を寺に改めた。当初は、禅林禅寺といったが、正安年間（1299～1301）の頃、南禅寺と改称された。建武元年（1334）、京都五山の第一位に叙せられ、相国寺が建立されたとき、五山の上位に列せられた。室町時代には、塔頭は60、僧侶は1,000人を超え、五山文学の中心地として栄えたが、比叡山僧徒の焼打ちや応仁の乱などで当時の伽藍はすべて焼失してしまい、現在の建物は、桃山期以降のものである。

歌舞伎「楼門五三桐」の石川五右衛門の伝説で有名な**三門**は、藤堂高虎が寛永5年（1628）に再興したもの。天下竜門とも呼ばれる入母屋造、

本瓦葺門で高さ約22m。前右方の巨大な**石燈籠**は佐久間勝之が寄進したもので、高さ6m余りあって大きさでは東洋一である。俗に佐久間玄藩の片灯籠と呼ばれている。三門楼上内陣の正面に仏師左京等の手になる宝冠釈迦坐像を本尊として、その脇侍に月蓋長者、善財童子、左右に十六羅漢を配置し、本光国師、徳川家康、藤堂高虎の像と一門の重臣の位牌が安置されている。天井の鳳凰、天人の極彩色の図は狩野探幽、土佐徳悦の筆である。この三門そして法堂の右手奥に本坊、左手には唐破風の大玄関がある。その左手には書院が配され、**方丈**（国宝）（大方丈と小方丈からなる）につながる。大方丈は、天正の頃（1573〜92）につくられた御所の清涼殿を移したものと伝える（単層、入母屋造、柿葺）。124枚もの襖絵の内、白梅禽鳥図は狩野元信筆、中国宮廷図は狩野永徳筆と伝えられる桃山期の作品である。伏見城の遺構と伝える小方丈虎の間の襖絵は狩野探幽筆といわれ、金地に群がる虎が描かれている。なかでも**「水呑の虎図」**はよく知られている。方丈欄間の両面透彫は、左甚五郎作といわれる。

方丈前面に慶長（1596〜1615）の頃、小堀遠州がつくったという枯山水の庭**「虎の子渡しの庭」**（国指定名勝）がある。

□南禅寺の主な塔頭

疏水橋の向うに**南禅院**（南禅寺別院。亀山天皇離宮跡）（P152）があり、鎌倉時代末の代表的池泉回遊式庭園をもつ。天龍寺、苔寺とともに京都三名勝史跡庭園。方丈は、元禄16年（1703）徳川綱吉の母、桂昌院の寄進で再建。紅葉の隠れた名所でもある。

天授庵（P152）は暦応2年（1339）無関普門（大明国師）の塔所として建立。慶長7年（1602）細川幽斎が再興。二つの庭園が見られ、一つは方丈の前庭（東庭）の枯山水庭園で、白砂の庭を苔で縁取られた菱形の畳石が並ぶ。もう一つは書院南庭の池泉回遊式庭園で、池のまわりに杉や紅葉が多く茂っている。特別拝観時、長谷川等伯筆の重要文化財の襖絵が飾られている本堂からは、趣ある紅葉を楽しむことができる。

金地院（P149）は応永年間（1394〜1428）建立。慶長10年（1605）崇伝により現在地に移築された。**方丈**は伏見城の遺構を移したものと伝えられ重文、襖絵は狩野探幽・尚信筆と伝わる。方丈の南ある庭園は**「鶴亀の庭」**（国指定特別名勝）と呼ばれており、小堀遠州の作といわれる枯山水庭園。鶴と亀に徳川家の繁栄を託したもので、遠州好みの茶室・八窓席（往復はがき申し込み）もある。

モミジの永観堂

永観堂（禅林寺）　57D3　146

拝観者専用駐車場　無料　9時～17時
15台　＊「秋の寺宝展」では閉鎖されるので、岡崎公園やみやこめっせの駐車場を利用

もみじでも名高い永観堂の正式名称は、禅林寺という。南禅寺の北にあり、3万3千㎡という広大な寺域には、本堂、釈迦堂、祖師堂、開山堂などが回廊で繋がれて建っている。東山を背に夏には楓の緑、秋にはその紅葉が美しい。もみじの美しさはすでに、古今集にもうたわれている。建立は平安初期に遡る。その後11世紀のはじめ、永観律師がこの寺に入り、境内に薬王院という施療所を建て窮乏の人びとを救ったという。このことから永観堂の名が通り名となった。お寺には永観律師の真影が保存されている。

本堂には、室町時代の作といわれる阿弥陀如来像（**みかえり阿弥陀**）（御前立）が安置されている。77cmばかりの小像だが、首を左の方へふりかえるように向け、やさしい眼差しを近づく者たちに投げかけている。これは永観律師が50歳のころ、念仏を一心に唱えてめぐり歩いていたとき、壇上の阿弥陀様が壇を下りて永観を先導し行道をはじめ、永観をふりかえって、「永観、おそし」と声をかけたという。永観はその阿弥陀様の姿に末代衆生の救済の姿を見た。そのいい伝えが、このやさしい姿の像を刻ませたのだろう。

境内の釈迦堂は室町時代の建立とされ、単層・入母屋造・桟瓦葺。内部は禅宗寺院の方丈と同形式の正面左右に3室がある6間取りで正面中央に釈迦三尊像を安置する。正面左の「虎の間」の長谷川等伯筆と伝わる「竹虎図」をはじめ、「楓雉子図」や「松水禽図」など長谷川派と狩野派による桃山時代・江戸時代の障壁画がある。そのほか、国宝の「山越阿弥陀図」や「当麻曼荼羅図」など重要文化財の寺宝を多数所蔵する。

通常、拝観できるのは、諸堂および庭園（画仙堂、庫裏、浴室、永観堂会館は除く）。紅葉シーズンの夜間拝観は大人気だ。

山門は時代劇映画のロケ地

金戒光明寺（黒谷さん）　57B2　149

タイムズ大本山金戒光明寺第1
400円/60分　24時間可　73台

法然が開いた寺院で、もとは白河禅房と称して比叡山西塔黒谷の所領であったが、法然が師の叡空から譲り受けて後は新黒谷と呼ばれ、のちには黒谷と通称されようになった。光明寺と号したのは法然の没後のことで、のちに朝廷から金戒の二文字を賜わり現在の寺号となる。境内には豊臣秀頼が再建したといわれる阿弥陀堂や御影堂（大殿）、大方丈ほか18もの塔頭寺院が甍を連ねている。文珠塔の本尊文殊菩薩像は、運慶作と伝えられ、日本三文殊の一つ。浄土宗の根本道場として、この地として訪れる人も多い。毎年、ゴールデンウィークと11月には**御影堂**、**大方丈堂内**、**紫雲の庭**が公開されている。また、広大な墓地があり幕末の京都で没した会津藩士の墓地がよく知られている。京都守護職となり上洛した会津藩の本陣となった所である。境内に梅、桜が多く、春は華やぐ。最近では非常に大きな髪型が特徴の石仏**「五劫思惟阿弥陀仏」**も人気。

阿弥陀堂

知る人ぞ知る、紅葉

真如堂(真正極楽寺) 57C2 150

付近コインパーキング利用
拝観者専用駐車場（貸切タクシーのみ）
有料　5台

10世紀末の永観年間に比叡山常行堂の阿弥陀如来を移して開創されたという天台宗の古刹で、正式には鈴声山真正極楽寺という。江戸時代には堂宇40余、塔頭11を数えたという大寺で、現在も広い境内に**本堂**、本坊、大師堂、観音堂、三重塔など諸堂や塔頭寺院が残り、閑静なたたずまいである。境内中央の本堂正面の宮殿（五代将軍綱吉と桂昌院の寄進）の中に安置される本尊阿弥陀如来立像（11月15日のみ開扉）は、いわゆる来迎形の阿弥陀像としては最古のものといわれ、永観堂（禅林寺）や清水寺とともに京都六阿弥陀仏に数えられる。宮殿には不動明王（安倍晴明の念持仏）・千手観音も祀られている。仏師運慶の願経として知られる法華経六巻（国宝）など寺宝を多く所蔵。毎年7月25日は宝物虫払会がある（雨天中止）。庭園**「涅槃の庭」**は、比叡山など東山三十六峰を借景とした枯山水で大文字山の眺めがよい。紅葉の美しい寺として、秋はすごい人出となるが、普段はのんびりとした風情の寺である。

紅葉シーズンにタクシーなどで向かうのは道も狭く、渋滞必至なので避けること。

哲学の道

桜開花時がいちばん

哲学の道 57C/D1～3

京都市営銀閣寺駐車場、付近コインパーキング利用(P57)

銀閣寺橋は疏水に架かる。ここから、川沿いに若王寺神社まで続く約5㎞の小径を「哲学の道」という。昔、哲学者**西田幾多郎**が、この道を散歩しながら思索したところから生まれた名前である。水の流れる音に耳を貸し、石畳を踏みふみ、移り行く季節を身体に感じながら歩くこの道は、その名にふさわしい。近くには、霊鑑寺、法然院や安楽寺、そのほか冷泉天皇陵など御陵もあり、ふと足を誘われる。川の東には、東山の峰々がそびえ立ち、鬱蒼とした樹木が芳香を放つ。道自体には車が通ることはなく、街中の騒音はここには届かず、思索・散歩に格好の小径である。

ここには個性的なお店、不思議な建物が多く、なぜか猫も多くいる。

桜の開花時の土休日は、銀閣寺に向かうバスは混み合い、満員で乗れない場合もある。歩きの人は地下鉄「蹴上」駅から南禅寺を経由して哲学の道に向かうことをおススメします。

松虫姫・鈴虫姫に因む

安楽寺 57D2 146

キョウテク　鹿ケ谷通パーキング（その他付近コインパーキング利用も）100円/20分　24時間可　4台

かつて哲学の道の山側に、浄土宗の祖・法然の弟子住蓮房、安楽房が修行した「鹿ヶ谷草庵」があった。建永元年（1206））、専修念仏に帰

依した後鳥羽上皇の寵姫松虫姫・鈴虫姫の2人が同寺で出家したことから上皇の逆鱗に触れ、二僧は死罪、師の法然や高弟たちは流罪となるいわゆる「承元の法難」の舞台となった。

それよりこの草庵は久しく荒廃していたが、天文年間（1532～55）に二僧の菩提を弔うために現在地に伽藍を建てたのが当寺の起こりと伝える。

境内の本堂には本尊阿弥陀三尊像を安置し、その傍に住蓮・安楽両上人、松虫・鈴虫両姫の座像及び法然上人張子の像を安置する。庭の植物（桜・ツツジ・サツキ）の見頃や、紅葉の11月中の土・日・祝日などに**特別公開（庭園、本堂・書院）**される。また毎年7月25日には鹿ヶ谷カボチャという珍しいひょうたん型のかぼちゃを供養する行事が行われる。

承元の法難に因む

法然院　57D1 154

付近コインパーキング利用

鹿ヶ谷の草庵で法然は弟子住蓮房、安楽房らと共に六時礼讃（朝夕に阿弥陀仏を礼拝する）を修したという。承元の法難の後、永く荒廃していたものを、江戸時代初期の延宝8年（1680）に知恩院38代の萬無心阿が法然上人ゆかりの地に一宇を創立したのが起こりで、弟子の忍澂によって興隆された。

伽藍内は非公開で毎年4月1日～7日・11月1日から7日までの年2回、一般公開される。**本堂**には恵信僧都源信の作と伝えられる阿弥陀如来像を本尊とし、そばに観音・勢至両菩薩像、法然・萬無両上人像を安置する。**方丈**はもと伏見にあった後西天皇の皇女の御殿の移建で、襖絵は狩野

光信筆・堂本印象筆。本堂北側の中庭には、**三銘椿**（五色散り椿・貴椿・花笠椿）が整然と植えられている。

侘びた茅葺の山門や、池泉、白砂壇を配し、善気水が湧く境内など、四季折々に趣の深いお寺である。墓地には谷崎潤一郎や河上肇ら著名人の墓がある。

幽玄美の表象

銀閣寺（慈照寺）　世界遺産　57D1 148

京都市営銀閣寺観光駐車場利用（P57）

文明14年（1482）、八代将軍足利義政は、祖父義満の金閣寺にならってこの大文字山のふもとに山荘を建てようとした。しかし応仁の乱のあと、室町幕府の力は衰える一方で、8年後には義政も亡くなり、その遺言によりお寺として完成。当代きっての趣味人だった義政は、この山荘を建てるために腐心したのだが、政治家としてはそれほど有能ではなかったという。

義政の統治した時代を東山時代というが、その文化の華が開いたのは、この東山山荘を中心に、武家の出である足利氏たちが、公家文化への憧れを実現しようと繰り広げた努力の結果であった。五山の禅僧たちによる禅思想（宋文化への憧れ）も大きな役割を果した。そして、茶道や華道、能、絵画、建築等に、一種の渋味を愛する幽玄の美が展開された。

総門をくぐると、左右を**銀閣寺垣**に囲まれた長さ約50mの参道が中門へと続く。中門の右手に**銀閣**（国宝）（非公開、外観見学）がある。観音殿ともいい、室町時代の代表建築の一つである。完

成年は不明だが、長享3年（1489）、上棟式が行われている。おそらく義政生存中には、銀閣は完成しなかったのではないか。重層、宝形造、柿葺。屋根の頂上に金銅でつくられた鳳凰が羽ばたく。下層心空殿は書院造で、上層潮音閣は禅宗仏殿様式につくられており、いわば住居とお寺の折衷様式の建物である。しかし、ついに銀箔が貼られることはなかった。

この銀閣の東に、**錦鏡池**といわれる池があり、銀閣の清楚な姿を池面に写している。池は凝ったつくりで、それぞれの部分や橋に名前がつけられている。庭の前に有名な波紋を表現した**銀沙灘**・**向月台**と名付けられた白砂を盛り上げた砂山がある。これらは、月待山（大文字山の隣りにある優美な形をした小山）に昇る月を愛でるためにつくられたのである。この錦鏡池を中心にした庭園の設計は、義政自身が行い、善阿弥らがつくったといわれる。（特別史跡・特別名勝）

庭の北側に**東求堂**（国宝）（特別公開あり）がある。単層、入母屋造、檜皮葺の書院建築である。かつては、阿弥陀三尊が安置されていた義政の持仏堂であった。現在は、恵心僧都作といわれる阿弥陀如来像が祀られ、その隣には、僧侶の姿をした義政自身の木像がある。堂内の四畳半書院「同仁斎」は、茶室の源流、また四畳半の間取りの始まりといわれている。

天文19年（1550）の兵火により銀閣と東求堂とを残して、伽藍及び義政遺愛の品はすべて灰燼に帰したが、本尊の釈迦牟尼仏を安置する方丈（本堂）（特別公開あり）には与謝蕪村と池大雅の襖絵などもある。方丈から見る月待山はおすすめだ。**弄清亭**（特別公開あり）は、香道の香座敷で奥田元宋の襖絵がある。

東山文化の、うずまく権力欲を内に隠して粋を凝らした幽玄美の表象をここに見るようである。

関雪が描き出した文人の理想郷

白沙村荘（橋本関雪記念館） 57C1 153

エコロパーク　銀閣寺前第3・コンセプト銀閣寺前パーキング（その他付近コインパーキング利用も）200円/20分　24時間可　3台・300円/30分　24時間可　6台

銀閣寺の参道沿いにある広大な邸宅で、大正から昭和の京都画壇で活躍した日本画家・橋本関雪が大正5年（1916）に建てた。広さ1万㎡もある敷地には、大正～昭和初期に建築された居宅、日本画の制作を行っていた3つの画室、茶室、持仏堂などの建造物が散在している。命名は近くを流れる白川の砂と建設当時一面が田畑であったことからという。

7千4百㎡という、大文字山（如意ヶ岳）を借景にした**池泉回遊式庭園**（国指定名勝）には、閑雅で苔むした石や池や竹垣があり、樹木のあいだに、関雪が収集した中国の古い石仏や石塔、平安・鎌倉期の石燈籠などがさりげなく置かれている。

2階建の新美術館（橋本関雪記念館）では、1階では橋本関雪の作品、資料、蒐集品（中国・ギリシャ・ペルシャ・インド等）などを展示公開。展望テラスを備えた2階では、それらの美術に加えて、随時開催の企画展にて内外の現代作家の美術作品を紹介している。

洛北 一乗寺・修学院エリア

郊外を除き、ほぼ最北のエリアで、基本的にスムーズな移動が可能である。東側には山々が連なり、中腹には社寺が集まる。山の斜面や高地を利用した風景は素晴らしく、修学院離宮や曼殊院をはじめとした名庭園も多い。ただし、坂道がやや厳しく、車での観光に適したエリアともいえる。狭い道が多く、紅葉時は注意。

白い砂と緑の対比が美しい

詩仙堂 67C5 149

P 詩仙堂駐車場（八大神社と共通の拝観者専用駐車場）500円/回　9時～17時　10台

寛永18年（1641）、石川丈山が建てた。詩仙堂という名前は、一室に中国古代の詩家三十六人の肖像（狩野探幽筆）が掛けられているところから呼びならわされるようになった。

入口の門を小有洞という。右脇に「詩仙堂」の石碑があり、門を入るとすぐに石段がある。両側には竹が鬱蒼と繁って幽玄な雰囲気をつくっている。段を登ると、石畳の径が続き、中門老梅関に至る。老梅関右手に凹凸窠門が続く。凹凸というのは、デコボコの土地に建っている家という意味で、丈山はこのデコボコの土地を利用して「十境」を見立てるように設計した。小有洞、老梅関のつぎに詩仙堂の玄関がある。ここの**「詩仙の間」**に中国三十六詩家の肖像と、それぞれに丈山が隷書体にて記した漢詩の額が掲げられている。

廊下をつたって隣堂に行くと、そこは猟芸巣（至楽巣）という。嘯月楼ともいわれ、ここで丈山は、興がわけば月に向って詩吟を詠った。

猟芸巣の隣に、膏肓楽と名付けられる深い井戸があり、その隣が躍淵軒である。

嘯月楼（猟芸巣）から見る庭の趣は格別である。苔と樹々の緑の輝きに、建物（瓦葺平屋建）の壁や柱の色あいが何とも言いあらわしがたい静かな美しさを醸しだしている。

草履にはきかえて庭へ下りると、やわらかな土の感触が草履を通して伝わってくる。建物の東に、洗蒙瀑。これは、小さな滝で、東山の谷から引かれた清水が流れ落ちている。この水が小さな流れをつくり、秋ともなれば、紅いモミジの葉を浮かべて庭を横切る。この流れを流葉洦という。また、庭のはずれには**鹿おどし**（添水）が透明な音をたて、庭の空気をひきしめている。日本で初めて鹿おどしがつくられたのもここである。

丈山はもと武士で、徳川家康に仕えていた。大坂夏の陣のとき、先鋒隊の一員として活躍したが、敵将をひとり逃してやったこと（先陣争いの禁を破ったことも）から、家康に蟄居を命ぜられ、仏門に入った。晩年、ここに草庵を結び、隠棲したのである。現在は曹洞宗大本山永平寺の末寺である。

詩仙堂には、丈山遺愛の品々が今も保存されており、5月23日の丈山忌（一般拝観休止）、25日～27日の3日間遺愛品などが展示公開される。そのほか、江戸期の文人たち（佐藤一斎、菅茶山、柴野栗山、林羅山、池大雅など）の書や偏額などもある。もちろん、丈山の遺したものもたくさんある

A
B
C
D
1
2
3
4
5
八幡前
至岩倉·鞍馬
崇道神社
至大原
蓮華寺
宝ヶ池通
敦賀街道
高野川
叡山電鉄叡山線
至八瀬比叡山口
ザ·プリンス
京都宝ヶ池
国際会館
グリルじゅんさい
叡山電鉄鞍馬線
三宅八幡
国立京都
国際会館
地下鉄烏丸線
上高野小
花園橋
岩倉川
宝ヶ池
公園
宝が池公園
子供の楽園駐車場
宝ヶ池
72
宝ヶ池公園
高野川
赤山禅院
至松ヶ崎·北山
涌泉寺
妙円寺
（松ヶ崎大黒天）
りきゅうさんパーキング
修学院離宮
松ヶ崎小
修学院小
修学院離宮道
北山通
林丘寺
音羽川
道入寺
松ヶ崎橋
京大国際
交流会館
京都工芸
繊維大
修学院
鷺森神社
川端通
東大路通
大原通
曼殊院
白川通
一乗寺川
松ヶ崎
浄水場
雲母坂
叡山電鉄叡山本線
北泉通
圓光寺
修学院
第二小
一乗寺
下り松
野仏庵
一乗寺
曼殊院通
八大神社
詩仙堂
一乗寺
中谷
赤の宮神社
（賀茂波爾神社）
左京局
狸谷山
不動院
金福寺
石川丈山墓
一乗寺·修学院
500
1000m
北大路通
至出町柳
至銀閣寺道

俳諧ゆかりの寺

金福寺 67C5 149

拝観者専用駐車場
無料 9時〜17時 2台
付近コインパーキング利用

円仁の遺志により安恵僧都が創建した寺だが、長い間荒廃していた。江戸時代に入って、圓光寺の鉄舟和尚が再興し、天台宗から臨済宗に改めた。鉄舟と親しい松尾芭蕉もここを訪ねたことがあり、その名に因んでの茶室（**芭蕉庵**）が建てられている（江戸中期の建造）。その後、芭蕉の遺跡を慕って多くの俳人がこの寺を訪れ、彼らの墓や句碑が建っている。

与謝蕪村もその一人で、彼は若いころ、芭蕉に焦がれて江戸に行き、俳句のほか、文人画の勉強にも精を出した。長年の放浪生活を経て京へもどり、俳画の境地を開き、俳人として、また文人画家として独特の表現世界をつくりあげた。芭蕉庵再建は蕪村という。彼の遺言は、芭蕉庵と芭蕉句碑の傍らに葬られることだった。

また、NHK大河ドラマ第一作「花の生涯」の村山たか女が尼として過ごした寺でもある。小さな庭園だが、春は桜、ツツジ、夏は桔梗、秋は紅葉が美しい。

懸崖造りの本堂をもつ、
タヌキ谷のお不動さん

狸谷山不動院 67D5 151

拝観者専用駐車場 無料 150台

平安京の鬼門にあたるため、桓武天皇がタヌキ（咜怒鬼）不動明王を安置したことに始まるという。享保3年（1718）、木食養阿が行法を修するにふさわしい場所と開山。北側斜面の洞窟に石像不動明王を安置した。以後、庶民の崇敬を得るに至ったが明治の廃仏毀釈などで荒廃した。明治後期に至り、郷土有志が咜怒鬼不動明王の再現を願い、山を伐り、道を拡げ250段の階段を整備し森林伽藍の基礎を作った。さらに昭和19年（1944）に亮栄和尚が来山して修験道大本山一乗寺狸谷山不動院として寺法を制定、**懸崖造りの本堂**をはじめ、幾多の堂宇が建立され今日に至る。

境内の入口や階段には多くの**狸の置物**が祀られており、石段を上がると洞窟の不動明王を囲うように本堂が立つ。外面は忿怒門の不動尊で、内面と中間に阿弥陀如来と如意輪観音をあらわす三尊合体不動と伝えている。悪鬼・悪霊退散、あらゆる災難を取り除いてくれる不動明王として今日で

狸谷山不動院 狸の置物

狸谷山不動院 本堂

も厚く信仰されている。**車の交通安全祈願**で有名である。

境内には他にも伏見稲荷の千本鳥居を彷彿させる鳥居が並んだ白龍弁財天や、宮本武蔵修行の滝なるものもあり、曼殊院道と狸谷不動明王道が分岐する場所にある**「一乗寺下り松」**は、宮本武蔵が吉岡一門と決闘した場所と伝える。今も松の木が一本植えられて、これを記念している。

日本最古の木版活字を所蔵

圓光寺 67C4 146

拝観者専用駐車場
無料 9時～17時 25台

現在は詩仙堂の北側にある圓光寺は、慶長年間（1596～1615）に徳川家康が天下統一後の文治政策の拠点として、伏見に学問所として建立したという珍しい由緒をもつ。家康が当寺に保管させた朝鮮の書籍や木活字を元にして多くの図書が出版され、これらは**圓光寺版**または**伏見版**と呼ばれる。伏見城の廃城と前後して寺地は相国寺境内へ、さらに寛文7年（1667）に現地に移ったが、当寺に保存されている木活字は、わが国の印刷史上極めて貴重なものである。明治の廃仏棄釈の後は、臨済宗南禅寺派の道場として再興された。池（栖龍池）を中心として楓樹と苔が美しい庭園**「十牛の庭」**が、静かなたたずまいを見せている。春は30本程の桜が楽しめる。裏庭奥に、明治の元勲岩倉具視が作った茶室「待月庵」がある。

見所は枯山水の大庭園

曼殊院 67D4 154

拝観者専用駐車場
無料 9時～17時 50台

比叡山のふもとに位置する。ここらあたりにくると、京の街のざわめきから離れ、鳥のさえずる声さえ聞えてくる静けさがある。

京都でも指折りの、皇室と関係深い門跡寺院で、創建は8世紀にまで遡るという。さまざまな変遷を経て現在の地に移ったのは、明暦2年（1656）のことで、桂離宮を造営した智仁親王の次男、良尚親王（後水尾天皇の猶子）が13歳で出家したとき、堂宇を造営したのが、この寺である。良尚親王は密教の奥義を極め、天台座主を務めたほどであったが、一時御所にもどり、後水尾天皇、内親王らにお茶やお花を教えたこともあったという。曼殊院が今の地に移ってからは、良尚親王は生涯そこに住んで、茶道・華道・書道・画道・香道など江戸期の公家芸術を開花させた。

瀟洒で軽快な**本堂**（大書院）・**小書院**（閑静亭）は、「桂離宮の新御殿」や「西本願寺の黒書院」と並んで数奇屋風書院の代表的な遺構とされている。狩野永徳、探幽、岸駒らの襖絵も豊富にあり、江戸三筆のひとり、松花堂昭乗の筆になる閑静亭の偏額がさりげなく架かっていたりする。令和5年（2023）宸殿が150年振りに再建された。

大書院前の**枯山水庭園**（国指定名勝）や**八窓軒茶室**（拝観有料）は、小堀遠州好みの渋いもの。大書院周辺の緑豊かな庭園では、秋の紅葉と春の霧島ツツジの頃は一段と華やぐ。

類をみないスケールと完成度

修学院離宮　67D3

P コンセプト　りっきゅうさんパーキング
200円/40分　24時間可　10台

曼殊院の北に、悲劇の天皇・後水尾上皇（徳川幕府にさからい、不本意ながら出家して院政をとった）が、17世紀中頃造った修学院宮がある。約54万5千㎡もある広大な敷地に、比叡山や音羽山を借景にした大山荘である。その広さは東京ドームで言うと約12個分。人工池を中心に、水田畑地も付属農地として自然の中に広がる。上皇自ら、この離宮の庭を設計したという。

松並木で結ばれた、御茶屋と呼ばれる上・中・下三つの離宮とそれぞれの大庭園は、それぞれの趣向を見事に展開する、江戸時代屈指の庭といえよう。

下離宮は離宮の正門を入ったところにあって書院と茶室からなり、離宮の中ではもっとも小さい。書院の寿月観は文政7年（1824）再建の数寄屋造で、東に広がる池泉回遊式庭園は、上部から流れを導いた滝があり、袖形灯籠などを配している。**中離宮**は下離宮の南300mにあり、楽只軒と客殿からなる。客殿には桂離宮の桂棚、醍醐寺三宝院の醍醐棚とともに「天下の三棚」と称されるきらびやかな霞棚などがある。もっとも高い位置にある**上離宮**は浴龍池を中心として、隣雲亭や窮邃亭などの茶亭があり、その景観は見事である。

参観できるのは18歳以上で、急な斜面の登り下りを含め約3kmの苑路を歩くのでご注意を。

石川丈山による、池泉回遊式庭園

蓮華寺　67D1　155

P 拝観者専用駐車場
無料　9時〜17時　6台

江戸期寛文2年（1662）加賀藩の家老今枝近義が、洛中からこの地に移した。本堂、鐘楼、井戸屋形は、再興当時の遺構で、天台宗のお寺だが、禅寺の情緒がある。本堂前に、六角形で急な勾配をした笠の石燈籠があって、**蓮華寺型石燈籠**と呼ばれている。庭は、近義と親交のあった石川丈山の作という。江戸期には茶席の庭によく使われたという。

石楠花が咲き、又四季の茶花が多い庭だ。座敷の奥から建物を額縁に見立てて庭を眺めるのがよい。高野山の北、落ち着いた雰囲気につつまれて小ぢんまりと建っている。

修学院離宮

洛北 宝ヶ池・岩倉、大原、比叡山、鞍馬・貴船エリア

ほぼ郊外といえるエリアで、特に岩倉は鞍馬・貴船の入口、また「修学院エリア」とともに大原・比叡山の入口といえる。この辺りから京都盆地は山地へと繋がり、街中とは異なった風情を見せる。車の流れはスムーズではあるが、そもそもエリア間の距離があることに注意。車だからこそ観光しやすいエリアであるといえる。

岩倉の紅葉名所

実相院 72B1 149

P 拝観者専用駐車場
無料 9時～17時 10台

天台宗寺門派の門跡寺院。寛喜元年（1229）洛北、紫野の地に創建されたものが、応仁の乱のあと現在のところに移された。

境内には江戸中期、東山天皇の中宮・承秋門院の御殿を移転した、正面の門「四脚門」、玄関横の「御車寄」、中の建物「客殿」などがある。狩野派の襖絵も多く、特に玄関衝立の唐獅子図は狩野探幽が描いたと伝えられる雄壮なものである。歴代門主や坊官が綴った、260年間にも及ぶ日記、**「実相院日記」**は歴史の貴重な資料だ。岩倉具視もここに住んで密談をした様子などが記された日記も残っている。

池泉回遊式庭園と**「こころのお庭」**といわれる、枯山水の雄大な石庭をもち、楓が美しく紅葉のシーズンには夜間ライトアップも行っている。

王政復古はここから始まった

岩倉具視幽棲旧宅・対岳文庫 72B1 146

P 入館者専用駐車場（石座神社敷地内）
無料 9時～17時 8台

具視は、文久2年（1862）9月から慶応3年（1867）11月までの約5年間、隠棲した。公武合体を図り、強引に和宮降嫁を実現したため、佐幕派の烙印を押され尊攘派の反感を買う。文久2年（1862）とうとう剃髪のうえ洛外追放の処分を受け、岩倉村に蟄居することになった。しかし、幽棲中も密かに活動を起こし、薩摩の大久保利通、土佐の坂本龍馬、中岡慎太郎らとともに、討幕・王政復古の計画を練った。

史跡は周囲を塀で囲まれ、居宅は六畳二間からなる小さな建物だが、当時の状態をよくとどめており、ありし日の彷彿せしめるに足る。

また、敷地の東側には、展示・収蔵施設である**対岳文庫**があり、具視の遺品や明治維新関係文書などが見学できる。建物は武田五一設計で国の登録有形文化財となっている。

公園は谷の地形を利用して整備された

宝ヶ池（たからがいけ） 72B2 151

溜池（ためいけ）として江戸中期につくられたもので、最初はわき水をせき止めただけの小さなものだったが次第に堤を高め、江戸後期にほぼ現在の大きさになったとされる。周囲約2kmの灌漑（かんがい）用池。池周辺は宝ヶ池公園（1,289,000㎡）として整備され、手漕（こ）ぎボートやペダルボートが浮かぶ池や並木が続く遊歩道など、開放感いっぱい。宝ヶ池ジョギングコースとしても人気だ。週末や休日にはボー

宝ヶ池

国立京都国際会館駐車場 1000円/回 24時間可 200台。

宝が池公園子供の楽園駐車場（地図P67） 520円/回 9時～16時半 通常 102台・臨時 69台（計171台）

地図内の大型駐車場

くるっとパーク宝が池公園狐坂 100円/30分 24時間 35台

※鞍馬エリアの地図はP9全体図参照

ト遊びを楽しむカップル、家族連れなどでにぎわう。広い園内には子どもの楽園、菖蒲園、憩の森、桜の森、北園、野鳥の森、梅林園などがあり、紅葉や梅、桜の頃が美しい。「子どもの楽園」以外は終日開園。

比叡山を借景とする

円通寺　72A2　146

P 拝観者専用駐車場
無料　10時～16時半　20台

岩倉の山里、まだ山間の集落の雰囲気を残す鞍馬街道へ抜ける道に、臨済宗妙心寺派円通寺はある。時節々々に変化する緑の匂いがすっぽりと小さなお寺を包んでいる。

この寺は、元は後水尾上皇の山荘であった幡枝御殿があり、枯山水庭園もその頃に造営されたものである。延宝6年（1678）、妙心寺10世の景川宗隆を開山としている。当時の茶室などもあったが、今は本堂、客殿、庫裏があるにすぎない。しかし、比叡山を借景にした**庭園**（国指定名勝）は、飾り気のない静かな美しさを見せる。ちいさな横長の庭に、一面苔が生えている。向こうの生垣の方から何十個もの石が湧き出るように、あるいは歩むように組まれていて、苔と石組とが不思議なハーモニーを醸し出している。ツツジや山茶花などの低く整然と刈りこまれた生垣が庭を区切り、その向こうに杉が高く生立つ。不等間隔にそそり立つ杉の幹の間から、比叡山が優しい姿をみせる。建物の奥に座り、開け放たれた縁側よりこの景観を望む、いつまでも守りたい借景だ。

苔むした庭に往生極楽院

三千院　72B3　149

P 三千院道駐車場等付近コインパーキング
500円/回　9時～17時　70台

洛北、敦賀街道の東、大原の里を望む山中に、閑静な伽藍が広がる。がっしりと組まれた石段の向こうに御殿門が建つ。門柱には「三千院」と「往生極楽院」の札が掛けられていて、門の造りは、武家造り風で、他の寺の山門とは少し異なったいでたちである。苔むした石垣と楓の木がこの門を包み、浄土への入口のような感じを漂わせている。

天台宗五箇室門跡の一つで、由来を辿れば最澄（伝教大師）が比叡山根本中堂を造営したときにまで遡るという。その後、代々法親王が住み門跡となった。明治4年（1871）、当時の門跡であった昌仁法親王が還俗（出家者が再び俗家にかえること）して梨本宮家を興したため、当時寺領があった梶井御殿（現京都府立病院の地）にあった仏具類は大原の修行道場に移し、三千院と称されるようになる。三千院は梶井門跡の仏堂の名称「一念三千院」から取ったものといわれる。

御殿門が受付で客殿、宸殿を通り、往生極楽院へと至る。

客殿は、16世紀末の建立と伝えられるが、現在の襖絵は、明治・大正時代の京都日本画家（竹内栖鳳、菊池芳文、望月玉泉、今尾景年、鈴木松年）たちが腕を競ったものである。客殿・見所台からは庭・聚碧園が見られる。

宸殿には、恵心僧都がつくったといわれる、阿弥陀如来像や鎌倉時代の救世観世音菩薩、室町時代の不動明王が安置されている。宸殿玉座の

間には、下村観山筆の襖絵があり、その虹の絵は夕陽に映えるとき、くっきりと美しい。虹の間といわれる所以である。

庭園には2つの池がある。杉木立ちの中に静かな佇まいを見せる。苔むした庭（有清園）の池の間の径を抜けると、明治になって三千院に併合された**往生極楽院本堂**が建つ。単層、入母屋造、柿葺で三間四方の小さな建物であるが、堂内には、**阿弥陀三尊像**（国宝）が安置され、極楽浄土の世界をつくっている。恵心僧都が姉の安養尼とともに建立したといわれ、念仏三昧にふけって往生安楽を祈るところである。建立は久安4年（1148）（寛和2年・986説もある）、小さな堂宇に大きな仏像を納めるために考え出された舟底天井を中心に、阿弥陀如来、向かって右に観音菩薩、左に勢至菩薩が金色まばゆく坐っている。両脇の菩薩が跪坐（正座）しているのが珍しい藤原仏である。天井には、二十五菩薩来迎図や天女の奏図などが描かれている。極楽院奥の庭は広く、春には石楠花、ツツジ、紫陽花が次々に咲き、秋には萩や紅葉が美しい。冬の雪景色も素晴らしい。

いくつかの重要文化財は展示室「円融蔵」で見学できる。

口三千院近くの寺

勝林院　72B3　150

日本音楽の源流といわれる仏教音楽声明発祥の地。また、法然上人が他の諸宗派の僧侶たちと宗論を戦わした、いわゆる「大原問答」で有名なところで、境内には本堂と鐘楼があるだけのひっそりとした寺である。

本堂には、「証拠の阿弥陀」といわれる、阿弥陀如来像が安置されている。鎌倉時代の阿弥陀像だが、江戸時代中ごろの元文2年（1737）、証拠阿弥陀像として改造された。大原問答のまっ最中に、この阿弥陀様が手から光を放って、「念仏は衆生を救う」という証拠を示したといういい伝えからつくられたものである。本堂内ではボタンを押すと声明が自由に聞けるようになっている。

宝泉院　72B3　154

三千院の近く、勝林院の坊として建立された。伏見城遺構の血天井があり、樹齢700年を超える五葉の松は、近江富士をかたどったという。大原借景の額縁庭園も一見。なお、珍しい2連式の水琴窟をそなえている。一聴の価値あり。

実光院　72B3　149

勝林院塔頭。このお寺の庭は、東側が池泉観賞式庭園で律川から水を引いた心字池がある契心園、西側に茶室理覚庵がある池泉回遊式庭園がある。11月頃に満開になり、春にもまた咲くという不断桜があり、紅葉との対比がおもしろいという。客殿に詩仙堂の三十六詩仙画像の模写が掛かり、声明に使用する楽器なども陳列されている。

来迎院（大原）　72B3　155

呂川沿いの来迎院は、お経に音曲をつけて唱える声明を良忍上人が天台声明魚山流としてまとめた「魚山声明」発祥の地として知られる。天台宗最高の質をもつ聖教・文書を伝える。本堂には藤原時代の薬師、阿弥陀、釈迦三如来坐像が安置されている。本堂裏には来迎院を再興した聖応大師良忍の暮である三重石塔（重文）が立つ。

建礼門院ゆかりの寺

寂光院　72A3　149

寂光院前駐車場（美遊喜茶屋）（付近コインパーキング利用も）　300円/回
9時～16時　10台

建礼門院の遺跡として知られる小さなお寺だが、創建は推古2年（594）、聖徳太子が父・用明天皇の菩提を弔って建てたものといわれる。高野川の向こう、山深い里にひっそりと佇んでいる。

建礼門院は平清盛の娘（徳子）であり、高倉天皇中宮、安徳天皇の母である。壇ノ浦の戦いで平家が敗れたとき、幼い安徳天皇とともに海へとび込んだが、渡辺昵に引き上げられたともいう。その後、出家し、この寂光院に阿波内侍らとともに、平家一門の冥福を祈り、念仏三昧の余生を過ごした。この話などは、『平家物語』の終巻（**大原御幸**）などでよく知られている話であり、多くの人々がここを訪ねるようになった。

境内には書院や汀の池など、『平家物語』に因んだ史跡も多く残っているが、本堂と国の重要文化財でもあった本尊の地蔵菩薩立像は、残念ながら、平成12年（2000）5月に火災のため焼損したが修復できたという（胎内仏木造地蔵菩薩立像3,417体は無傷）。本堂は平成17年に復元され、財団法人美術院によって模刻された地蔵菩薩像が安置されている。

大原女まつり　春（4～5月頃）・秋（10～11月初旬頃）

■(2023年は4/22～5/21、10/24～11/3(2022年実施)

大原地区一帯で開かれ、大原女姿やシソ苗植えなどを体験できる。

大原女はその昔、手甲・脚絆をはめ白足袋をはき、紺衣を着て、頭上に薪や柴を乗せて売り歩いていたという。衣装は、大原観光保勝会が貸し出し（期間中は1,500円、期間外は2,500円、要事前予約、075-744-2148)をしてくれる。期間中、「シソ苗植え」の体験の日もあり、植えたシソは後日、大原特産のしば漬けにして参加者に郵送されるそうだ。

大原女時代行列の日（4月下旬・11月上旬頃）は、室町時代、江戸時代などそれぞれの時代の大原女衣装を着た女性たちが、寂光院から三千院までの道のりをゆるりと練り歩き、洛北の地、大原の里になつかしき時代の情緒がよみがえる。

日本仏教の母山

延暦寺

世界遺産　72D3　146

比叡山ドライブウェイ延暦寺東塔駐車場
（第一駐車場）無料　24時間可　270台
7～23時（季節により異なる）

京都と滋賀の県境に高くそびえる比叡山（海抜848m）は、東山三十六峰の北端をなす山である。

延暦寺は、平安初期、平安京の鬼門の方向に建立された天台密教の本山だ。その以前、最澄が奈良の南都仏教に反対して、延暦7年（788）庵を建て、後に一乗止観院と名付けたのが、根本中堂の前身である。最澄が桓武天皇から天台宗の勅許を得、弘仁14年（823）、延暦寺の寺号を与えられた。こうして、空海の東寺とともに、平安京を護る寺として勢力を伸ばしてきた。

今日でも、14～17世紀の建造物が現存し、10にのぼる国宝、50以上の重要文化財がある。

延暦寺の寺域は3つに分かれる。東塔と西塔（駐車場75台）、横川（駐車場80台）である。

東塔には、根本中堂（国宝）のほか、大講堂、阿弥陀堂、文殊楼、戒壇院などがある。**根本中堂**は、延暦寺一山最大の仏堂である（2026年まで改修中）。本尊は薬師如来。寛永19年（1642）、徳川家光の命で現在の建物が再建された。単層、入母屋造、銅板葺。廻廊をめぐらした総丹塗の建物。内陣は外陣より3mほど低い石敷の床につくられていて、内陣の奥に須弥壇が設置され、なかには薬師如来や日光・月光の脇侍、十二神将、祖師像などが安置されている。

根本中堂（改修前）

転法輪堂（釈迦堂）

内陣が外陣より、一段低くなっているのは、天台宗の仏殿様式で、小暗い内陣には線香の煙がたちこめ、神秘的ですらある。**不滅の法灯**は、根本中堂創建以来、1200年余もの間一度も絶やすことなく守られてきたという。

西塔には、**転法輪堂（釈迦堂）**、浄土院、にない堂（法華堂・常行堂）、椿堂などが点在する。北部の瑠璃堂は、小さなお堂だが、織田信長の焼討ちを逃れた唯一の室町末期の建物である。

横川には、横川中堂（嘉祥元年（848）円仁が開いたが、焼失してしまったのを昭和46年（1971）に再建。今はコンクリート造である）、元三大師堂（四季講堂）、如法塔、恵心院などがある。横川中堂の外陣より低くなった内陣のずっと奥に、聖観音菩薩が安置されている。平安末期の像で観音の脇侍が、不動明王と毘沙門天という三尊形式の走りとなるものである。

延暦寺は、三代座主・円仁と五代座主・円珍の門下の間で争いがおこり、山門派（延暦寺）と寺門派（園城寺）とに分裂してしまった。法衣と長刀姿の僧兵時代を作ったのはそのころ。しかし、この伝統ある密教寺院からは円仁、円珍、空也、源信、法然、慈円、親鸞、栄西、道元、日蓮、一遍など、鎌倉時代の新仏教を生み出したすぐれた僧等が数多く出ている。南都（興福寺）に対し北嶺と称し、寺勢は増し、山中の「三塔十六谷」には僧兵を含む数千人が住んだという。ついに信長と衝突し、元亀2年（1571）全山焼討ちにあって、僧や信徒数千人が殺された。その後、豊臣秀吉や徳川家康の命を受けた比叡山探題奉行天海により、再興された。しかし、家康の死後、黒衣の宰相と呼ばれた天海僧正により、江戸上野に東叡山寛永寺が建立され、以後、宗務の実権は江戸に移り、完全な復興とまでにはいたらなかった。今日の姿になったのは、昭和に入ってから。現在では、東塔と西塔、横川、比叡山頂を結ぶ比叡山内シャトルバスが運行され、比較的巡りやすくなっている。

印象派画家の庭園と絵画

ガーデンミュージアム比叡　72C3　147

比叡山ドライブウェイ山頂駐車場　無料
250台　7時～23時（季節により異なる）

琵琶湖・京都を望む標高840mの山上に位置する。市街の気温と比べ、4～5℃低い比叡山頂では、一般的に春～夏に花を咲かせる草花たちは1ヶ月程遅れて花を咲かせる。

また例年6月中旬頃、初夏に花を咲かせるバラは山の冷涼な気候から、10月下旬頃の秋まで途切れることなく花を咲かせてくれる。

庭園は、咲き誇る花々に囲まれ、モネをはじめ、ルノワールやセザンヌ、ゴッホなどが夢見た自然の風景を再現。印象派の代表的な絵画42点を原寸大の陶板画で、庭園に展示している。自然を歌いあげるように描かれたその色彩は、私たちの心を不思議と癒してくれる。庭には、香りの庭、こもれびの庭、睡蓮の庭、藤の丘、花の庭、ローズガーデンなどがある。12月上旬から4月中旬は休園しているのでご注意。

豊かな自然、緑深く眺望もよい

鞍馬寺　8A2　148

岸本商店駐車場、鞍馬観光駐車場、鞍馬寺山門前駐車場等付近コインパーキング利用　岸本商店は、8時～20時　500円/回　10台

貴船川と鞍馬川にはさまれた険しい山あいに、緑深く包まれて鞍馬寺がある。牛若丸（源義経）が天狗と出会って修業をしたところと伝えられ、親しまれている。

創建は、宝亀元年（770）、奈良の唐招提寺を開いた鑑真和上の弟子、鑑禎によるといわれる。鞍馬寺と名乗って伽藍が造営されたのは、延

金剛床

暦15年（796）のことである。たびたびの火災で、伽藍は本坊、宸殿、山門、勅使門を残してすべて焼失した。昭和46年（1971）、本殿金堂、多宝塔、転法輪堂などが鉄筋コンクリート造で再建された。本殿金堂前に広がる石畳の**金剛床**は宇宙のエネルギーを貰えるパワースポットとして人気がある。

木造毘沙門天立像（国宝）は、鑑禎が本尊として祀った像といわれている。そのほか、**吉祥天・善膩師童子像**、鞍馬寺経塚遺物など寺宝も豊富である。境内の「霊宝殿」（鞍馬山博物館）の1階は、山内の動植物、鉱物などを展示する自然科学博物苑展示室、2階は寺宝展観室と與謝野寛・晶子の遺品を展示する與謝野記念室、3階は木造毘沙門天立像などの仏像奉安室がある。鞍馬山では、「義経公供養塔」、「息つぎの水」、「背比べ石」、「義経堂」など牛若丸ゆかりの遺跡も多く見られる。

古来より水の神さま

貴船神社　8A2 147

貴船神社本宮駐車場　800円/120分
10台
貴船神社奥宮駐車場　800円/120分
15台

貴船川のたもとに建っているこの神社の縁起は、千五百年以上も前に遡ると伝えられる。水の神様として古代から信仰を集めている。平安時代には、和泉式部は夫の愛を取り戻すためここへ詣でたいいい、源氏物語に登場する宇治の橋姫は、丑の刻詣をして妬ましい男女を呪ったという。

社名・きふねの表記については、古くは「黄船」・「木船」・「気生根」・「木生根」・「貴布祢」・「貴船」などの表記があった。賀茂別雷神社（上賀茂神社）の摂社とされていたが、明治新政府のもとで貴布祢社が勅祭社となり、明治4年（1871）官幣中社に列せられたことによって、上賀茂社からの独立が果たされ、現在に至るという。

道路が狭く、本宮前後の狭い道沿いには鮎の川床料理を出す料理屋が軒を連ね、夏（避暑）・秋（紅葉）のシーズン時には人、車で混雑する。

本宮より500m上流の**奥宮**が元々の鎮座地で、永承元年（1046）貴船川の氾濫で流出し、天喜3年（1055）現在地に移築されたという。

結社は、本宮の北約300m辺りに鎮座する末社で、朱塗りの鳥居の奥に拝所・社殿が並ぶ。結社はムスビノヤシロとも読めることから、境内にある和泉式部の歌碑と共に、縁結びの神として参詣する若人、特に女性が多いという。本宮と奥宮の中程にあることから中宮、恋の宮ともいう。

両側に朱塗りの燈籠が並ぶ参道の石段を登った上に神門があり、狭い**本宮**境内に入る。境内左手には拝殿が、その背後、透塀に囲まれた中に本殿が鎮座する。本殿と拝殿が生い繁る古木の影に建ち、何やら神秘的な空気を醸し出している。拝殿には、狩野探幽筆と伝える三十六歌仙の偏額が掛けられている。

境内の霊泉に浮かべると水の霊力によって文字が浮かんで見えてくるという**「水占みくじ」**が、若者に人気だ。

洛北 大徳寺・上賀茂・鷹峯エリア

豊臣秀吉の築いた土塁「御土居」により洛中洛外が分けられ、ここはちょうど北の境である。代表的な出入り口のひとつ長坂口（清蔵口）は鷹峯にあり、若狭への街道が続く。京都の風葬地のひとつだった紫野も含まれ、市中心部とは異なる静謐な雰囲気が漂う。車の場合、交通はスムーズであり、金閣寺エリアへのアクセスがとても良い。

神秘的で清浄な雰囲気

上賀茂神社

世界遺産　80C1　147

上賀茂神社駐車場利用(P80)

賀茂別雷神社が正式の名前である。この神社の縁起も「古事記」の世界だ。神代の昔、本殿の北北西にある神山に賀茂別雷神が降臨したのがはじまりだという。欽明天皇のころ（6世紀）には、祭礼が行われていたという記録があるし、天武天皇の御代（677）には、社殿が造営されている。

平安遷都後、京の王城を護る神のいますところとして、伊勢神宮に次ぐ崇敬を得、その後も、京の氏神として農事産業の守護神として人々の信仰を集めてきた。今は厄除開運・方除けの神として人気がある。弘仁元年（810）以来、歴代皇女が斎王を務めた。

一の鳥居から長い参道の先に二の鳥居が立ち境内に入る。正面に橋殿（舞殿）、細殿、土舎の3殿舎が建つ。御手洗川に架かる 樟 橋 あるいは御物忌川に架かる玉橋を渡ると正面に朱塗りの**楼門**が建ち、その中、緩い石段を上った先に本殿等が鎮座する神域へ入る**中門**（四脚門・檜皮葺）が建つ。中門内の最奥に並ぶ2棟の社殿は、右が本殿、左が権殿だが、中門との間に建つ透廊・祝詞舎などの殿舎のため拝観不能だ（撮影禁止）。

昔、社殿は、21年毎に建て替えられた。長元9年（1036）から、文久3年（1863）まで、32度の造営が行われた。現在の社殿は、**本殿**が非常の際に神儀を遷す御殿である**権殿**（ともに国宝）が文久3年（1863）、その他の社殿34棟は、寛永5年（1628）造替されたものが多いという。本殿は三間社二面の流造、屋根は檜皮葺とし、平安時代以来の古制を今によく伝えている。

現在も、この同じ土地に広大な社域を有し、多くの参詣者に支えられている。年中行事も豊富で、なかでも5月5日の競馬会神事（平安末期より続く、馬の競争によって豊作を占う行事）や、烏相撲（9月9日、子供たち20人に相撲をとらせて神様に供える行事）や葵祭（5月15日に平安時代の風俗絵巻をくりひろげる行事）は名高い。

烏相撲は立砂び前で奉納される

楼門

地図内の大型駐車場

上賀茂神社駐車場　100円/30分（繁忙期は1回1000円）　6時～22時　170台

京都府立植物園駐車場　300円/60分　9時～17時　150台

数多くの塔頭(たっちゅう)をもつ大寺

大徳寺(だいとくじ)　80B2　151

大徳寺駐車場　500円/120分、以降100円/30分　24時間可　50台

京都を訪れる目的にこの寺を挙げる人も多い。この寺の創立は大燈国師(だいとうこくし)（宗峰妙超(しゅうほうみょうちょう)）が、正和(しょうわ)4年（1315）に小院を建てたのにはじまり、建武(けんむ)元年（1334）には五山(ござん)の上位に列せられ、寺域は広がっていった。

桃山時代には織田信長(おだのぶなが)や豊臣秀吉(とよとみひでよし)の庇護(ひご)も厚く、天正(てんしょう)10年（1582）に秀吉はここで信長の葬儀を行っている。秀吉はまた、天正13年（1585）に大茶湯会を催しており、大名たちも競って境内に塔頭(たっちゅう)を建てたりしたのだ。しかし、幕末から明治にかけて廃仏毀釈(はいぶつきしゃく)運動が起こり、大徳寺の諸塔頭も壊されたが記念の茶の湯の流行とともに、観光に訪れる人は多くなっている。

広大な寺域に入る道はいくつもあるが、総門から入るとすぐに顕著(けんちょ)な桃山様式を見せる装飾の勅使門(ちょくしもん)がある。切妻造(きりづまづくり)、檜皮葺(ひわだぶき)、四脚門(しきゃくもん)である。

三門(さんもん)（内部は非公開）は、16世紀のはじめ、初層のみが出来上っていたが、天正17年（1589）に千利休(せんのりきゅう)が施主(せしゅ)となって大修理を行い、上層をつくりあげた。入母屋造(いりもやづくり)、本瓦葺(ほんがわらぶき)だが、建築の時期のズレから初層と重層との間に微妙な様式のちがいを見ることもできる。上層（**金毛閣**(きんもうかく)）には釈迦如来像(しゃかにょらい)（応永(おうえい)11年・1404）や羅漢(らかん)像があり、天井には長谷川等伯(はせがわとうはく)の描いた龍の画がある。ここの天井は鏡天井(かがみてんじょう)といい、天井一面に板を張ったものである。禅宗建築の特色の一つで、そこに画が描かれていることが多い。ここには千利休が自

三門

像を置いたことから、秀吉の怒りを買い、ついに自刃するに至った話がまつわっている。

仏殿は徹翁和尚の創建と伝えられ、享徳年間（1452～54）に焼失。再建後、再び応仁の乱の戦火をうけた。現在の建物は文明年間（1469～87）の再建である。内部には、釈迦如来像が安置され、天井には天人などの画が描かれている。重層、入母屋造。

法堂は寛永13年（1636）の再建で、重層、入母屋造、本瓦葺の堂々たる大きな建物である。天井は鏡天井で、狩野探幽筆の雲龍図が描かれている。

方丈（国宝）も寛永13年の再建。単層、入母屋造、今は桟瓦葺だが、元は檜皮葺だったのだろう。襖絵は探幽の筆と伝えられるものが多い。方丈に江戸時代初期を代表する枯山水の二つの庭がある。大きな岩と盛りあげられた白砂を組み合わせて、椿の刈り込みを配した南庭と、比叡山を借景にした東庭がある。東庭は小堀遠州の作といわれる。方丈庭園は国指定特別名勝。

唐門（国宝）は、秀吉が造営した大邸宅、聚楽第の遺構を移したものとして有名で、切妻造、檜皮葺の四脚門である。桃山の三唐門と呼ばれ、西本願寺、豊国神社とならび称されている豪華絢爛たる建物である。その豪華絢爛さは何よりも門の前後にある、軒唐破風の彫刻の見事さにある。雲や波や海馬、虎、獅子、麟麟、鳳凰、孔雀、鶴、小鳥、仙人、天人、竹、椿、松、牡丹、杜若などが彫られていて実に壮観である。

国宝を含む数々の寺宝は10月上旬日曜日の曝涼展で拝観できる。

本坊の北の方にある塔頭・真珠庵（特別公開あり）は、一休和尚を開祖として創建。方丈には一休和尚像が安置され、曽我蛇足と長谷川等伯の襖絵がある。庭園の「七五三の庭」は国指定名勝で桃山時代の茶人・村田珠光作と伝えられる。

そのほか、秀吉遺愛のわびすけ椿の名木を有する総見院（特別公開あり）や、金森宗和作の庭がある通僊院（書院造）など、大徳寺には数十の塔頭がある。実に数多くの寺宝を有した美術史の上からも重要なお寺である。

□大徳寺の主な塔頭

大仙院（P151）は、永正6年（1509）の創建。大聖国師作という書院庭園（国指定特別名勝）は、枯山水で鶴島と亀島の間に蓬莱山があり、そこから滝が流れ落ち、石橋の下と透渡殿の下をくぐり大河となって、方丈南側の大海へ流れていくさまが表現されている。方丈は、龍源院とならんで我国最古の方丈建築といわれ、相阿弥の瀟湘八景、狩野元信の花鳥図などの屏風絵がある。

高桐院（P148）は、慶長6年（1601）建立。千利休の邸宅を移築したという書院、黒壁の茶室・松向軒がある。客殿の西にある庭は細川家代々の墓所となっており、そこに立っている石燈籠が、細川忠興（三斎）とガラシャ夫人（明智光秀の娘）の墓塔となっている。楓が生い茂る参道は、秋には真っ赤なトンネルのようだ。

龍源院（P155）は、文亀2年（1502）建立。本堂は室町時代でも有数の古い方丈建築。方丈の襖絵は、周文の弟子、等春の筆。鎌倉時代の釈迦如来坐像もある。方丈を中心として、南庭、北庭、その他いくつかの味わい深い庭がある。南庭の方丈前庭は「一枝坦」と呼ばれ、白砂と苔と石組を配した蓬莱山形式の枯山水庭園。方丈の東にある東滴

高桐院

龍源院「一枝坦」

壷は日本でも一番小さい庭であろう。縁に囲まれた細長い白砂の庭に呼応しあうように配置された石が、神秘的な空間をつくっている。書院軒先にある庭は、滹沱底と呼ばれ、中国華北の滹沱河になぞられており、別名「阿吽の石庭」とも呼ばれている。

瑞峯院（P151）は、天文4年（1535）大伴宗麟の建立。宗麟はキリシタン大名で、方丈裏の閑眠庭という庭は、縦に4個、横に3個の石を十字架状に組んである。方丈の襖絵には、金剛山がダイナミックに描かれており見事なもの。

黄梅院（P146）（特別公開あり）は天正16年（1588）の建立。本堂は桃山初期の様式を伝え、雲谷等顔（雪舟派門人の一人）筆といわれる襖絵などある。また、昨夢軒と名付けられた茶室がある。

芳春院（P154）（特別公開あり）は慶長13年（1608）の建立。加賀藩主・前田利家正室、まつ・芳春院が、息子とともに開いた前田家菩提寺。本堂前には、枯山水庭園、その背後に呑湖閣という名の重層楼閣があり、小堀遠州作と伝えられる。

やすらい祭りとあぶり餅

今宮神社　80B2　146

今宮神社大和ハウスパーキング
100円/60分、以降100円/30分
24時間可　44台

疫病の神を祀る神社としてよく知られている。正暦5年（994）、近くの船岡山に創建された疫神社が由来となって、のちにこの地に移された。大徳寺のすぐ近くにあり、社殿は明治に再建されたものである。

今宮さんには、線彫りの四面石仏があった（現・国立京都博物館蔵）。**「阿呆賢さん」**（叩いたりすると重くなって持ち上らなくなり、撫でたり拝んだりすると軽くなる石）は、今も境内の人気者で、不思議な昔から言い伝えられていた石など、おもしろいものがある。当社は他にも「玉の輿」の語源の場所として人気がある。

やすらい祭は、4月の第2日曜日、近所から赤毛や黒毛の鬼とともに笛や太鼓のお囃子にあわせて「やすらいばなや」と唱えて人々が参詣するお祭である。その行列の傘の下に入ると、1年間疫病から免れられるといういい伝えがある。鞍馬の火祭り、太秦の牛祭りと並んで、京都三大奇祭のひとつである。東門を出た所には、名物**「あぶり餅」**を売る店が向かい合う。

本阿弥光悦が庵を結んだ地

光悦寺　80A1　148

拝観者専用駐車場（紅葉期有料）
無料　8時～17時　10台

元和元年（1615）本阿弥光悦は、徳川家康からこの鷹峯に広大な土地を贈られた。光悦はこの地に草庵を結び、法華題目堂を建てたのが起こり。光悦は、そこにいろいろな工芸家を呼び集め、それぞれが腕を競い合う場をつくった。

本阿弥光悦という人は、本来、刀剣の鑑定と研磨を業としていたが、諸芸術に長け、書画、陶芸、漆工、茶道、作庭等々にも目を見張るような仕事を残した。時代は、豪華絢爛たる桃山文化から質

素を旨とする徳川文化へと移りゆく転換期であり、そのなかにあって光悦は、家康の思想を受けとめながらも、華麗な芸術を開花させていった。桃山期から引き続き徳川幕府の御用絵師となって、天下を謳歌した狩野派たちの美意識には見ることのできない柔軟さと深さがそこにはある。光悦を飛躍台にしてこそ、のちに尾形光琳のような芸術家も誕生し得たといえよう。

この光悦が庵を結んだ地を記念するのがこの寺で、明暦2年（1656）の建立である。大正4年（1915）に再建されたのだが、竹を斜めに組んだ**光悦垣**といわれる垣根や、大正時代以降の建物である大虚庵や光悦の像を安置する三巴亭、了寂軒など七つの茶室があり、境内に足を踏み入れると、誰もが光悦の芸術的境地に触れることができそうだ。

「悟りの窓」と「迷いの窓」

源光庵　80A1　148

拝観者専用駐車場
無料　15台　※11月はバスの駐車不可、普通車の駐車不可の場合有り。

この寺の歴史は、大徳寺の住職だった徹翁国師が隠居所として貞和2年（1346）に建てたことからはじまる。のち、元禄7年（1694）臨済宗から曹洞宗の寺に改められた。重層の山門の奥にある入母屋造の本堂（元禄以降再建）、廊下の天井は、ここもまた、伏見城遺構の血天井であるという。

窓越しに庭園を望むことができる本堂の**「悟りの窓」**という丸窓と、**「迷いの窓」**という四角い窓は、禅の教えを表現しているといい、あまりに有名だ。

吉野太夫ゆかりの寺

常照寺　80A1　150

拝観者専用駐車場　志納（紅葉期は有料）
8時半～17時　15台

源光庵の隣にある日蓮宗のお寺。旧山城六檀林（学寮）の一つで、元和2年（1616）に本阿弥光悦寄進の地に、日乾が創建した。かつては、多くの堂塔を誇る大きなお寺だったが、明治期に廃され、今はもうその面影はとどめず、六条柳町の名妓・吉野太夫が寄進したという**赤門（吉野門）**、本堂、庫裏、茶室などが残っているだけである。茶室の円窓は**吉野窓**と呼ばれ有名で、その形と大きさは特徴的。

本堂の裏に墓地があり、日乾に帰依した吉野太夫の墓も、彼女を身請けした当時の豪商灰屋紹益の墓もある。太夫を偲んで植えられたという吉野桜が満開の頃の毎年4月第3日曜に行われる「吉野太夫花供養」では、光悦寺から常照寺本堂までの太夫道中や野点茶席が設けられ、賑わう。

血天井と「獅子の児渡し」庭園

正伝寺　80A1　150

拝観者専用駐車場
無料　9時〜17時　12台

正式名称は吉祥山正伝護国禅寺。文永10年（1273）聖護院の執事静成法印が東巌禅師に帰依し、烏丸今出川付近に祭殿一宇を建立したのが起こり。その後、弘安5年（1282）賀茂の祠官森経久が西賀茂の地に荘園を寄附、現在の地に再建したが、応仁の兵火によって多くの堂宇は焼失。徳川家康の時代に寺領及境内地の朱印状が与えられ再興された。

方丈は、承応2年（1653）に伏見桃山城の御成殿の遺構を移したものと伝えられている。単層、入母屋造、柿葺で室内各部屋には狩野山楽筆の襖絵がある。

伏見城落城の出来事は、徳川時代に入ってもなお、人々に語り継がれるほどに大きな事件であった。とりわけ、鳥居元忠ら千名を超える人々が自刃したことは、鮮烈な印象を色濃く与えたのだろう。血にまみれた廊下の板を天井に使ったというお寺が、京都にはあちこちに見られる。この正伝寺もその一つで、方丈広縁の天井も、その遺構と語り継がれている。

「大文字の送り火」の夜、船形のシルエットをくっきりと浮び上がらせる船山の麓に立地し、あたりは、深い緑におおわれて静かなのどかさを見せている。方丈前の比叡山を借景とした枯山水の庭は、敷きつめた白砂にあしらわれたツツジの刈り込みが、七・五・三に配分され、その姿は獅子の親子を想起させるということから**「獅子の児渡し」**と呼びならわされている。

西賀茂の弘法さん

神光院　80B1　150

拝観者専用駐車場
無料　9時〜16時半　10台

建保5年（1217）、賀茂別雷神社（上賀茂神社）の神職松下能久が、「霊光の照らすところに一宇を建立すべし」との神託を受け、この地に堂宇を建てたのが起こりという。寺名はこの由緒にちなみ、「神光院」と名づけられた。

天保年間（1830〜43）に堂宇を焼失。本堂は上賀茂神社の一部を再興したもので、その本尊・**弘法大師像**は、空海（弘法大師）42歳の時の自刻の木像と伝え、厄除け大師として信仰を集めて「西賀茂の弘法さん」と地元の人から呼ばれる、東寺・仁和寺と並ぶ京都三弘法の一つである。

境内に陶芸で有名な富岡鉄斎が姉のように慕ったという幕末期の歌人・大田垣蓮月の庵（茶所）が残る。蓮月隠棲中の明治初期に、廃仏毀釈運動を受けて明治4年、一旦は廃寺となったが、蓮月没後の明治11年（1878）和田智満により寺号を復し再興され、以後書院等が整備され、現在に至っている。

梅、桜そして紅葉など四季折々に楽しませてくれる。7月21日と土用の丑の日には「きゅうり封じ」も行われ、賑わう。

洛西 北野天満宮・金閣寺・御室エリア

嵐山エリアと洛中・洛北エリアを結んでおり、エリア移動に上手く取り入れたい。特に「きぬかけの路」は、金閣寺・龍安寺・仁和寺が続き、さらには広沢池を経て嵐山へと至る眺めが楽しめる。丸太町通には、東映太秦映画村・妙心寺・二条城が近い。大通りは概ねスムーズではあるが、わき道に入ると、細く複雑で片側通行の道が多い。

文学・文芸の神と桃山時代の建築

北野天満宮

87C/D1 147

参拝者専用駐車場
無料/1時間迄（毎月25日は縁日のため不可）9時～17時　300台

平安時代初期の文人菅原道真（菅公）は、その秀れた学才によって遣唐船廃止を進言するなど、宇多天皇・醍醐天皇の下でたいへん重用された。しかし、その才覚を妬むものも多く、ついに、藤原時平の讒言によって、九州太宰へ流されることになった。延喜3年（903）、道真が太宰で死んだのち、京には地震や雷、火事などの天災が相次いで起った。これを道真の祟りだと、その霊をなぐさめる祠を祀ったのが、北野天満宮の起りである――と、**「北野天神縁起絵巻」**（国宝）は伝える。この絵巻は、鎌倉時代の絵巻物のなかでも代表的なものの一つで、あとでも触れる、「天神さん」の日（毎月25日）に公開される宝物殿に展示されている。

小さな祠が祀られたのが天暦元年（947）というが、それから12年後の天徳3年（959）藤原師輔が社殿を造営し、道真御霊の信仰が定着した。一方、鎮魂と同時に、学才の誉れ高かった菅原道真を慕って、文学・文芸の神としての信仰もひろまっていく。いまでは、この庶民信仰の面が篤く、全国的なひろがりをもっている。受験生が入学の祈願を真っ先にするのもこの北野天満宮である。

こうして、「天神さん」の名称は「弘法さん」とともに、人びとの心のひだ深く浸みわたり、毎月25日には境内いっぱいに露店がはり出し、参詣者で賑わう。

現在の北野天満宮の社殿は、桃山時代、慶長12年（1607）、豊臣秀頼が造営したもので、境内全体、桃山建築の香りが高い。

神域の西北を紙屋川が流れている。この川も昔から名高く、紙屋川で漉いた紙は平安時代から高雅な紙として珍重された。いまも、水かさは減ったが、谷の底を流れるせせらぎの音は美しい。

北野天満宮は、また、梅の花でも有名である。菅原道真が京を追われるとき、「東風吹かばにほひ起せよ梅の花、あるじなしとて春な忘れそ」とうたったのに因むのだろう。道真の命日である2月25日には**「梅花祭」**が催される。約2万坪の境内に50種約1,500本ある梅の花が咲きにおうころの縁日は一層賑わい、近くの上七軒（かつての花街）の芸妓たちが野点を披露するのもこの日である。令和4年（2022）には雪月花の三庭苑の1つ梅苑「花の庭」が再興された。

お茶といえば、天正15年（1587）、豊臣秀吉が北野大茶会を催したのも、北野天満宮にまつわる有名な逸話である。表参道の松林一帯を開放して、その年の10月1日、秀吉が、茶に関心のある人びとへ呼びかけた大茶会で、当日参会した人の数は1,000名を超えたという。

慶長6年（1601）に造営された中門は**三光門**とも呼ばれる。背面の破風下に、三日月、日の出、日の入の彫刻が施されているところから来た名称である。檜皮葺で、単層入母屋造の四脚門。破風彫刻などおもしろい唐門である。

この中門をくぐって右手に、六角形の燈籠がある。鎌倉期の作といい、渡辺綱が寄進したと伝えられている。

本殿と**拝殿**（共に国宝）も堂々とした桃山建築である。本殿は権現造の起源になった建物だと伝えられているが、本殿と拝殿を石之間がつなぎ、八棟造の屋根ができている。子細にみると、複雑な構成が興味をそそる。この檜皮葺の屋根の形が込み入っており、そこに破風などがまた複雑に処理されている。（八棟造と呼ばれるのもこの複雑な屋根の構造からきている。）

斗栱の間には、彫刻の入った蟇股が飾られている。蟇股の彫刻のおもしろさは中門にも見られるが、人物、花鳥、麒麟、龍虎、獏、唐獅子、梅に鶯、浪にうさぎ、他に鴨、鯉、鴛鴦等々、実にさまざまで、たんぽぽの花も見つけられる。いずれも桃山時代に流行した彫刻だ。なかには蟇股の枠をはみ出した彫刻があるあたりに、この時代の装飾観があらわれているようにもみえる。

北野天満宮は、桃山時代の建築について語るときには、欠かすことのできない一例であろう。

1月1日、12月1日、毎月25日や観梅・青もみじ・紅葉シーズンに開かれる**宝物殿**には、前述の「北野天神縁起絵巻」のほか、いろいろな社宝が順繰りに展示される。藤原信実筆という御神影がある。道真信仰が庶民に浸透していってじつに数多くの御神影（道真）の肖像画が描かれ、それらは、各家庭に祀られたのだが、これは、その本元の画帖ともいうべきものだ。そのほか、明人の描いた御神影もあるし、茶の湯に因む品々（高札など）も展示されていたりする。小さいが、北野天満宮と道真信仰の日本の歴史における深さと広さを考えながら見ていくと、興味つきない展覧会場なのである。

修学旅行には宝物殿特別参観や特別昇殿参拝もあり、問い合わせてみよう。

北野天満宮では、そのほか10月1～5日までとり行われる「ずいき祭」も、古い由緒をもつお祭りである。五穀豊穣を感謝して、ずいきでつくった神輿を氏子らが担いで巡行する。

お土居

天正19年(1591)には、豊臣秀吉は、京の街の区画整理(町割)を徹底的に行った。それまでの京の街の姿を、この整理によって一変させてしまうほどの大整理だった。寺を寺町通に集めるなどもこのとき行われたことであるし、いわば、現在の京都の街の姿は、この秀吉の市街整理によってつくられたものなのである。

そのとき、秀吉は、洛中と洛外を区分けするため土堤を築いた。それが「お土居」といわれているもので、その遺構が、境内の西に残っている。

このお土居は、北は上賀茂、紫竹、鷹峯まで、西は紙屋川の東岸に沿って東寺をつつみ、東は九条通から鴨川の西岸に沿って築かれたものだった。土堤の外側に堀が掘られ、出口は七ヶ所のみで、番所が置かれていたという。京の街の治安を守ることに第一の目的が置かれていたのだろう。秀吉がその天下統一をもっとも謳歌していたころである。

総延長24㎞、高さ5m前後、底辺幅10m前後、城塞を兼ねた防災施設で、洛中、洛外が区別されるようになったともいう。北野天満宮西側の土堤は原型に近い。

地図内の大型駐車場

金閣寺第1・第2・第3駐車場（400円/60分、以降200円/30分　8時40分～17時10分）　合わせて250台

京都アスニー駐車場
100円/30分　24時間可　60台

平野の夜桜

平野神社（ひらの）　87C1　153

くるっとパーク平野神社　200円/40分
（桜開花期は別）24時間可　17台

奈良平城宮（へいじょうきゅう）の田村後宮（たむらこうきゅう）より延暦（えんりゃく）13年（794）平安遷都と同時に遷座（せんざ）されたという。

「延喜式（えんぎしき）」（律令（りつりょう）の施行細目、平安初期の延喜年間に着手され、延長（えんちょう）5年（927）に完成）によれば、全国唯一の皇太子御親祭が定められた神社と記（しる）す。のち源氏（げんじ）、平家（へいけ）の氏神となる。中世以降は荒廃したが、江戸時代の寛永（かんえい）年間（1624～44）に本殿などが再建され、明治4年（1872）

には官幣（かんぺい）大社に列格した。

本殿（重文）は、寛永2年（1625）南殿、同9年（1632）北殿建立。「平野造り」または「比翼（ひよく）春日造り」と称し、他に例の無い二殿一体となった本殿が2棟南北に建ち、北より祭神四座の今木皇（いまきのすめ）

大神より順に祀られている。これははじめ本殿が一棟であったものが、のちに祭神が増えるに従って増築されたからであるという。**拝殿**は、慶安3年（1650）東福門院（後水尾天皇中宮・徳川秀忠の娘和子）建立。内部の三十六歌仙は、近衛基前書・海北友徳画によるもの。平成30年（2018）の台風21号により倒壊、数十本の桜の倒木などの甚大な被害を受けた。現在は復興中。

桜は魁桜を筆頭に、胡蝶、一葉、寝覚、御衣黄、当社発祥の衣笠など約60種400本ほどあったという。珍種が多いのは、神社が臣籍降下した氏族の氏神でもあったため、家の標となる各公家伝来の桜を奉納したからと伝えられている。**「平野の夜桜」**は都を代表する花見の所名たる由縁である。平野神社原木の桜も多く、また長い期間（約1ヶ月半）様々な種の桜を愛でることができる。

鎌倉時代の仏像は秀逸

大報恩寺（千本釈迦堂）

87D1　151

拝観者専用駐車場
無料　9時～17時　25台

大報恩寺は、一般に、千本通で釈迦如来をまつり、通称千本釈迦堂で知られる真言宗のお寺である。北野天満宮の近く、千本界隈の民家のなかにひっそりと建っている。

開創は鎌倉初期、安貞元年（1227）という。かつては大寺地を誇っていたであろうが、相次ぐ戦乱に焼け、いまは、往年の姿をとどめるのは、本堂のみとなった。だが、その**本堂**（国宝）は、京都でも有数の最古の寺院建築である。つまり、考えを変えてみれば、兵火や災難の多かった都のなかで、よくも鎌倉初期のこの建物が生きのびてきたというわけだ。単層、入母屋造、檜皮葺、出組に軒支輪をつけた簡潔な構造は、鎌倉期の特色をよくあらわしている。

本尊釈迦如来（非公開）は、行快の作で寄木造。これらを容れる厨子と天蓋も貴重なものだ。本堂板壁の来迎仏画も、剥落は多いが当時の板壁画として重要な遺品。

本堂の隣に**霊宝館**が建てられている。そこには、鎌倉時代のすばらしい彫像がいっぱい陳列されており、ぜひ拝観したい。まず、定慶の作になるという六観音像。等身よりやや大きめのまばゆい観音が6体――如意輪観音、准胝観音、馬頭観音、十一面観音、千手観音、聖観音――が正面奥に並ぶ。六観音が揃って残っているのは日本でここだけ。その左右には、快慶作の十大弟子が、5体ずつ並んでいて、これも見事な彫像である。これらは快慶晩年の作と伝えられているが、寄木造、玉眼を用い、切金細工の跡もまだよく残っている。

また、良妻の鏡であるおかめさんを祀る**おかめ塚**や12月7・8日に行われる「大根焚き」でもよく知られている。

百人一首の歌人として知られる小野篁が開基

引接寺（千本ゑんま堂）

87D1　146

拝観者専用駐車場
無料　9時～17時　4台

「引接」とは「引導」と同義語。開山は、定覚上人（恵心僧都の門弟）、本尊は閻魔法王（高さ2.4m、幅2.4m。毎月16日の縁日に開扉説明）、東山の六道珍皇寺と同じく冥土の入り口があるとされ、精霊迎えの根本霊場として古来より有名。堂内の壁に狩野元信筆**「閻魔王庁の図」**。境内の西北隅には、高さ6mの十重石塔・**紫式部供養塔**がある。

毎年5月1日〜4日まで、京都三大念佛狂言である、有言の仮面喜劇・千本閻魔堂大念佛狂言が行われている。2月節分会、厄除けこんにゃく炊き、8月7日〜15日の精霊迎え、8月16日お精霊送りも、よく知られている。

感動のまばゆさ

金閣寺(鹿苑寺) 世界遺産 87C1 148

金閣寺第1・第2・第3駐車場利用(P87)

応永元年(1394)、将軍職を辞した足利義満が、隠棲の場所として山荘・北山殿を築いた。山荘の完成は、3年後の応永4年(1397)のことである。義満の死後、遺言どおり義持がここを禅寺に改め、夢窓国師を開山とし、義満の法号鹿苑院殿から二字をとり、鹿苑寺と名付けた。

金箔を施した豪華絢爛たる建物を中心に、その姿を映す池(**鏡湖池**)をめぐる庭(国指定特別名勝)は、北山文化の象徴でもある。

金閣は、三層宝形造で、第一層は寝殿造、金箔は第二層(武家造)と第三層(中国風の禅宗仏殿造)の内外ともに施されている。

藤原氏の末流・西園寺家が13世紀初めに、山荘を営んだのがはじまりであるが、その後、西園寺家は没落し、この山荘も荒廃していき、その地を義満が、西園寺家から譲り受けた。庭園も西園寺家のそれに義満が存分に手を加えたもので、大小さまざまな形をした奇岩名石、竹藪や松林が配され、北山、特に衣笠山を借景に使っている。

鎌倉幕府の荒々しい、いわば野武士のような文化の跡を受けて京都に幕府を開いた足利氏たちは、禅思想を土台にした公家文化と武家文化の混成を試みた。中国(明国)との貿易を盛んにして文化が発展した北山時代は、足利氏の勢力旺盛な時期で、その特質がこの金閣寺によく表れている。その後、東山時代ともなれば、豪華さは後退し、禅思想に裏付けられた渋味と幽玄さが表だってくる。しかし、この金閣を頂点とする鹿苑寺は、室町初期の勃興する力を一身に受けとめ、建築に庭園に、ひとつの完成された美を表現し得たともいえよう。

最初の金閣は、応仁の乱をまぬがれたが、昭和25年(1950)、寺に住む一僧の放火によって全焼した。昭和30年(1955)には復元され、華やかな姿を再び池に映すようになったが、この放火した僧と金閣という美の象徴的存在とが葛藤する心理をテーマにして、三島由紀夫は『金閣寺』という小説を書きあげた。さらに、昭和62年(1987)秋、漆の塗替えや金箔の張替え、そして天井画と義満像の復元を行った。令和2年(2020)12月末には、柿葺の屋根の葺き替え改修工事が行われ、18年ぶりに美しい輝きを取り戻した。

北山文化と東山文化

北山文化とは、室町初期（14世紀末～15世紀前半）の文化で、三代将軍足利義満の北山殿に代表される。南北朝動乱を経て、それまで伝統的であった公家文化と、新たに台頭した武家文化の融合が特色で、明との勘合貿易、禅宗を通じて大陸文化の影響も受けている。狂言、猿楽能、五山文学、水墨画などが花開いた。

東山文化は、15世紀後半、室町中期の文化を指す。八代将軍足利義政が、浄土寺跡地に築いた東山山荘を中心に、武家、公家、禅僧らの文化が融合して生まれたとされる。義満の金閣にならった銀閣は東山文化を代表する建築である。応仁の乱（1467）以降、戦乱に明け暮れる世の中になったが、一方では能、茶の湯、生け花、庭園、建築、連歌など多様な芸術が花開いた時代で、それらは次第に町衆にも浸透し、今日まで続く日本的な文化を数多く生み出した。また、京の戦乱を避けて多くの公家が地方の守護大名のもとへ身を寄せたため、東山文化の地方伝播が進行した。貴族的・華麗な足利義満の北山文化に対して、幽玄、わび・さびに通じる美意識に支えられていると評される。

外観から内装まですべてが印象自らのデザイン

京都府立堂本印象美術館

87C1　152

P　タイムズ立命館大学前第2（付近コインパーキング利用も）　220円/40分　24時間可　7台

京都画壇の重鎮で日本画や抽象絵画で知られた堂本印象は、様々な技法を駆使しあらゆる画題をこなし、各地の寺社仏閣の障壁画においても多くの作品を残した。

ここは彼の作品を展示する美術館で、画伯の没後、旧堂本美術館（昭和41年（1966）開館）の建物と作品が平成3年（1991）に京都府へ寄贈され、公立の美術館として、翌年に開館、京都府立堂本印象美術館となった。ユニークな外観の建物や内部設計はもとより壁面装飾やベンチ、ドアノブに至るまでも印象の感性が反映されている。収蔵作品は約2,200点にのぼり、個人の記念美術館として他に類を見ない完成度を誇っている。

戦争の悲惨さと平和の尊さ

立命館大学国際平和ミュージアム

87C1　155

P　タイムズ立命館大学前第2（付近コインパーキング利用も）　220円/40分　24時間可　7台

平成4年（1992）の開館。令和5年（2023）9月にリニューアルオープン。戦争の悲惨さと平和の尊さをテーマとした博物館で、戦時関連資料として実物資料約650点・写真資料約550点を展示、また映像資料、戦時中の町屋の復元、シアターなども設置。館では、ひろく戦争と平和に関する

資料を収集している。

地下1階では、**「一五年戦争」「現代の戦争」**と題した柱に沿って展開し、また、年に数回の特別展も開催している。2階の展示室には、「平和をもとめて」をテーマした平和創造展示室や、平和を願って描かれた絵画や児童文学者を紹介するコーナーがある。見学日の2週間前までに予約をすれば、ボランティアガイドによる展示解説を受けることができる。

ミュージアムの前の植え込みには「アンネのバラ」と「愛吉・すずのバラ」(昭和29年(1954)のビキニ被災事件の犠牲者である久保山愛吉さんが生前愛でていたバラ)が植えてあり、玄関ホールには、戦没学徒の怒りと悲しみと苦悩を象徴した本郷新制作の彫像「わだつみ像」がある。

足利家の菩提寺

等持院　87C1　152

拝観者専用駐車場
無料　9時～16時半　10台

暦応元年(1338)、足利直義が等持寺を三条坊門第に開いた。3年後尊氏が北等持寺を別院として衣笠山の南麓に建て、夢窓疎石を開山に迎えた。尊氏の死後、北等持寺は尊氏の墓所となり、「等持院」と改められた。本寺の方は応仁の乱後、姿を消す。

方丈、庫裏、書院などの建物のうち、方丈は、妙心寺の塔頭・海福院を移建したものである。その他のものは江戸時代に再建されたものがほとんどである。霊光殿には、**足利歴代将軍13人の木像**が安置されている。

夢窓疎石の作と伝えられる庭は、東西に分かれ、西の庭は**芙容池**と称し衣笠山を借景にした池泉回遊式であり、北側に義政好みの茶室清漣亭がある。有楽椿やサツキがたいへん美しい。京都で紅葉が一番早く色づくといい、座敷からのんびりと庭園紅葉を見物するのもよい。

衣笠山は、こんもりと碗をふせたような円いなだらかな形をしており、かつて宇多法皇が夏の盛り、この山に絹を覆い、雪と見たてたという故事に因み、その名がついた。

自由な解釈や連想をほしいままにさせる石庭

龍安寺　世界遺産　87B1　155

拝観者専用駐車場　石庭拝観者無料/60分　8時～17時(冬期～16時半)100台

宝徳2年(1450)、室町幕府官領・細川勝元が、徳大寺家の別荘を譲り受けて寺地とし、妙心寺の義天玄承(晩年に玄詔と改める)を開山として創建されたものであり、禅苑の名刹である。

応仁の乱で焼失して、長享2年(1488)勝元の子・政元が再興したが、寛政9年(1797)、火災で方丈・仏殿・開山堂を焼失したため西源院方丈を移築したという。金剛山と龍を描いた襖絵がある。

方丈の前庭は、低い油土塀を背景に横長(東西30m、南北10m)の狭い石の庭。これが有名な、龍安寺方丈前の**石庭**(国指定特別名勝)である。草や木は一本も生えてはいない。一面に敷きつめられた白砂に、ホウキの掃き目が際立つ。そこに15個の石が配置されている。東から(方丈前の縁に座って左から)石は、5・2・3・2・3個の集合で置かれていて、はるかな大海原に浮かぶ島のようでもある。白い砂と苔むした岩肌のみで織りなす世界は、不用なものを一切省いた簡潔美の極致を見せ、不思議な緊張感を与える。おそらくここに、禅芸術の極意が秘められているのだろう。訪れる人は絶えることがないが、庭は厳として己の静寂を保っている。

白砂に配分された石組を見つめていると、絶妙に計算されつくして組まれていることに気付く。こ

んな狭い庭に、人間の知恵をこらして、ひとつの宇宙をつくりあげたのだ。

作者は、室町時代末期の作で特芳禅傑らの禅僧によって作られたもの（室町時代の相阿弥とも）と、伝えられているが、他説もあり確かではない。

寺域は広く、塔頭大珠院庭園**「鏡容池」**（国指定名勝）という、樹木が生い繁る大きな池のまわりを巡るのもよい。周りに種々の花木が植えられ桜、雪柳、つつじ、藤、池の睡蓮、秋の紅葉、冬の雪景色、季節の彩りにあふれる。ちょうど、大珠院の向かい側あたりに立つと、池面に衣笠山の優美な姿が映ってみえる。石庭のみならず、十分に景色を愉しめる寺でもある。

吾唯足知のつくばい

石庭の北東にある銭形のつくばい。「つくばい（蹲）」とは茶室などの庭の手水鉢のこと。

矢、五、など一見意味の無い文字の羅列にみえるが、中央の四角を「口」として観ると、吾唯足知（われただたるをしる）と読める。禅の格言を謎解きの意匠として図案化したもので、無言の教え。徳川光圀寄進という（複製）。

伽藍の建造物の殆どが国宝または重文

仁和寺

世界遺産　87B1　153

仁和寺拝観者専用駐車場　500円/回　9時~17時　100台

仁和寺といえば、誰もが**「御室の桜」**を思い出す。腰の低い遅咲きの桜が京の桜ごよみの最後を飾る。けれども、仁和寺が白花の桜で知られるようになったのは江戸初期の頃からのことである。背が低く、花（鼻）が低いため「お多福桜」とも呼ばれる。御室桜の開花中は「桜まつり」入苑料が要る。

仁和寺の歴史をひもとけば、平安時代初期の仁和2年（886）勅願され、同4年完成したことが分かる。宇多天皇が光孝天皇の菩提を弔うために創建したもので、宇多天皇みずからも落飾したあと入寺し、法皇の御所「御室」となった。以後明治維新頃まで、歴代の法親王が入寺して、門跡寺院の中ではもっとも位の高い寺となる。応仁元年（1467）に始まった応仁の乱によって、仁和寺は一山ことごとく焼失したが、百数十年の後、徳川三代将軍徳川家光の時代になって、今日見られるような仁和寺として再興した。

大きな二王門（入母屋造、本瓦葺、寛永年間1624~1644）をくぐると、広々とした境内の向こうに、**五重塔**の姿がひときわ高い。五重塔も寛永年間の造営である。古代の塔（たとえば、法隆寺の五重塔）は、屋根が下層から上層へかけて、比率正しく縮小していくが、この御室の塔のように、近世的な塔は、屋根が縮小していかない。しかし、各層の木割や細部の造作に安定感があり、調和のある重厚さを保っている。

金堂（国宝）は、桃山時代につくられた御所紫宸殿の遺構で、入母屋造、本瓦葺、寝殿造の特色をよくあらわしている。内陣には創建時代の阿弥陀三尊像が安置されていたが、それはいま、霊

宝館に移され、ここには江戸時代につくられた阿弥陀三尊が安置されている。

金堂をはさんで西側が、御室桜の林である。林の向こうに、令和元年（2019）修復が完了し、法要が営まれた観音堂、大黒堂、鐘楼などがあり、その奥に見えるのが御影堂である。ここには、弘法大師の真影を祀る。宝形造、檜皮葺。桃山時代の清涼殿の遺構である。

建物は、このように宮殿風のものが多く、他の寺とはちがう一種雅な趣がある。建物内は御殿以外、全て内部は公開されていない。

霊宝館には、数々の寺宝が収蔵されている。さきにふれた**阿弥陀三尊像**（国宝）は平安前期の木造漆箔像。平等院鳳凰堂にある阿弥陀如来像（定朝作）へと発展する藤原様式の橋渡しとなるものである。つまり、弘仁・貞観様式と藤原様式の接点にある転換期の作である。

仁和寺は真言密教のお寺であり、密教の資料も多い。「別尊雑記」（平安時代）、「高僧像」（平安時代）、「孔雀明王像」（中国の宋から請来したもの）（国宝）、「三十帖冊子」（平安初期、空海自筆のものも含まれる）（国宝）のほか、木造吉祥天像、四天王像（いずれも平安後期）、宝相華蒔絵冊子箱（平安前期、皮に漆をぬった箱でなかに三十帖冊子を納めていた）（国宝）など豊かな宝物を備えている。霊宝館は毎年春秋の両期（各約50日間）に開かれる。

また、二王門を入った左手には、**「御殿」**と呼ばれる本坊が置かれている。仁和寺御殿は、江戸初期に再建された時、京都御所の「御常御殿」を中心にして構成されていた。明治20年（1887）焼失後、再建は明治42年（1909）に始まり、宸殿、霊明殿、白書院、黒書院、勅使門、唐門などの建造物と、宸殿南側の庭園が大正3年（1914）に完成。黒書院には堂本印象の筆となる襖絵がある。北側の庭園は仁和寺御殿本来の庭で、南庭とは対照的な、中央に心字池を配した池泉回遊式。木立の奥に茶席・飛濤亭と遼廓亭がある（拝観は5名以上、要予約）。その優れた風致景観から令和3年（2021）に国名勝庭園に指定されている。

この御室には、風雅を楽しんだ文人も多い。野々村仁清は、この御室の前に窯を開いたが、その名前は仁和寺からもらっている。尾形光琳も一時門前に住んでいたことがある。

仁和寺に伝わるいけばな作法は、御室流華道として今日も一流派を形成している。

禅宗の七堂伽藍の風格

妙心寺 87B2 154

妙心寺第1・第2駐車場（花園会館）700円/回（参拝者・花園会館ご利用の場合は無料）9時～17時　50台

花園、双ヶ丘の近く、広い寺域を誇る妙心寺がある。臨済宗妙心寺派の本山で、南門から入って放生池の前に立つと、三門、仏殿、法堂、方丈、庫裏の大伽藍が縦一直線に並ぶ。周囲には木立のほかに、数々の塔頭が建っている。その数は46ヶ寺。かつては離宮であったのを花園法皇（第95代天皇）が禅寺に改めた。建武4年（1337）のことである。

いつも公開されているところは、**本坊（法堂天井の雲龍図と国宝の梵鐘、大庫裏）**、塔頭の退蔵院、大心院、桂春院だけである。行事等による拝観中止日があり、注意すること。建物は応仁の乱などの災難を経て壊れたり燃えたりして江戸時代のものが多い。

三門は、慶長4年（1599）に建てられた。重層、入母屋造、本瓦葺。楼上には、観世音菩薩、善財童子、月蓋長者、十六羅漢などが安置されており、天井や柱には色鮮やかに龍や天人が描かれている（狩野権左衛門筆）。ここは毎年6月18日（観音懺法会）特別開扉される。観音懺法会は、日頃知らず知らずの内に犯している自らの過ちを懺悔する仏事だ。

三門の東側に位置する浴室は、通称「明智風呂」と呼ばれている。明智光秀の叔父である塔頭・大嶺院（現在は廃寺）の密宗和尚が、光秀の菩提を弔うために創建という。

仏殿は、天正12年（1584）の建立、文政10年（1827）に改造された。いかにも禅寺にふさわしい唐様建築で重層、入母屋造、本瓦葺である。廊下で北側の法堂と繋がっている。

法堂は、明暦2年（1656）建立。重層、入母屋造、本瓦葺で、法堂の鏡天井には、狩野探幽が描いた**「雲龍図」**があって、ただちに堂内に入った者の眼をとらえる。「八方にらみの龍」と俗称され、堂内のどの角度から見ても龍の眼に射すくめられる。筆運びは雄壮で迫力のある雲龍図である。天井の片隅に「探幽法眼守信筆」とある。「法眼」というのは「法印」「法橋」とともに、優れた画家に与えられた位である。この図は、明暦2年（1656）探幽55歳のときの画といわれ、探幽の作品のなかでも代表的なものであろう。

探幽は、江戸狩野の創始者で（それまで狩野派の本拠は京にあった）正信、永徳、松栄と続いた狩野派の伝統を受け継ぎつつ雪舟や雪村、中国の宋、元、明の絵などを学び直して硬直化しつつあった狩野派をよみがえらせた。その後の狩野派は、この探幽を越えることができず、一層硬直化の道を辿ることになるのだが。

寛永6年（1629）、江戸幕府の寺院法度に抗議した「紫衣事件」は有名。

口妙心寺の主な塔頭

妙心寺塔頭は、室町時代から桃山へとかけて（足利義満の弾圧もあったが）、たくさんの優れた僧が住み、美術史上重要な遺品が数多くある。なかでも、海北友松の屏風絵（花卉図、三酸図、寒山拾得図）、狩野山楽の龍虎図、長谷川等伯の猿猴図などは特筆すべきもので、また豊臣秀吉が54歳のときに得た長男、鶴松（棄丸）がわずか3歳で亡くなったのを悲しんでつくらせた棄丸公像を乗せた玩具の船（木造・玉鳳院蔵・非公開）も貴重なものだ。

退蔵院

退蔵院（P151）は、応永11年（1404）創建の古刹である。応仁の乱で炎上し、のち何度も建て直された。ここには、雪舟らの先駆けとなった、水墨画僧如拙筆「瓢鮎図」（国宝）が所蔵されている。現在、京都国立博物館に保管されていて、退蔵院には江戸時代の模写が掛けられている。ヌルヌルとして、ただでさえ捕まえにくいナマズを瓢箪でどうして捕えるか、という禅問答を図にしたもので絵の上半分は当時の京都五山の高僧たちによる賛がびっしり書き込まれている。宮本武蔵も自問自答したという。癒しを与える音としても注目を浴びている水琴窟も人気がある。方丈庭園は、狩野元信（室町時代）の作と伝えられる枯山水の庭**「元信の庭」**（国指定名勝）だ。退蔵院にはいくつもの庭があり、「余香苑」は昭和の作（中根金作作庭）で広々とした庭に水も流れている。紅葉時にはライトアップもある。

桂春院（P148）は、江戸時代の枯山水庭園（国指定名勝）があり、清浄、思惟、真如、侘の四つの庭がそれぞれの手法で四季の趣をはなっている。隠れたように建てられている既白庵という茶室があるのが珍しい。大徳寺には茶室が多いが、この妙心寺は、もっぱら参禅にいそしむことを旨とし、芸術、茶道を楽しむことを邪道としたため、茶室や路地庭は少ないのである。

宿坊・**大心院**（P151）は、昭和の作である庭、**「阿吽庭」**で知られる塔頭である。枯山水庭園で、白砂、奇岩、苔で竜がまさに天に昇ろうとする姿を表現しているという。

東林院（P152）は、平素は非公開で宿坊と精進料理だが、庭園に樹齢350年程、高さ15mという沙羅双樹があり、毎年6月12日から6月30日まで**「沙羅の花を愛でる会」**でにぎわう。他にも、1月の「小豆粥の会」、春秋の「梵燈のあかりに親しむ会」と行事が盛ん。

大法院（P151）（特別公開あり）真田幸村の兄、信之菩提寺で、墓所に佐久間象山の墓もある。春の牡丹、秋の紅葉がよい。春日局ゆかりの**麟祥院**（P155）も特別公開がある。

大雄院（P151）（特別公開あり）は、慶長8年（1603）の創建。客殿と書院は享保年間に再建され、庫裏は江戸末期に改造された。客殿の襖絵72面は、江戸末期から活躍した蒔絵師柴田是真の作。客殿の障壁画では、滝猿図、唐人物図など多くの秀作が見られる。

玉鳳院、東海庵（いずれも非公開）には、国指定名勝の庭園がある。

蓮の寺は日本最古の人工滝をもつ

法金剛院　87B2　154

拝観者専用駐車場
無料　9時半～16時　20台

白河法皇の養女で、鳥羽天皇の中宮となり、崇徳天皇や後白河天皇を生んだ待賢門院により、大治5年（1130）建立された。かつては、広大な寺地に、伽藍や池や邸宅が並んでいたという。今ではその面影は偲ぶよすがもない。しかし、**木造阿弥陀如来坐像**（国宝・藤原後期）や厨子入木造十一面観音像（元応元年・1319）など、その他工芸品や書跡などと宝物が多く、かつての栄華をそこに見ることができる。極楽浄土を再現したという庭園、初夏の紫陽花もよいが、毎年7月中旬から8月中旬には、世界中から集められた蓮が、蓮池や鉢植えで咲き乱れる。

法金剛院庭園は、平安末期の池泉回遊式浄土庭園。久しく荒廃していたが、土の下に埋まっていたものを昭和45年（1970）に、庭園研究家・森蘊の手により復元された。北にある**青女の滝**（国指定特別名勝）は、雄大な滝石組が上下二段に組まれた創建当初の遺構、日本最古の人工滝。

日本のハリウッド、映画のテーマパーク

東映太秦映画村　87A2　152

東映太秦映画村駐車場（日本パーキング株式会社）300円/30分、修学旅行タクシー500円/回　24時間可　273台

昭和50年（1975）オープンした、東映京都撮影所を利用した映画のテーマパークで、敷地総面は53,000㎡。時代劇でおなじみの武家屋敷や日本橋、吉原などのオープンセットや、テレビ・映画の撮影が見学できる。映画文化館では、明治から現代までの日本映画の変遷が貴重な映像資料とともに展示されており、スチール写真やポスターなど、邦画全盛時代の映画界や、映画の都・京都の一端がうかがえる。

時代劇のメイクや衣装を実際に身につけてみたいという人は、時代衣装体験ができる「時代劇扮装の館」へ。（☎075-864-7750）。最近は「パディオス」の仮面ライダーらのキャラクターも子供達に人気だ。

行楽シーズンや正月は特別イベントの開催や京の冬の旅キャンペーン企画があり、子供も大人も楽しめる。

国宝「彫刻第1号」、アルカイックスマイル

広隆寺 87A2 149

拝観者専用駐車場 霊宝殿拝観者（無料）/回 9時～17時（冬期～16時半）50台

右手の薬指をそっと頬にあて、物想いに沈む**弥勒菩薩半跏思惟像**（像高123.3cm）（国宝）は、あまりにも有名である。右足を左脚に乗せ、ほんの少し開いた伏せ目、通った鼻筋、頬にあてる右腕の線も優雅である。永遠の思索に耽り、未来の救済を祈っているこの姿は、多くの人々の心を捉えてきた。「地上におけるすべての時間的なもの、束縛をこえて達しえた人間の存在の最も清浄な、最も円満な姿のシンボル」「真に完成されきった人間実存の最高の理念が、あますところなく表現されつくしている。」（ヤスパース／ドイツの哲学者）とまで、称えられてもいる。

この像は飛鳥時代の制作で、赤松でできている。現在では素木造のような肌合いを見せ、それが一層この像を簡素に美しくしている。昔は金箔が施されていたにちがいない。朝鮮（新羅）の請来仏だったという説もあるが由来ははっきりしない。秦河勝が聖徳太子の御願としてこの寺を造ったのだが、「日本書紀」には秦河勝が太子から仏像を賜り、それを本尊として寺を建立したと書かれており、その本尊がこの弥勒菩薩と考えられる。飛鳥時代は、日本で仏像がつくられはじめた時代である。この菩薩像を、奈良の中宮寺の半跏思惟像や法隆寺の救世観音、法輪寺の虚空蔵菩薩などの姿と比べてみると、日本に登場してくる観音像がどのような姿をしていたかを考えさせてくれるだろう。

たいていの飛鳥仏像は奈良に集中している。京都で日本仏像史初期の仏像群を見られるのは、この広隆寺ぐらいだ。

広隆寺の建立は、推古天皇11年（603）にまで遡る。当時、京のこの地域の豪族だった秦氏の氏寺として建てられた。かつては蜂岡寺・秦公寺ともいわれた。平安遷都前からの寺である。秦氏は、新羅からの渡来氏族であったが、京都の地（深草から葛野にかけて）に広大な勢力を張り、治水、農耕、養蚕、機織、酒造などを通して実力をみせた。平安遷都のときにも、桓武天皇を助けて活躍した、いわば京都文化形成の先駆者ともいえる。

広隆寺は遷都後、全焼するなどし、現在の建物は、講堂が永万元年（1165）の再興、そのほかの建物なども江戸時代の再建といわれるが、正確な記録も分からず、かつての古代における偉観は見るべくもない。

講堂は赤堂と呼ばれる（柱が丹塗りである）、単層、寄棟造、本瓦葺。堂内には、本尊・阿弥陀如来坐像、向って右に地蔵菩薩坐像、左に虚空蔵菩薩坐像（いずれも平安前期の作）が安置されている。かつてこの堂内でともに安置されていた一木造の不空羂索観音立像（天平時代）（国宝）と、十一面千手観音像（平安前期）（国宝）は、今は新霊宝殿に移されている。

桂宮院本堂（国宝、現在修理中で期間未定）は、鎌倉時代の創建。堂内には聖徳太子十六歳孝養像が安置されていた。法隆寺の夢殿形式の建築美を誇っている。また、上宮王院太子殿の本尊は聖徳太子像である。毎年11月22日聖徳太子生誕の日に開扉される。このように、この寺の施主である豪族・秦氏の勢力が衰えたあとも聖徳太子への信仰は生きつづけ、今日でも「太秦の御太子さん」として親しまれている。

新霊宝殿には、飛鳥時代から、天平、弘仁、貞観、藤原、鎌倉と各時代の国宝、重文の仏像が収められている。**増長天立像**（藤原時代）、そして**十二神将像**が十二体並ぶ（国宝）。つぎに**広目天立像**（藤原時代）、そして**阿弥陀如来像**や**不動明王坐像**などが並ぶ。入口には、青銅で聖徳太子伝のレリーフが刻まれている扉がある。弥勒菩薩半跏思惟像（国宝）もここに収められているが、もうひとつ弥勒菩薩半跏思惟像と呼ばれる像

がある。高さ1m足らず、楠一木造の漆箔像である。やはり、右足を左膝にのせ、右手中指を頬にあてているのだが、表情が泣いているようなので、「泣き弥勒」の通り名が与えられている。眼も大きく切れ長で、口も大きくキュッとひきしめたような口元で、同じ飛鳥時代の半跏思惟像でありながら、著しい印象のちがいを与える。また、この楠像の方は、肩から綬帯をつけて（牛皮でつくられたことを表わしているのも珍しい）いるのも、上半身裸の赤松像とは異なっている。赤松像の清楚な姿に比べると、どことなく武骨な感じがするが、手脚、衣などの彫法はたいへん秀れている。百済国からの請来仏といわれている。赤松像と区別して**「宝髻弥勒菩薩半跏思惟像」**（国宝）と呼ばれるが、髻が高く結えられて、赤松像の頭が宝冠をかぶっているような形をしているのと好対照を見せているところからきている。

もう一つ、指を頬にあてている像がある。時代は少し下るが藤原時代の作で、台座の上に半跏の姿で腰を下し、背をのばして右頬に人指し指をあてている。飛鳥時代の思惟像のように膝の上に右肘を乗せてはいない。顔を少しも傾げてないのが面白い。藤原時代の作なので、どことなく、ポッテリとして豊かな像である。同じように思索に耽る像でも時代によって、このように表情がちがうのだ。この像は**如意輪観音坐像**と呼ばれている。

そのほか、貞観時代の一木造像として、吉祥天立像、聖観音立像などがどっしりとした姿をして立っている。

桂宮院本堂（八角円堂）にあった**聖徳太子十六歳孝養像**（鎌倉・像高83cm）は、今はこの新霊宝殿にある。見事な装飾の椅子に腰かける少年・聖徳太子の表情は、つり上った眼とひきしまった口をし、毅然とした雰囲気をもっている（鎌倉時代）。

ほかにも数多くの仏像があるが、なかでも目をひくのは、この寺の創立者が神格化されて刻まれた、秦河勝夫妻神像（藤原時代・檜材）である。夫人は眼を閉じているが、河勝は眼を見開いており、その表情は鋭く威厳がある。

また、このあたりには、蛇塚（7世紀ごろの横穴式前方後円墳）や天塚古墳（横穴式、秦氏の墓と思われる）などもあり、平安遷都以前の京都の歴史の跡を残すところだ。

秦氏ゆかりの社、珍しい三柱鳥居をもつ

蚕の社 87B2 147

タイムズ蚕ノ社（付近コインパーキング利用も）220円/40分 24時間可 2台

建立は推古天皇時代頃（604年）ともいわれ、正式名称は木島坐天照御魂神社。広隆寺の東に鎮座する旧郷社で境内には樹木が鬱蒼と茂り、遠方より眺めたら、木の島ごとく見えることから社名となったという。

養蚕機織をつかさどった秦氏一族とのつながりが深く、養蚕、織物、製糸業者の信仰がいまもある。境内に摂社蚕養神社がありそれが俗称の由来。

拝殿左の林の中に**「元糺の池」**がある。ここに鳥居を三つ組合せた珍しい石鳥居（**三柱鳥居**）がある。天保2年（1831）に再興された三方から中心の神座を拝することを可能とする珍しい形式の鳥居で、かつてその下から湧き出る泉をあったためという。京都御苑内にある厳島神社の唐破風鳥居と、北野天満宮の末社伴氏社の鳥居とともに「京都三鳥居」の一つに数えられる。なお、元糺とは下鴨神社にある糺に対してのもので、社伝では賀茂の明神はこの地から移られたといわれ、糺の名もこれによって下鴨に移したといわれる。境内は京都市指定史跡に指定された。

夏期の「土用の丑」の日に境内「元糺の池」で足浸の行事がある（御手洗祭）。諸病に良いとして信仰されている。

洛西 嵐山・嵯峨野、高雄、松尾・苔寺エリア

京都観光でも西の中心地。嵐山・嵯峨野はエリア一帯に風情があり、歩いてこそ観光は楽しい。ただし、観光シーズンのオンオフ問わず混み合うことも多く、特に嵐電嵐山駅前や渡月橋周辺は、全く車が動かなくなることもある。高雄・松尾・苔寺は、交通はスムーズだが、松尾橋など時間によって混み合うこともある。

古来より伝わるパワーストーン

車折神社 101D3 148

参拝者専用駐車場
無料　9時～16時半　10台

ここは死後に人の罪を裁く五道の冥官の霊地で、社前を車で通ると牛は倒れ、車の轅（車をひく棒）は折れるということから名付けられた。鎌倉時代の後嵯峨天皇の御幸の際、社前で車の轅が折れたためとも。

祭神は平安時代末期の明経道の博士清原頼業で、拝殿には小石に願い事を書いて奉納する神石祈願の石がうず高く積まれており、商売繁盛や金融、受験に霊験があるという。その**祈念神石**を持ち帰り、祈願成就のとき倍にして返す習わしだ。

境内社の**芸能神社**は全国でも珍しい芸事上達等の神を祀り、芸能人の信仰も篤い。皆も知っているスターの名前もずらりとある。

境内の車軒文庫には元宮司・富岡鉄斎の書画が所蔵され、毎年春と秋に鑑賞できる。（要予約）。

足利義満ゆかり、紅葉の隠れ名所

鹿王院 101C/D3 155

拝観者専用駐車場
無料　9時～17時　6台

室町時代の康暦元年（1379）足利義満が霊夢により、春屋妙葩（普明国師）を開山として建立したという禅院で、京都十刹の五位に列し、宝幢寺と号した。応仁の乱で本山は衰微し、この一院（開山塔）だけ残った。建立の際に白鹿が現われたため鹿王院と名付けたと伝えられる。

山門の「覚雄山」の三字額は義満23歳の時、客殿の「鹿王院」の額も義満24歳の時の自筆という。本堂には運慶作と伝える**本尊釈迦如来**及び**十大弟子像**のほか、普明国師・足利義満の像を安置する。回廊で結ばれた諸堂の間に枯山水の庭がひろがり、源実朝が宋から招来した仏牙舎利を収めた**舎利殿**がある。門から方丈への長い参道、春は深緑、秋は嵐山を借景とした枯山水庭園の紅葉も楽しめる。

季節の移ろいが映える

嵐山

101C3（渡月橋）

京都市嵐山市営駐車場利用（P100）

大堰川の川沿い、渡月橋の南にそびえている標高375mの山が嵐山である。国の史跡および名勝に指定されている。本来地名としては西京区を指し、左岸は右京区嵯峨であるが、観光案内等では嵯峨地区を含めた渡月橋周辺全域を一まとめに嵐山と称することが多い。古来より景勝の地で、平安時代は盛んに貴族の船遊びが行われたという。赤松が生い茂るなかに、春ともなれば山桜、桂川中之島の枝垂桜が華やか、秋には紅葉が色づき美しく、大勢の人で賑わう。川をはさんで、嵐山の向いには、小倉山がそびえ、この付近一帯を嵐山公園中之島地区・亀山地区と名づけている。格好の散策地だ。

我が国初の史跡特別名勝

天龍寺

世界遺産　101B3　152

天龍寺駐車場　1000円/回、タクシー500円/120分　8時半～17時　100台

開山は夢窓疎石。暦応2年（1339）、後醍醐天皇の菩提を弔うため、足利尊氏が建立した。天龍の命名は、尊氏の弟・直義の見た夢からと伝える。京都五山第一位を占める格式高いお寺である。かつては室町幕府の庇護のもとに強大な権勢を誇っていた。応仁の乱後衰え、豊臣秀吉、江戸幕府による復興あるも、長州藩の屯所になるなど幕末の戦乱で焼失。現代の建物のほとんどは明治以後のものである。

当時の原型を残す、大方丈の前にある**曹源池庭園**（国指定特別名勝）は、夢窓疎石作と伝えられる、嵐山や亀山（小倉山）を借景に巧みにとりいれた池泉回遊式庭園。優美な王朝の伝統文化と禅文化の手法が溶け合い、四季折々の美しさを見せる。境内には、奈良・吉野で亡くなった後醍醐天皇を慰めようと、約200本の枝垂桜・染井吉野が植えられている。平成9年（1997）日本画家・加山又造によって法堂（春夏特別公開）の天井に**「平成の雲龍図」**が描かれた。

藤原時代の木造釈迦像をはじめ、天龍寺船（この寺を造営する資金を得るため、中国・元へ向かった貿易船）が持ち帰った青磁の香炉や花瓶、馬遠の水墨画など宝物も多いが、特別公開期間以外は参観することはできない。

□天龍寺の主な塔頭

弘源寺（P148）は天龍寺塔頭で、特別公開がある。嵐山を借景にした庭園が、春の桜、秋の紅葉と調和する景色で有名な枯山水庭園**「虎嘯の庭」**をもつ。竹内栖鳳とその門下生など文化勲章受賞画家の日本画等を公開している。本堂柱の、長州藩試し切りの幕末の刀傷も見所の一つ。団体のみ法話（予約制）を聞くことも出来る。

宝厳院（P153）は平成14年（2002）、現在地（旧塔頭寺院跡）に移転再興した、天龍寺塔頭。春秋に特別公開がある。策彦周良作の庭園は、**「獅子吼の庭」**と呼ばれ、借景回遊式とされる。獅子の形をした獅子岩、鯉が龍となるという伝説「登龍門」の由来である瀧門瀑などが有名。紅葉の名所である。江戸時代には『都林泉名勝図会』にも紹介された。

伊勢斎宮・源氏物語旧跡

野宮神社　101B3　153

天龍寺駐車場など利用(P100)

その昔（飛鳥時代からとも）、斎宮制度が設けられてから、天皇の代理で伊勢神宮に奉仕する斎宮（斎王）が、ここで身を清めていったという。源氏物語「賢木」の巻の舞台にもなったし、謡曲の「野宮」にも歌われた。そして、和歌や俳句などの題材

地図内の大型駐車場

天龍寺駐車場
1000円/回、タクシー500円/120分
8時半～17時　100台

京都市嵐山観光駐車場
1040円/回　タクシー830円/回　8時～17時
105台（繁忙期バス・タクシー優先、3時間迄）

清凉寺駐車場
800円/1日　9時～18時　30台

今井駐車場
500円/120分、800円/240分　9時～17時
27台

阪急嵐山駐車場（付近コインパーキング利用も）
1000円/回　9時～17時　70台

京都市高雄観光駐車場
*11/1～12/31までのうち、市長が告示で定める期間のみ有料　1040円/回、タクシー830円/回
8時～17時　40台　☎075-361-7431（一般財団法人 京都市都市整備公社）

高雄大駐車場（高雄パークウェイ通行料金1200円要）　4月～10月（8時～19時）、11月（紅葉シーズンは使用不可）、12月～3月（9時～18時）　130台

高雄観光ホテル案内所駐車場
500円/回（11月は1000円/回）　50台
*11月のみ土・日・祝に限り10時～16時まで車での出入りが出来ない

として、昔から愛されてきた。源氏物語に書かれている**黒木の鳥居**を彷彿とさせる鳥居が建っている。ここは嵯峨野巡りの起点ともいえ、竹林や小柴垣に囲まれた嵯峨野情緒豊かな所であり、今では縁結び・安産の神社として親しまれている。

近年、10月中旬日曜日に「斎宮行列」が挙行され、華やかな装束に身をまとった100人もの人々が嵐山で往時の夢を再現している。

「竹の道」は、野宮神社から大河内山荘の間を、竹林が途切れながらも約400mにわたって続く風情のある小道。

道の両脇に設けられた小柴垣と、空高くまっす

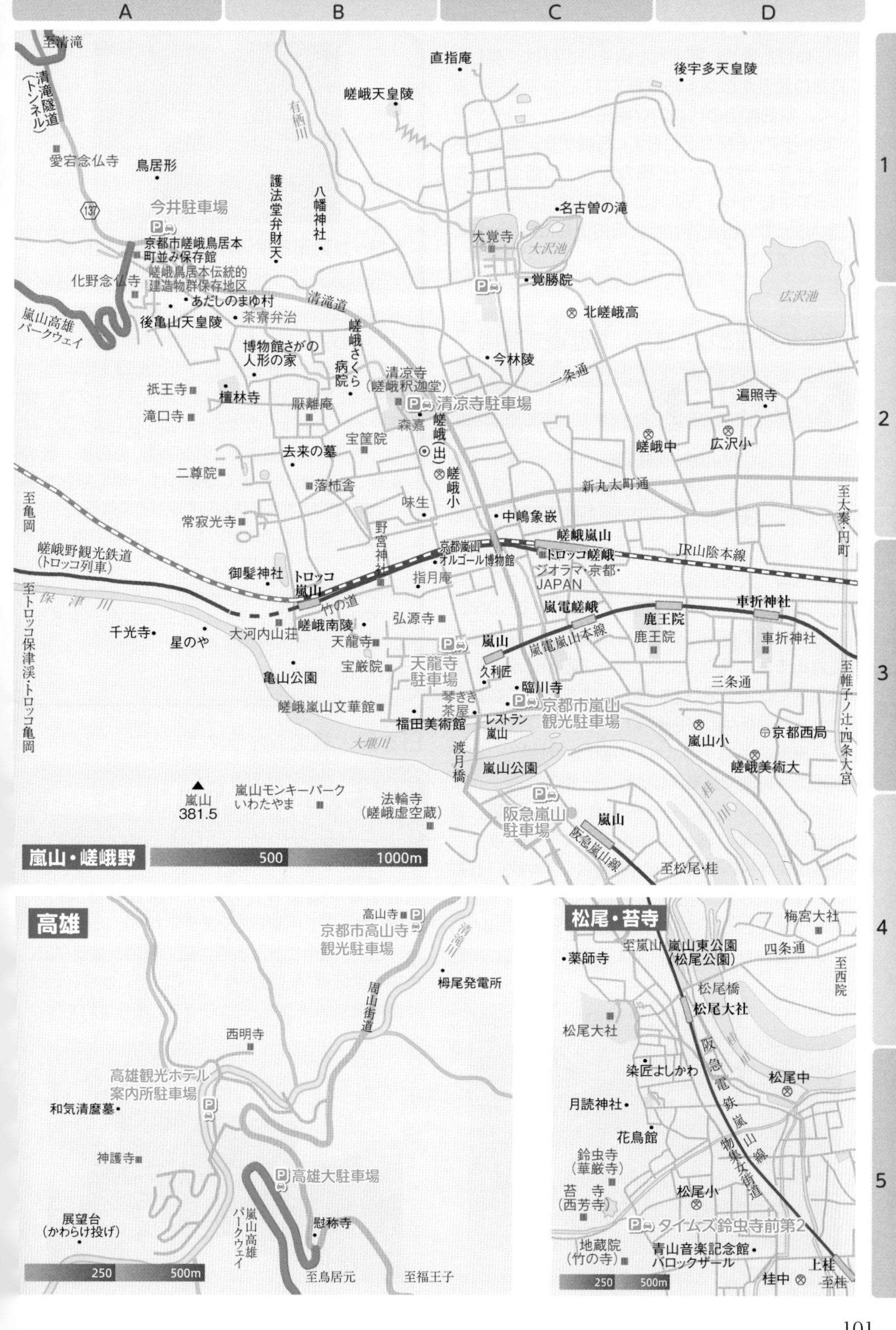

A
B
C
D
1
2
3
4
5
嵐山・嵯峨野
500
1000m
至清滝
清滝隧道（トンネル）
直指庵
後宇多天皇陵
嵯峨天皇陵
有栖川
愛宕念仏寺
鳥居形
護法堂弁財天
八幡神社
今井駐車場
京都市嵯峨鳥居本町並み保存館
嵯峨鳥居本伝統的建造物群保存地区
化野念仏寺
•名古曽の滝
大覚寺
大沢池
•覚勝院
北嵯峨高
広沢池
あだしのまゆ村
嵐山高雄パークウェイ
後亀山天皇陵
茶寮弁治
清滝道
博物館さがの人形の家
嵯峨さくら病院
今林陵
一条通
祇王寺
檀林寺
清凉寺（嵯峨釈迦堂）
清凉寺駐車場
遍照寺
滝口寺
厭離庵
森嘉
嵯峨（出）
宝筐院
嵯峨中
広沢小
去来の墓
嵯峨小
二尊院
落柿舎
新丸太町通
至亀岡
味生
中嶋象嵌
常寂光寺
野宮神社
嵯峨嵐山
至太秦・円町
京都嵐山オルゴール博物館
トロッコ嵯峨
JR山陰本線
嵯峨野観光鉄道（トロッコ列車）
ジオラマ・京都・JAPAN
御髪神社
トロッコ嵐山
指月庵
至トロッコ保津渓・トロッコ亀岡
保津川
竹の道
嵐電嵯峨
鹿王院
車折神社
千光寺•
星のや
大河内山荘
嵯峨南陵
弘源寺
嵐電嵐山本線
鹿王院
車折神社
天龍寺
嵐山
宝厳院
天龍寺駐車場
久利匠
亀山公園
臨川寺
三条通
至帷子ノ辻・四条大宮
琴きき茶屋
京都市嵐山観光駐車場
嵯峨嵐山文華館
福田美術館
レストラン嵐山
嵐山小
京都西局
大堰川
嵯峨美術大
渡月橋
嵐山公園
桂川
嵐山
381.5
嵐山モンキーパークいわたやま
法輪寺（嵯峨虚空蔵）
阪急嵐山駐車場
嵐山
阪急嵐山線
至松尾・桂
高雄
高山寺
京都市高山寺観光駐車場
清滝川
梅尾発電所
周山街道
西明寺
高雄観光ホテル案内所駐車場
和気清麿墓•
神護寺
高雄大駐車場
展望台（かわらけ投げ）
嵐山高雄パークウェイ
槇尾寺
250
500m
至鳥居元
至福王子
松尾・苔寺
梅宮大社
至嵐山
嵐山東公園（松尾公園）
四条通
•薬師寺
至西院
松尾橋
松尾大社
松尾大社
阪急電鉄嵐山線
染匠よしかわ
松尾中
月読神社•
花鳥館
物集女街道
鈴虫寺（華厳寺）
苔寺（西芳寺）
松尾小
タイムズ鈴虫寺前第2
地蔵院（竹の寺）
青山音楽記念館•バロックザール
上桂
桂中
至桂
250
500m

ぐに伸びた青竹に囲まれた幽玄の世界は、美しい竹林の風景が広がる嵯峨野エリアの中でも最も美しく、京都嵐山の代表的な観光名所の一つで、テレビドラマやCMなどにもよく登場する。真夏でも涼しげでサラサラなびく葉の音や、竹同士がぶつかる音は魅力的。天龍寺の庭園を散策した後、北門から出て、野宮神社や大河内山荘に向かってこの竹の道を歩くのがおススメだ。

俳優が別荘として造営した回遊式庭園

大河内山荘　101B3　146

大河内山荘専用駐車場
無料　9時～17時　20台
＊観光シーズンは天龍寺駐車場等利用

百人一首で著名な小倉山の南面に、往年の時代劇の名優・大河内伝次郎が、庭師広瀬利兵衛と共に、昭和37年（1962）に亡くなるまで30年の歳月をかけて丹精こめて造った庭園。小倉山傍の霊亀山を庭に見立てた6千坪・2万㎡に及ぶ広大な敷地に芝生を敷き松、桜、楓などが多数配置された四季折々の景色が美しい現代的な庭だ。

草庵風の茶室「滴水庵」の露路は対照的に幽玄な趣で、庭園で最も美しいビューポイントだ。また、伝次郎が晩年を過ごした桃山造りの**大乗閣**、鎌倉様式の御堂、石仏などが点在し、嵐峡展望台からは保津川の流れ、市内展望台「月香亭」（建築物内部は立ち入り禁止）からは、比叡山や京都の町が遠望できる。大河内伝次郎の時代劇俳優としての活躍ぶりを写真やパネル等で解説する資料館もある。

大乗閣

トロッコ列車と保津川の渓谷美を楽しむ

JR嵯峨野線（山陰本線）の嵯峨嵐山駅に隣接するトロッコ嵯峨駅から、トロッコ亀岡駅まで、保津川の渓谷に沿って走る赤と黄色のかわいいトロッコ列車（嵯峨野観光鉄道）。旧山陰本線の線路を利用した観光鉄道で、冬季を除く三シーズン、眼下を流れる保津川の清流と季節の渓谷美が楽しめる。片道7.3㎞およそ25分の間、春の桜、夏の新緑、秋の紅葉を愛でる運行は、特に景色が美しい場所では速度を落として走ってくれる。

時間に余裕があれば、トロッコ列車で亀岡（そこからバスで乗船場）まで足を延ばして、亀岡から嵯峨嵐山まで約2時間（約16㎞）の「保津川下り」を楽しむのもいい。年中船便があるが、四季それぞれの自然美を満喫。渓谷に入るとかなりの急流で、スリル満点。

日本最大級のジオラマ

ジオラマ京都JAPAN　101C3　149

付近コインパーキング利用

清水寺や金閣寺等の名所や京都の町並みを1/80サイズで再現したジオラマである。縦12.3m、横17.3mと西日本最大級の**鉄道ジオラマ**で、中央には陸橋が設置されていて、そこからの眺めは空中散歩のようだ。ミニチュアに凝らされた様々

な工夫は見ていて飽きない。このほかに本物の機関車の運転台での運転体験（有料・予約制）は、リアルな音とモニターに映される映像で本物さながらで、鉄道ファンにもたまらない。

隣接する**「19世紀ホール」**には、ベーゼンドルファーのピアノやアーレンオルガン“Quantum”、４台の本物の蒸気機関車などが展示されている。JR嵯峨嵐山駅・トロッコ嵯峨駅を利用する際はこれらをぜひ見学しておきたい。

嵯峨野紅葉人気NO.1

常寂光寺

101B2　150

今井駐車場、清涼寺駐車場など利用（P100）

慶長年間（1596~1614）に本圀寺第16世の日禛上人の隠居所を、寺に改めたもので、この地が清浄閑寂たること常寂光土の如しということから、寺号としたと伝わる。

本堂は伏見城の客殿を移したものと伝え、**仁王門**は本圀寺客殿の南門（貞和年間（1345~49）の建立）を移築し、仁王像は運慶作と伝えられる。茅葺屋根の建物は当寺のシンボルともいえる。

茅葺の仁王門から本堂へと石段が続き、紅葉が凄い色。晩秋は、散り紅葉が石段を覆い、樹上も真っ赤、足下も絨毯の紅葉のトンネルが楽しめる。多宝塔まで登ると京都の町が遠望できる。冬に雪でも降れば、白と竹の緑、それに参道の土の色は実に落ち着いた世界を生み出す。

多宝塔は江戸初期元和6年（1620）の建立だが、檜皮葺で桃山期の優美な姿を見せている。

多宝塔

蓑笠を吊した庵

落柿舎

101B2　155

今井駐車場、清涼寺駐車場など利用（P100）

松尾芭蕉の門人・元禄の**俳人向井去来**が住んでいた。去来が在庵の時は玄関横に蓑笠を吊したという故事のとおりが、今も見られ、印象的な佇まい。芭蕉も旅の途次三度ここを訪れている。芭蕉の『嵯峨日記』はここで書かれたのである。それ以来、多くの俳人たちが、この跡を慕って訪れている。庭には彼らの句碑がたくさん立っている。現在の落柿舎は、芭蕉の遺徳顕彰に生涯をささげた蝶夢門下の井上重厚が、明和7年（1770）に再建したもの。

あるとき、この去来閑居の庭にある柿の実を買い入れに来た人がいた。商談がまとまり代金も置いていったその夜、嵐が吹き柿の実が全部落ちてしまったことがあった。以来、この庵は落柿舎と呼ばれるようになったという。

落柿舎の句碑は、庭にあり、「柿主や梢はちかきあらし山」と読める。向井去来の墓がこの裏にある。ちいさな石の墓で「去来」と刻まれている。

二尊と紅葉の馬場

二尊院

101A2　153

P　拝観者専用駐車場
無料（40分のみ）　9時～16時半　5台

正しい名を「小倉山二尊教院華台寺」という。本尊に**釈迦如来と阿弥陀如来**の二尊が祀られているところから「二尊院」という名が通り名となっている。この二尊像は鎌倉時代、快慶の作と伝えられる木造の像で、金色の光背と渋く美しい調和を見せている。

今から千年二百年もの昔、嵯峨天皇が慈覚大師円仁を開祖として、京の西、小倉山の山麓に寺を

建立。それがこの二尊院である。

鎌倉時代のはじめ、法然上人がこの寺に住まって教えを広めて発展していった。応仁の乱の兵火では、全焼してしまったが、約30年ののち、後奈良天皇、三条西実隆父子らの尽力を得て、本堂、唐門を再興。また豊臣・徳川からの禄を受け、数多くの華族名家を檀家にもって栄えていった。

総門（伏見城の遺構と伝える薬医門）をくぐれば石を敷き詰めた広く長い参道が。これは**「紅葉の馬場」**と呼ばれており、秋になると美しい紅葉が彩りを添えてくれる。味わい深い自然に囲まれた境内には、小倉山中腹に法然上人廟、広大な墓地には土御門、後嵯峨、亀山と伝えられる三帝陵をはじめ貴人、文人、高僧、有名人たちのたくさんの墓がある。三条実美・角倉了以・俳優の阪東妻三郎など。ここで、小倉百人一首を選した藤原定家の時雨亭遺跡、西行法師の庵跡も一隅にあり、定家の歌を思い浮べて寺内をゆっくりまわってみるのもよい。

二つの悲恋のお寺

滝口寺　101A2　151

今井駐車場、清凉寺駐車場など利用（P100）

祇王寺の上隣に位置し、往生院の子院三宝寺の旧跡という。『平家物語』の平重盛の家来斎藤時頼と建礼門院の侍女横笛、そして新田義貞と妻・勾当内侍との悲恋の物語ゆかりの地として昭和初期に再興された。恋に迷う自分を責めた**滝口入道（出家した時頼）と横笛の坐像**を本堂に安置。参道の歌碑は横笛が記したとされる。昭和初期、

長唄の杵屋佐吉により、再興のために小堂が建てられた。寺号は、歌人で国文学者の佐佐木信綱により、高山樗牛が書いた歴史小説『滝口入道』に因み、「滝口寺」と名付けられた。『太平記』では新田義貞が討ち死にすると、京に残されていた勾当内侍は義貞の首を見て泣き崩れ、髪をおろして尼となり、往生院に入ってその菩提を弔うことに費やしたといい、義貞の首塚が表門の右奥にある。

紅葉と竹林が美しい寺である。

「平家物語」祇王の哀しい話

祇王寺　101A2　147

P　**祇王寺駐車場**　無料　5台　＊今井駐車場、清凉寺駐車場（P100）など利用

『平家物語』に綴られた祇王の哀しい話に誘われて、この尼寺を来訪する女性はあとを絶たない。

白拍子・祇王は、清盛の寵愛を一身に受けていたが、同じ白拍子・仏御前に心を奪われた清盛の移り気からこの地に身を隠し、妹・祇女、母・刀自と念仏して静かに暮すようになった。あるとき、竹の編戸を叩く音に出てみると、そこには仏御前が立っていたという。仏壇には、本尊大日如来をはじめ、合掌するこの**4人と清盛の木像**が安置されている。

かつての往生院（法然上人の門弟、良鎮による創建と伝えられる）の境内が荒廃し、尼寺として残ったのがこの寺のはじまりだが、それもまた明治の初年には廃寺となってしまっていた。その話を聞き、京都府知事・北垣国道（琵琶湖疏水などをつくった人）が明治28年（1895）、別荘の

一部を寄付。それが現在の建物で、大覚寺末寺のひとつ、祇王寺としてとどまっている。

庵の前には緑の苔むす庭。これが晩秋には一変して、真っ赤な散り紅葉が敷き詰められる。寺は竹藪や樹木の緑に囲まれ、移り行く季節ごとの山の色の変化には、言い表しがたい美しさがある。木立で和らげられた光は、そこはかとなく優しい雰囲気をつくってこの尼寺を包んでいる。

控の間にある**「吉野窓」**という大きな窓は、竹編の影が虹の色に表われることから一名「虹の窓」とも呼ばれている。

幽玄な千燈供養の寺

化野念仏寺　101A2　146

今井駐車場利用(P100)

京都は実にさまざまなお寺がたくさんあるが、この寺はそれらとはいささか趣を異にしている。この聖域に一歩足を踏み入れると、そのことはただちに了解できるだろう。群なす**石仏（八千体）**や石塔を目前にするとき、頭をたれ、眼をつむり、手を合わせずにはいられない心持ちになる。

あだし野の名は、古語「あだし」（はかない、悲しみの意味）から用いられており、今では、化野と記すが仇野とも阿陀志野とも書かれる。はるか昔より墓地であるあだし野には、化野がもっともふさわしい文字であろう。この文字は約300年前より使われている。「化」の字は「生」が「死」と化し、再び生まれ化る事や極楽浄土に往生する願いを意図したものだ。

石仏や石塔は、このあたり一帯に葬られた人々のお墓であるが、時の流れのなかで無縁仏と化し、林野に埋没・散乱していたものを明治中期に釈尊宝塔説法の有様を形どって集められた（中央に十三重石塔、釈迦坐像を奉祀し、古石仏は釈尊の説法に耳を傾ける人々の姿になぞられている）。

この全景はまた**「賽の河原」**とも呼ばれ、嬰児が一つ二つ……と石を積みあげるさまをも想起させる。

境内には、茅葺の小さなお堂がある。これは「みず子」の霊を供養するみず子地蔵尊で、水子を葬った人、安産や子供の無事成長を祈る人々は途絶えることがなく、お堂の内は供物の玩具やお菓子で溢れている。

念仏寺の建立は千二百年も昔にさかのぼり、弘法大師が野ざらしの遺骸を埋葬したことにはじまると伝えられる。本尊阿弥陀仏坐像は湛慶の作。鎌倉彫刻の像である。

春はシャガ、秋は紅葉の羅漢寺

愛宕念仏寺　101A1　146

P 拝観者専用駐車場
無料　8時～16時半　10台

もとは東山の地に奈良時代以前に建てられた古刹。

本堂は鎌倉中期の建立で重文。大正時代に現在の地に移築された。単層、入母屋造、本瓦葺の簡素な和様建築からなり、内部の天井は小組格天井で、さらに本尊の位置を二重折上げ格天井にするなど、珍しい鎌倉様式の美しい曲線を今にとどめている。本尊は「厄除け千手観音」。地蔵堂には、霊験あらたかな火之要慎のお札で知られ

るあたご本地仏「火除地蔵菩薩」が祀られている。

境内に入るとおびただしい石仏の数、参拝者の手によって彫られた、**1200躰の石造の羅漢さん**が表情豊かに並ぶ。よく見るとそれぞれがユニークな顔やポーズになっているので一見。どんな思いで彫ったのか思いを馳せたくなる。

本尊釈迦如来の五臓六腑

清涼寺（嵯峨釈迦堂） 101B2 151

清涼寺駐車場利用(P100)

嵯峨の釈迦堂として親しまれている。東大寺の僧・奝然が、寛和2年（986）、宋から帰国したときに持ち帰ったという**釈迦如来立像**（国宝）が本尊である。この像は、奝然が宋にあったとき当時の人々に尊重され、拝まれていた栴檀の釈迦像を白檀の香木で模刻したものだといわれている。37歳の釈迦の姿を生きうつしにした像といわれ、体内には五臓六腑（五色絹で縫いぐるみのようにつくられている）やお経、端像造立記などが封じられていた。昭和28年（1953）の発見という（五臓六腑

模型ともども霊宝館で見られる）。作風は、他のお寺の釈迦如来像と少しちがう趣をしており、どこか異国的である。高さ160cm、衣は両肩から足の裾へゆったりと流れ、衣文のひだがシンメトリカルに刻まれている。眼には黒い玉、耳には水晶がはめられていて、頭の螺髪も独特の縄状をなしている。こういう像の形式を清涼寺式というが、その後、延暦寺や奈良の西大寺・唐招提寺などに、この如来の模刻像がつくられ安置されている。

春季（4・5月）、秋季（10・11月）に**霊宝館**の特別公開がある。平安・鎌倉時代作の棲霞寺本尊**阿弥陀三尊像**（国宝）、本堂の釈迦如来脇侍文殊菩薩騎獅像・同普賢菩薩騎象像、釈迦十大弟子像10体、四天王立像4体、兜跋毘沙門天立像1体などの仏像を安置。このほか「宋画十六羅漢像」などの宝物も展示。

□清涼寺近くの寺

宝筐院 101B2 153

足利二代将軍義詮の菩提寺で、その院号によりこの名が付いた。南北朝時代のライバル楠木正行（正成の子）と義詮の石塔が並んで建つ。これは義詮が正行の人柄、忠義に感じ、そばに葬るよう頼んだためといわれる。楓などの多くの樹木や白砂・青苔が見事な回遊式枯山水庭園で、美しいのは庭園内の石畳の道。ピーク時は紅葉のすばらしいトンネルになる。

厭離庵 101B2 146

藤原定家の小倉山荘跡で、定家が百人一首を撰したところという。のち荒廃し、江戸中期に冷泉家が修復。その後再び衰え、近年復興。書院のほか、茶席時雨亭、定家塚などがあり、苔むす小さな庭園の紅葉も見事という（要予約）。

心経の本山、写経の道場

大覚寺 101C1 151

大覚寺参拝者用駐車場
500円/120分 9時～16時半 30台

大覚寺は、日本で有数の門跡寺院である。門跡寺院というのは、皇族や貴族が、住職についた寺のことをいう。この大覚寺は嵯峨天皇の離宮にはじまり、嵯峨天皇の皇女・正子内親王が、皇太子をやめた淳和天皇皇子・恒寂親王を開祖に寺とした。

嵯峨天皇は、桓武天皇の第2皇子であり、平安京の建設とともに、信仰の定着に努力した。空海（弘法大師）をこの離宮の嵯峨院へ招いたりもした。

弘法大師は、五覚院に**本尊五大明王像**（収蔵庫安置、五大堂の五大明王像は昭和期作）を祀り、鎮護国家の秘法を修したという。こうして大覚寺も京都における密教寺院の重要なお寺となっていき、多くの寺宝を有している。

弘仁9年（818）の春には、疫病が流行。嵯峨天皇は空海に相談すると、般若心経の写経をするようにとすすめられた。天皇が自ら写経したところ、疫病はみるみる鎮まっていったという。以来、このお寺では心経の写経運動が盛んである。天皇宸筆の心経は、法隆寺の夢殿を模して大正時代に建てられた心経殿に納められている。

元中9年（明徳3年・1392）、南朝の後亀山天皇が北朝の後小松天皇に三種の神器を譲った南北朝の講和が大覚寺で行われたという。

正寝殿は、入母屋造、檜皮葺の建物で、12の部屋をもつ書院造。**宸殿**は寝殿造で、廊下・広縁はすべて鶯張となっている。それぞれに狩野山楽らの襖絵が豪華である。建物の多くは、江戸期の再建である。

寺域の東側に**大沢池**（エリアは有料）がある。中国の洞庭湖を模してつくられたもの。庭園に池がつくられたのもこれが日本で最初のことである（国指定名勝）。ここで貴族たちは舟遊びをし、月を愛でた。周囲約1㎞の池のほとりには、茶室望雲亭、心経宝塔、石仏、名古曽の滝址があり、桜期もよい。

門跡寺院にはよくあることだが、ここにも嵯峨御流と呼ばれる生け花の伝統がある。

野性の状態のニホンザルを観察

嵐山モンキーパークいわたやま 101B4 146

阪急嵐山駐車場利用（P100（付近コインパーキングも））

法輪寺の山手にあたる岩田山からは桂川の蛇行・京都市街が一望できる。櫟谷宗像神社の境内の左手に入口事務所がある。そこから徒歩20分ほどの山頂（標高約160m）には野猿公園があって、約120頭もの餌づけされた野性のニホンザルを間近に観察できる。すべてに名前がついているため親子関係などが分かり、研究の場としても貴重な群れとなっている。休憩所からはおサルにエサ（りんご、落花生など）をやることもでき、エサは売店で売っている。（持ち込み不可）。

頂上にあるベンチに腰掛けると目の前には京都市内を一望できる絶景も楽しめる。

サルが山に帰った場合早く閉園になるのでご注意。

十三詣りのお寺

法輪寺(嵯峨虚空蔵) 101B4 154

P 法輪寺駐車場
1000円/回 20台

嵐山東端、岩田山山麓の寺院で、数え年で13歳になった子どもが虚空蔵菩薩に詣でて福徳と智恵を授かる、いわゆる十三詣りのお寺として有名。奈良時代に元明天皇の勅願で行基が開創したと伝えられる古刹で、その後、空海の弟子道昌が虚空蔵菩薩像を安置し、法輪寺と称した。

本尊は日本三大虚空蔵のひとつに数えられる。虚空蔵菩薩は虚空のように限りない智恵や福徳を蔵するといわれる仏で、**十三詣り**の風習は江戸時代中頃から盛んになったもの。参詣後は渡月橋を渡り終えるまで振り返ってはならず、万一振り向くと授かった福を失う、という言い伝えがある。桜の満開の季節に着飾った子ども達、母親達が参詣する様は、衣装比べの感さえあって、誠に華やかな風情である。元治元年(1864)蛤御門の変の際、堂宇はことごとく焼失し、現在の建物は明治以降のもの。「針供養」「漆祖神」の寺として信仰を集めており、境内には、電気・電波守護の電電宮社がある。**舞台と呼ばれる見晴台**。ここからは、渡月橋をはじめ嵯峨野が一望でき、さらに東山の山々や京都市内を見渡すことができる。

全山紅葉に染まる

神護寺 101A5 150

高雄大駐車場・高雄観光ホテル案内所駐車場利用(P100)

清滝川の朱色の高雄橋を渡り急な石段を登ること15分、高雄山の中腹にある真言密教の古いお寺。平安京造営の最高責任者であった和気清麻呂の高雄山寺と、河内にあった神願寺が合併して天長元年(824)に神護国祚真言寺がつくられたのがこの寺のはじまりである。唐から帰国したばかりの空海や最澄をこの寺に招き、灌頂が行われたりして、平安仏教(密教)発展の舞台となった。空海は、大同4年(809)ここに入山し14年間住持した。

その後荒廃していたが、平安末期になって文覚上人が寿永3年(1184)に復興した。応仁の乱では、また兵火を受けたが、元和9年(1623)、毘沙門堂、五大堂などが再興された。

ところが、明治維新後の廃仏毀釈によって寺域はことごとく分割のうえ解体され、7ヶ寺と1宇を残して他の支院と僧坊は廃絶した。昭和10年(1935)山口玄洞居士の寄進により金堂・多宝塔などが新築された。さらに、昭和27年(1952)寺領の一部を境内地として政府より返還され今日に至った。

金堂の本尊は、**薬師如来立像**(国宝)で、高さ170cm。頭部から台座まで、檜の一木造で彫られている。口唇、眼のほかは彩色されておらず、素木造である。

中国や朝鮮から、日本へもたらされた古代の仏

像は、銅の場合は鍍金されているし、木造の場合でも彩色鮮やかに飾られているのが常である。そういう方法を受けて、飛鳥から天平へかけての日本の仏像も、金色燦然と彩色されてきた。しかし、こういう輝くばかりの装飾法は、日本人の美意識とは異質なものといえよう。木や石の素材そのものを愛する感覚が、日本人には古くからあり、仏像にも素木造の物が愛でられるようになってくるが、この神護寺薬師像は、その走りといえよう。彫りの鋭い貞観彫刻である。

多宝塔の本尊は、**五大虚空蔵菩薩**（国宝）で、檜一木造、胡粉で彩色されたあでやかな像である。やはり貞観時代の彫刻を代表する一つ。貞観17年（875）に鋳造された国宝の梵鐘（非公開）は“三絶の鐘”と呼ばれ、日本三名鐘の一つ。その他、現存日本最古の両界曼荼羅（国宝）、肖像画・絹本著色伝源頼朝像（国宝）や絹本著色伝平重盛像（国宝）など、平安初期のものに限らず、鎌倉時代の名品も多い。これらの主なものは毎年5月1日から5日（虫払い）には公開され、博物館にもしばしば出品される。

金堂の西にある地蔵院前の広場では、直径5cmくらいの素焼きの皿を錦雲渓に向けて投げる厄除けの**「かわらけ投げ」**も人気だ。

裏山が山つつじで一面ピンク色に染まる

西明寺 101D4 149

駐車場は神護寺参照

空海の高弟・智泉が、天長期（824~834）に建立した。元は神護寺の別院であったが、正応3年（1290）に平等心王院の号を後宇多法皇より命名を受け独立した。戦国の兵火を蒙り一時衰微したが慶長年間（1596~1615）に再興され、現在の本堂は元禄13年（1700）、徳川五代将軍綱吉の母、桂昌院によって建てられたものである。

本堂に安置されている51㎝の小像・本尊釈迦如来立像は、清凉寺式釈迦如来像で生前の釈迦如来の面影を伝えているという。胎内に永承2年（1047）の墨書銘が印されている。脇陣に安置されている**千手観音像**は平安時代に彫られ、繊細な顔立ちをした立像。

山門をくぐった右手の聖天宮には、使ったお金が倍で帰ってくるという**「倍帰りのお守り」**がある。高雄山から、この槇尾にかけて、清滝川沿いに散歩しながら、真っ赤な指月橋を渡って訪ねてみるのがよい。参道石段を登りきって山門に着いたとき視界に入ってくる両側の密に並ぶ石燈籠は印象深い。ここも紅葉の名所。

国宝石水院が残る

高山寺 世界遺産 101B4 148

京都市高雄観光駐車場利用（P100）

栂尾には、うさぎや猿、鳥などの動物を擬人化して世相を徹底的に風刺して描いた鳥獣人物戯画の作者で知られる鳥羽僧正がいた高山寺がある。宝亀5年（774）の開創といわれ、一時、やはり神護寺の別院になっていた。建永元年（1206）明恵上人によって独立、その後、中世の戦乱期に荒廃し，江戸期寛永11年（1634）に再興された。

境内は老松や杉の古木、カエデなどが覆い、深山の趣をとどめる。栄西禅師が中国から持ち帰った茶種を開祖・明恵上人が植えたという**日本最古の茶園**が残る。

後鳥羽上皇の賀茂の別院を移したという**石水院（五所堂）**（国宝）は兵火をくぐりぬけた唯一の鎌倉時代の建物。入母屋造、本瓦葺で、住宅風建築を、後に正面に向拝を付して拝殿風に改めたもの。

鳥獣人物戯画（全四巻）の他、「明恵上人画像」（鎌倉時代）も肖像画として貴重なものである。

文化財は非公開で、唯一有名な**鳥獣人物戯画の模本**が石水院に展示されている。鳥獣戯画（国宝）は東京国立博物館に、明恵上人画像は京都国立博物館に寄託されている。紅葉の代名詞の寺。

子授・安産の御利益で有名

梅宮大社　101D4　146

参拝者専用駐車場
無料　9時～17時　20台

平安時代の始め、嵯峨天皇の皇后・橘嘉智子（檀林皇后）によって、現在の京都府綴喜郡井手町から現在の地に遷されたという。皇后は皇子がいないのを憂い、当社に祈願し仁明天皇を降誕されたといい、以来安産守護の神として信仰され、境内に**「またげ石」**や**産砂（安産のお守り）**をうける風習がある。嵯峨天皇が日本三筆の一人であり、橘氏は日本最初の学校を創設したことから学業成就祈願、仁明天皇は横笛の名手であり、日本初の雅楽を作曲したことから、音楽芸能の神を祀る社としても知られている。

主要建造物は元禄13年（1700）再建。楼門を入ると境内中央に拝殿（入母屋造・銅板葺）が、その奥、唐風破風を有する弊殿（檜皮葺）と、左右に連なる回廊に囲まれた神域内に本殿（三間社・流造・檜皮葺）が、いずれも南面して建つ。

境内東には大堰川（桂川）の水が引かれた**回遊式神苑**の**東神苑、北神苑、西神苑**がある。東神苑では、咲耶池の周りに杜若、花菖蒲、霧島ツツジが相次いで咲き、西神苑は梅林で、ラッパ水仙が道路に沿って咲き、北神苑では勾玉池の周りに花菖蒲、八重桜、平戸ツツジが咲き、日陰には紫陽花が咲くという四季折々の花々が美しい庭園をもつ。

5月3日の神幸祭は、和太鼓奉納や神輿も繰り出し、露店も出て賑やか。当日は神苑無料開放。

醸造の祖神

松尾大社　101C4　154

参拝者専用駐車場
無料/1時間　8時～17時　100台

平安遷都に功のあった秦氏ゆかりの神社で、京都最古の神社の一つ。奈良時代から大社を名乗っている。王城鎮護の神として崇敬され、中世以降は**酒造の神**としても酒造家の信仰が篤い。境内に山と積まれた酒樽は全国各地の酒造業者から奉納されたもので、酒の神「松尾様」への信仰は今も健在である。

阪急嵐山線松尾大社駅の西改札を出た正面に朱塗りの一の鳥居が、参道を入った先に朱塗りの二の鳥居が立ち、表参道の先に二階建ての楼門（入母屋造・檜皮葺）が建つ。駐車場からは、北に歩けばすぐに楼門。境内の中央に拝殿（入母屋造・吹抜・檜皮葺）が、その奥、唐破風を有する華麗な釣殿（檜皮葺）と回廊に囲まれた神域内に本殿が建つ。**本殿**は、桁行三間・梁間四間の特

殊な両流造（屋根の流れが前後に同じ造り）で、**「松尾造」**と称される（重要文化財）。釣殿・中門・回廊は、神庫・拝殿・楼門と共に江戸初期の建築といわれている。

社殿の背後の松尾山を含む約397,000㎡が境内。松尾山は、七つの谷に分かれており、社務所の裏の渓流を御手洗川といい、霊亀の滝がかかっている。滝の近くに湧く**「亀の井」**は、延命長寿、よみがえりの水としても有名。北にある谷が大杉谷といわれ、その頂上近くにある巨大な岩石、これが古代の磐座で、社殿祭祀以前に社の神を祀っていた所。平成30年の台風で、お参りは禁止となった。

神像館に安置する神像三体（男神像二体、女神像一体）は、平安初期の作で、三体とも等身大坐像、一木造。

神社には珍しく**松風苑（曲水の庭、上古の庭、蓬莱の庭）**と呼ばれる重森三玲作庭の観賞庭園がある。中酉祭、神幸祭、八朔祭など伝統をもつ数々の祭事も有名。4月半ば頃からヤマブキの季節、境内の一ノ井川の辺り一帯が金色に輝く。

一年中鈴虫が鳴く

鈴虫寺（華厳寺） 101C5 151

P 鈴虫寺駐車場　1台500円/1時間ではなく拝観者の拝観時間内（タクシーは無料）　9時～17時　60台

戦後間もなく、桂紹栄元住職が鈴虫の声に開眼して、飼育に没頭、今では秋だけでなく四季を通じてその音色が聴ける。延朗寺山の山腹にある。

享保8年（1723）華厳経の再興に力を注いだ鳳潭上人が開創。現在は臨済宗に属する。

本尊大日如来のほかに地蔵菩薩も安置しており、地蔵信仰、入学・開運・良縁祈願の人も多い。書院で行われる住職の**鈴虫説法**も人気だ。

竹と楓の山麓に、自然の石を重ねた石段の参道が印象的で、わらじを履いた地蔵（**幸福地蔵**）がある。

苔で覆われた幻想的な空間

苔寺（西芳寺） 世界遺産 101C5 149

P タイムズ鈴虫寺前第2　330円/40分　24時間可　8台

奈良時代、行基の開創といわれる。はじめは西方寺と呼ばれていたが、暦応2年（1339）、夢窓疎石を招いて再建されたときに、西芳寺と改められた。そのころから、天下に名だたる庭園といわれていたが、苔が庭一面を覆いだしたのは、近世ごろからといわれる。庭園は、もともと夢窓疎石の作だが、今では、当時の姿はほとんど失われている。しかし、その後、一面に生える苔が、絨毯を敷きつめたようであることから、苔寺と愛称されるようになった。

国指定特別名勝である**西芳寺庭園**は、上下二段に分かれており、上段は枯山水式庭園（非公開）、下段は心字池（心の字を形どる黄金池）を中

心とし、四つの島で形成されている池泉回遊式で35,000㎡におよぶ庭園だ。植えられている苔は、120種類を超えており、他では絶滅したような貴重な苔種もここでは生育しているという。

本堂は、昭和44年(1969)、村田治郎の設計・監督により再建されたもの(単層・入母屋造・銅板葺)で平安時代の寝殿造り風を加味した美しい建物。一に西来堂という。内部の襖絵は、堂本印象により104面および華麗な抽象画。本尊は阿弥陀如来。

池の南岸に夢窓疎石が建て、のちに千利休の次男・少庵が再興した湘南亭という茶室がある。桃山時代の代表的な茶室の一つといえよう。明治維新の際には岩倉具視がここに隠れ、幕府の難を逃れたという。

なお、拝観に当たっては、往復はがきやオンラインによる申込が必要となっている。

境内を覆う圧巻の竹林

地蔵院(竹の寺) 101C5 149

P 拝観者専用駐車場
無料/60分 9時～16時半 5台

参道から総門、そして本堂に至るまで竹が美しいことから、竹の寺と呼ばれる。一休さんこと一休宗純が幼少の頃を過ごしたのがこの地蔵院だと云われている。貞治6年(1367)建立。開基は室町幕府の基礎を築いた細川頼之。

本堂脇に、細川石と称される、細川頼之のお墓がある。かつては大伽藍を備えたお寺だったが、応仁の乱で諸堂を焼失した。現在、再建されているのは本堂、**方丈**と庫裏である。再建された方丈には、本尊の延命安産地蔵菩薩と、頼之が帰依した夢窓国師とその高弟・宗鏡禅師、頼之の木像を安置。前庭は、樹木で囲まれた平庭式枯山水庭園で、スギ苔に十六羅漢を表わす16の自然石を配し、**「十六羅漢の庭」**と呼ばれている。

離宮建築最高の技法と、日本庭園美の集大成

桂離宮 9E3

P 桂離宮参観者専用駐車場
無料 50台

智仁親王(初代八条宮)が、元和元年(1615)造営に着手。約30年後の智忠親王(2代)の代にほぼ完成した敷地面積約69,400㎡の別荘という。庭園美と建築美の結合による見事な調和は、建築家ブルーノ・タウトによって賛美され、有名になった。竹藪に囲まれた広大な敷地の真ん中に、桂川から引いた水でつくった池が複雑に入り組み、大小5つの島が点在している。それぞれに橋が渡され、舟でも往来できるようだ。その池のまわりにはいくつかの茶席が建っている。その茶席をつなぐ道を園路というが、園路は、敷石や畳石、砂利石、飛石などさまざまな素材を使って、視覚的にも歩いて行く楽しさを味あわせてくれる。園路に沿って、入江や島や築山などが、次々にたち現れてくる。

幾何学的なデザインがふんだんに取り入れられて、斬新な庭園美をみせる。**古書院**、**中書院**、**新御殿**らの建物も、書院を中心に計算された設計で、江戸初期の合理精神が伺える。

茶室は、**松琴亭**、**笑意軒**、**賞花亭**など、それぞれに深い味わいがある。

洛南 伏見、山科、醍醐・小野、宇治エリア

非常に広範なエリアであり、また観光施設が点在しているため、車での移動が適している。ただし、伏見稲荷大社周辺は別。広い大型駐車場を持つが、あまりに人通り・車通りが多く、多少離れていても周辺のパーキングを使うなど工夫が必要である。また洛南は、他のエリアから離れているので、移動所要分にも大いに注意。

商売繁盛の神、千本鳥居とお山めぐり

伏見稲荷大社 114D1 153

参拝者専用駐車場、混雑時には臨時で第一、第三、第四駐車場も開放される 無料 24時間可（12月30日～1月5日不可）170台

いつごろ、この神社がつくられたのか定かではない。和銅4年（711）とも伝える。だが、平安遷都のころには、稲荷信仰の対象となっていたことは確かである。天長4年（827）空海（弘法大師）は、東寺の塔をつくるために、この稲荷山の神木（杉）を切った。そして、稲荷神を東寺の守護神として祀った。それは、真言密教と結びついて、ますます稲荷信仰は盛んとなっていった。平安京の五条より南が氏子圏となり、祇園社と京を二分していったという。

しかし、応仁2年（1468）の戦乱により稲荷山は戦場になり、社殿は焼失、現在の社殿は明応年間（1492～99）に造営されたもので、のちに豊臣秀吉の修復工事によって境内諸社殿の整備はされ、ほぼ現在の姿になったという。

全国各地に祀られている**稲荷社（3万社という）の総本宮**で、現在でも全国からの参拝者を集めている。商売繁盛祈願が多いという。

大きな鳥居をくぐると、稲荷山を背景に社殿が並ぶ。境内敷地は約26万坪（約86万㎡）という。稲荷山には、いくつかの祠などがあり、多くの人々が巡拝する。奥社参道には、真っ赤な鳥居がびっしりと並び、トンネルのようにつらなっていて、**「千本鳥居」**と呼ばれている。約1万基の鳥居があるという。崇敬者が祈りと感謝の念を奥社参道に鳥居の奉納をもってしてきたからだ。それをくぐって「お山めぐり」（全長4㎞程、所要2時間）をするのである。外国人に大人気の観光スポット。**本殿**は明応8年（1499）の遷宮復興で檜皮葺、五間社流造。蟇股などに桃山風の彫りが施されている。拝殿、権殿のほか摂社・末社も多い。楼門は檜皮葺、入母屋造。秀吉が母大政所の病気回復を願って寄進したという。

参道には昔ながらの土産屋が軒を連ねており、入口の楼門前では、狛犬ならぬ二匹の狛キツネが出迎えてくれる。稲荷神社のお使い（眷族）は、キツネなのだ。ただし、野山にいる狐では無いとされる。

2月の初午大祭、4月からの稲荷祭、11月の火焚祭「ふいご祭」など伝統をもつ祭典も数多い。

A
B
C
D
1
2
3
4
5
伏見桃山
伏見稲荷
醍醐・小野
宇治
桃山
丹波橋
伏見桃山
桃山御陵前
中書島
稲荷
伏見稲荷
龍谷大前深草
藤森
墨染
JR藤森
小野
醍醐
石田
黄檗
三室戸
宇治
伏見稲荷大社
御香宮
寺田屋
月桂冠大倉記念館
十石船乗船場
長建寺
醍醐寺
三宝院
随心院
萬福寺
平等院
宇治市源氏物語ミュージアム
宇治駐車場
宇治東I.C
京滋バイパス
名神高速道路
500
1000m

若沖の五百羅漢

石峰寺　114D1　151

拝観者専用駐車場
無料　9時〜16時　10台

伏見稲荷大社の南に続く低い丘陵地帯の中腹に位置する石仏の寺。創建は宝永年間（1704〜11）である。中国風の赤い門や本堂などの伽藍が並ぶ、萬福寺を本山とする黄檗宗寺院である。本堂の背後の竹藪に、五百羅漢などの石仏が居並ぶ。

江戸中期寛政年間、**伊藤若冲**がここに草庵を結び住んでいた。出身は、今も昔も「京の台所」と呼ばれる錦市場の青物問屋である。弟に家督を譲った若冲は、独特の鶏の画などを得意とし、すでに、家元制度の下で、形骸化してしまっていた狩野派流の画風から逸脱して、自由な画境を開いた。その点では、曾我蕭白とならんで、江戸中期のユニークな画家の一人である。

本堂の裏に居ならぶ石仏は、**釈迦の一生（誕生から涅槃まで）**を刻んだものだといわれているが、これは、住職密山の協賛を得た若冲が下絵をつくって石工たちに彫らしたというもの。寛政の頃（1789〜1801）出来上った。羅漢山の西に若冲の墓もある。

地図内の大型駐車場

御香宮駐車場
200円/40分　24時間可　90台

平等院南門前の宇治駐車場
700円/回　8時半〜17時半　75台〜200台
☎0774-23-1500

京の名水「御香水」

御香宮　114B1　149

御香宮駐車場利用（P115）

創建は不明だが、御香宮の名称は貞観4年（862）、この地から病気に効く香水がわき出たのに因むという。「御香水」は、京の名水の代表として「名水百選」にも選ばれている。

豊臣秀吉は伏見城造営に着手、文禄3年（1594）御香宮を城の大亀谷に移し、鬼門の守護神としたが、慶長10年（1605）に徳川家康が旧地に戻したという。

慶応4年（1868）1月の鳥羽・伏見の戦いには、伏見奉行所に幕府軍が拠り、ここは薩摩藩の屯所になったが、幸い兵火は免れたという。

重要文化財の**「表門」**は、元和8年（1622）に水戸藩祖徳川頼房寄進で、伏見城の大手門の遺構を移築したものといわれ、切妻造で、やはり蟇股などに彩りあざやかな桃山期の特色を見ることができる。慶長10年（1605）再建の本殿は、平成2年（1990）より着手された修理により、極彩色が復元された。

境内には、そのほかに拝殿、能舞台、絵馬堂などあり、また芭蕉の句碑や小堀遠州ゆかりの**石庭**（有料）が社務所内にある。

10月上旬の神幸祭は「伏見祭」といわれ、今も洛南随一の大祭として聞こえている。獅子一対、猿田彦行列、御輿3基、乗馬の宮司のほか、多数の氏子が出仕しての行列（武者・稚児）がある。

表門

坂本龍馬が身を寄せた船宿（再建）

寺田屋　114A2　152

近隣コインパーキング利用

寺田屋という名前の船宿は、幕末の志士・坂本龍馬が常宿としたことでも知られる。しかし、これらの事件当時の建物は「鳥羽・伏見の戦い」の兵火で焼失していて、現在の建物は当時の敷地の西隣に再建されたものである。かつての建物があった場所は、現在、史跡庭園の趣となっており、龍馬像も建つ。

文久2年（1862）4月、薩摩藩の尊王攘夷派と公武合体派が、ここで乱闘、尊攘派9名が死亡した。これを薩藩九烈士といい維新史幕明けの事件とし、伏見の事変・寺田屋騒動ともいう。慶応2年（1866）1月には龍馬が幕吏に襲われたが、女将登勢の養女お龍（のち龍馬の妻）の機転で難を逃れた所でもある（坂本龍馬襲撃事件）。

方除と交通安全の大社

城南宮　9F2　150

参拝者専用駐車場
無料　9時～16時半　200台

延暦13年（794）平安京遷都に際し、都の安泰と国の守護を願い創建されたと伝える。

平安時代後期の応徳3年（1086）白河上皇が鳥羽離宮を造営した際、城南宮を離宮の鎮守社

として尊崇したという。古来、**方除の神様**として信仰が厚く、新築や引越の安全祈願や車のお祓いなどに参拝する人が絶えない。

境内には、春の山・平安の庭・室町の庭・桃山の庭・城南離宮の庭からなる神苑「楽水苑」がある。苑内のそこかしこに、『源氏物語』に登場する植物（80余種）が植栽されて、**「源氏物語花の庭」**として親しまれ、季節ごとに美しく、心安らぐ庭園だ。

つとに2月18日～3月22日の**「しだれ梅と椿まつり」**が有名。

曲水の宴が、4月29日に催され、平安貴族の水辺の歌会の再現に、ひととき平安の雅と京都らしい風情を感じられる。

京のお伊勢さん

日向大神宮　8D2　153

参拝者専用駐車場
無料　5台

標高218mの日御山（神明山）の山腹にある。顕宗天皇の御代（485～487年）に筑紫日向の高千穂の峰の神蹟を移して創建されたと伝えられ、平安時代に日向宮の勅額を賜い、天照大神を粟田口に勧請したことに始まるといい、内宮に伊勢神宮と同じく**天照大神**を祀る。

応仁の乱の兵火で社殿並に古記録は焼失。徳川家康の神領加増など支援を受け、松坂村の松井藤左衛門が仮宮を造営して社殿を再建し、慶長年間（1596～1615）に伊勢の人・野呂宗光が社殿を再興したともいう。

境内右寄りに拝殿（入母屋造・銅板葺、舞殿兼用）、その先、右手の四脚門から続く板塀に囲まれた中に茅葺・神明造の本殿が建つ**「外宮」**が、その奥、池に架かった小橋を渡り一段高くなった処に四脚門と板塀で区切られたなかに、外宮とほぼ同じ規模の本殿が建つ**「内宮」**を構える。本殿屋根の上にある堅魚木の多さは社格の高い事を示している。参拝は、伊勢神宮と同じく、外宮から内宮の順にお参りする。

ここは古くから「京都のお伊勢さん」として、東海道を往来する旅人たちの道中の安全祈願、伊勢神宮への代参として多数の参拝者を集める神社だった。内宮の左手の山道を進んだ先には**「天の岩戸」**があり戸隠神社を祀る。大きな岩の洞窟内に入ると、数mほどで最深部に突き当り、戸隠神社をお参りすることができ、元の道を戻らずに出口の方へと向かう。いわゆる「胎内くぐり」のように「天の岩戸」はくぐり抜けることができ、ここをくぐり抜ければ、罪や心身の穢れが払い清められ、開運のご利益が授かるといわれている。

秋の紅葉の隠れスポットでもある。

春の桜、秋の紅葉は知る人ぞ知る

毘沙門堂　9E1　153

拝観者専用駐車場
無料　8時半～17時（冬期は～16時半）
10台（桜・紅葉期は臨時駐車場が開設）

天台宗門跡寺院の一つで、山腹を切りひらいた境内には本堂以下多くの建物が東西に建ち並び、木々に覆われた伽藍は荘重な風格を示している。

本尊に京の七福神のひとつ毘沙門天を祀ることからこの名がある。創建は大宝3年（703）文武天皇の勅願で僧行基によって開かれた。山号を護法山出雲寺と号するのは当初は上京区出雲路にあった毘沙門堂の後身にあたるからである。その後、度重なる戦乱から衰微荒廃したが、寛文5年（1665）、天海と弟子の公海が山科安朱の地に再建。後西天皇の皇子公弁法親王が入寺してより門跡寺院となった。

境内には天台宗宗祖伝教大師最澄が作製したとされる毘沙門天象を本尊とする**本堂**（入母屋造・本瓦葺）あり、前に唐門を建て、回廊をめぐらせている。江戸時代の建物ながら建築細部に桃山時代風の彫刻が施されている。また、本尊は延暦寺根本中堂の本尊薬師如来の余材で刻まれたと伝えられている。**宸殿**は後西天皇の旧殿を賜ったといわれ、見る人が動くと、絵が変化しているように見える襖絵や、心字の裏文字をかたどった回遊式庭園**「晩翠園」**で知られる。山科盆地を見おろす山腹に位置し、横に張りだした枝振りが見事な枝垂れ桜が見られる春や、勅使門に続く階段が紅葉のトンネルになる秋も人気。

長く続く自然緑地と近代化産業遺産

山科疏水（琵琶湖疏水）　9E1

京都市山科駅前駐車場利用（P8）

明治時代、琵琶湖の水を京都へ引き込もうと作られた琵琶湖疏水。四ノ宮から日ノ岡の第二トンネルまでの約4.2㎞にわたり続く疏水の両岸は、東山自然緑地として整備されており、四季折々のレクリエーションの場として親しまれている。この疏水

沿いに、ヤマザクラを中心とした500本ほどの桜並木が続き、桜が咲く時季は遊歩道を散策する大勢の人でにぎわう。桜の下には菜の花が咲き、桜のピンクと相まって美しい春景色を見せてくれる。

また、秋には紅葉が染まり目を楽しませてくれる。

途中には、曹洞宗の開祖道元禅師ゆかりの寺院で境内の本堂横に山科豊川稲荷社を祀った**永興寺**や、582の引き出しに一切経を納めた八角形の輪蔵がある**本圀寺**など、立ち寄りスポットもある。

大石内蔵助が祭神

大石神社　9F2 146

参拝者専用駐車場
無料　9時～17時　20台

昭和10年（1935）、赤穂義士大石内蔵助良雄の義挙を顕彰するため大石を祭神として大石隠棲の地に、京都府知事を会長とする大石神社建設会、山科義士会、また、当時浪曲界の重鎮であった吉田大和之丞（2代目奈良丸）を会長とするもの等の団体が組織され、全国の崇敬者により創建された。

枝垂れ桜「**大石桜**」が御神木。大石良雄の隠棲の地にあった桜を移植したという。本殿、神饌所、社務所のほか天野屋利兵衛を祀る義人社もある。

毎年12月14日には義挙記念祭が行われ、討ち入り装束に身を固めた義士に扮した地元住民が毘沙門堂を出発し、神社に向う「**義士行列**」は総勢300人の大行列で、山科の冬の風物詩となっている。

京都山科・清水焼の郷

清水焼団地　9E2 148

清水焼の郷会館無料駐車場　10台

東山・五条坂周辺の都市化で、昭和37年（1962）に集団移住、用地総面積82,500㎡の新産業団地を結成した。その清水焼の郷「清水焼団地」は、東山山麓東側の丘陵地に位置し、京焼・清水焼の卸問屋、窯元、作家、陶磁器原材料屋、指物師、人形師、碍子など“やきもの”に関する業社が軒を連ねる町だ。

団地内を散策しながら、清水焼の創作風景の見学や絵付けの体験、生産地ならではのショッピングなど、清水焼を中心とした「見る・買う・作る・遊ぶ」を満喫できる。

清水焼の郷会館では、団地内で生産されている清水焼の作品が展示されている。毎年10月第3金曜日から日曜日の3日間は年に一度の大陶器市「清水焼の郷まつり」を開催している。

手び練りや絵付け体験など陶芸体験は、清水焼団地協同組合（075-581-6188）またはメールフォームより問い合わせを。

清水焼の郷会館

睡蓮の寺、庭は平安時代風の雅びやかな雰囲気

勧修寺　114A3　147

拝観者専用駐車場
無料　9時～16時　40台

昌泰3年（900）、醍醐天皇が勅願寺として建立。応仁の乱では燃え、そのうえ豊臣秀吉が伏見城を築城する際には、寺域を献上させられたりしたが、天和2年（1682）になって再興した。そのときに、下賜された本堂、書院、宸殿などは現在も遺っている。

宸殿は、元禄10年（1697）御所より賜った。書院は、江戸初期の書院造で、一の間にある勧修寺棚は珍しい。襖絵は土佐光起筆といわれる。光起は、狩野派が江戸へ行き、全盛期を築き上げていく中で、京都にあって、土佐派の灯を守った。土佐派は、大和絵の伝統の上に立つ絵画の一流派だったが、そのころの土佐派は、狩野派の影響を受けた画風になってしまっていた。

庭は**氷池園**といわれる。平安時代、氷室の池だったところからこの名がついている。その昔、毎年1月2日、この池に張った氷を宮中に献上した。そして、その氷の厚さによって、その年の五穀豊凶を占ったといわれる。池を中心に展開する雄大な池泉舟遊式の庭園で、池の中には大小三つの島が浮かび東山を借景に15の景勝が設けられている。春には梅、桜、夏には池の睡蓮そして菖蒲が咲き誇る。

書院の前庭には、樹齢750年の**ハイビャクシン**が目を奪う。かつては静かだったこの寺も、今では近くに名神高速道路が走って、車の音が庭の中まで侵入してくる。

また、庭には、薄く広くて角のある屋根の燈籠があり、その名を勧修寺燈籠という。水戸光圀の寄進である。**現在、庭園のみ公開されている。**

小野小町と梅の名所

随心院　114B3　150

拝観者専用駐車場
無料　9時～16時半　30台

小野小町がかつて住んでいたといわれ、文張地蔵や化粧井戸、文塚など、小町に因んだ遺跡が多い。小町晩年の姿を写したものといわれる卒塔婆小町坐像もある。

寺の創建は、寛仁2年（1018）。寛喜元年（1229）に門跡寺院となったが、承久・応仁の乱で荒廃した。

その後、慶長4年（1599）に寝殿造の本堂は再建。本尊は、如意輪観世音菩薩坐像が祀られていて、これは秘仏である。その他、定朝様式の阿弥陀如来坐像、快慶作金剛薩埵坐像などを安置。書院には、狩野派の襖絵が飾られている。

回廊が結ぶ随心院の建物に大小の坪庭が配され、苔、皐月、石楠花が彩りを添える。滝の石組の風情も趣深い。秋の紅葉もよく、例年11月中旬から一週間ほどライトアップも行われている。

薄紅色のことを、古くは「はねず」といい、隣接する**小野梅園**では、遅咲きの紅梅が境内を赤く染め、香りで埋め尽くし、大勢の人で賑わう。**「はねず踊り」**は、3月最終の日曜、小町を偲ぶ土地の童唄と踊りが、随心院薬医門の門前に舞台を組んで催される。小野小町・深草少将に扮した少女の踊りが人目を引く。

花の醍醐と大伽藍

醍醐寺

世界遺産　114B4　151

醍醐寺駐車場
1000円/5時間、以降100円/30分　夏期（3月1日～12月第1日曜日）8時～16時15分まで、冬期（12月第1日曜日の翌日～2月末日）～15時45分）100台

醍醐山（笠取山）のすべてが醍醐寺の寺域である。その山は、上醍醐と下醍醐に分れており、それらを一括して醍醐寺といわれる。貞観16年（874）、理源大師（聖宝）がこの山上（上醍醐）に、小さな堂宇を建立し、准胝観音像・如意輪観音像を安置したのが始まりで、下醍醐も、延長4年（926）、釈迦堂が建立され開かれた。永久3年（1115）建立の三宝院を筆頭として、その後多くの塔頭や伽藍が作られて行き、真言密教の山岳道場として大きくなっていった。

下醍醐の伽藍堂宇はたびたびの戦火等で焼失したが、**五重塔**（国宝）だけは往時の姿を留めている。豊臣秀吉の命によって、紀州湯浅から移築された**金堂**（国宝）は、春と秋の内部の特別公開がある。内部には、薬師三尊像、四天王立像が安置されている。その他、清瀧宮本殿や、祖師堂、不動堂、女人堂、弁天堂など多くの堂宇が点在している。建物の復興の多くは、秀吉の時代である。

醍醐寺**三宝院**は、その豪華さで秀吉の権勢と桃山時代を象徴している。桜開花時に訪れたい寺だが、紅葉も見事という。

下醍醐

桜の馬場といわれる桜並木の北側に**三宝院**がある。三宝院は醍醐寺の塔頭の一つで、永久3年（1115）に創建され、応仁の乱で焼けたあと、慶長3年（1598）、秀吉の援助によって再建された。10を超える伽藍が集まり、桃山時代の遺構の美しさを競っている。

三宝院の大玄関を入って、右手に葵の間・秋草の間がつづく。葵の間は、石田幽汀筆「葵祭の図」があり、秋草の間には、狩野山楽筆「秋草図」「花鳥図」が飾られている。続く、**表書院**（国宝）は狩野山楽筆の襖絵をめぐらせる。

表書院から、純浄観、本堂へとつながる右側に**三宝院庭園**がある。秀吉の命を受けた設計と伝えられる、石組の目立つ庭である。国指定特別名勝。

純浄観というのは、入母屋造、茅葺。床が高く、見かけは民家のようであるが、内部は書院造。秀吉が北政所、淀殿ら女房衆と秀頼を連れて、慶長3年（1598）花見の宴を催した時、槍山に築いた八番茶屋を移したものであるという。護摩堂（単層、入母屋造、桟瓦葺）、宸殿（単層、入母屋造、桟瓦葺）なども、桃山時代の特色をよく見せている建物である。護摩堂の本尊は、鎌倉時代・快慶作。弥勒菩薩である。造像は建久9年（1198）という、鎌倉初期の彫像である。

桜並木の南側に**霊宝館**（本館・平成館）がある。ここには、醍醐寺創建以来1千年におよぶ寺の歴史と密教発展の跡を物語る寺宝が収められている。春と秋、年2回公開される。曼荼羅や密教図像集など、平安時代から鎌倉にかけてのもので、密教修法に使われた資料も豊富である。如意輪観音像（寄木造・漆箔）は、藤原時代の仏像であるが、先年まで上醍醐清瀧宮に祀られていた。清瀧宮というのは、醍醐寺一山を守護する鎮守社で、本地垂迹説によって、このようにお寺のなかに神社が建てられる例が日本には多い。

霊宝館にはそのほか、俵屋宗達の名作も収蔵されている。「舞楽図」「扇面貼交屏風」「芦鴨図」の3点がそれである。二曲一双屏風の「舞楽図」は、その図柄の単純化、色彩の鮮やかさ、余白を生かした構図など、美術史の上でも記念碑的な作品であり、「芦鴨図」は、微妙な墨の味わいを駆使した水墨画で、宗達の筆技の幅広さを十分に感

じさせてくれる。国宝を含む寺宝は順次入れ替え、公開されている。

京都府下最古の木造建造物、**五重塔**（国宝）（非公開）は、天暦5年（951）の建立で、軒の出が大きく高い。相輪は、塔の長さの約半分におよぶ。全長35m。この五重塔の初層に、金剛・胎蔵の両界曼荼羅や真言八祖像などが極彩色で描かれている。平安中期に描かれたこの板絵は、日本絵画史の発展の上で重要な位置にある。太い朱の輪廓線の内側をぼかして隈取りした量感のある表現方法である。

上醍醐

上醍醐へ通じる道は険しい3.8㎞の山道だ。木の杖を借りて登っていく。坂道を登り切って峠を越えたところから伽藍が建ち並ぶ。五大堂（不動堂）、**薬師堂**（国宝）、開山堂、如意輪堂、**清瀧宮拝殿**（国宝）など。

西国三十三観音霊場第十一番札所の准胝堂があったが平成20年（2008）8月、落雷による火災で焼失。毎年5月18日に御開扉法要が営まれ、前後3日間だけ開帳されていた本尊准胝観世音菩薩（秘仏）も失われた。

山上随一の眺望は、開山堂だ。眼下に宇治川が見える。ここまでで1時間30分はみておくこと。

薬師堂の本尊で、国宝の**薬師三尊像**は、下醍醐にある霊宝館に収蔵されている。

裸踊りと国宝阿弥陀堂

法界寺（日野薬師）

114B5　153

P　拝観者専用駐車場　無料　9時～17時（10～3月は～16時）7台

永承6年（1051）日野資業が屋敷の内に薬師堂を建立したのがはじまりといわれ、日野薬師の名で親しまれている。現在では、かつての壮大さはなくなり、阿弥陀堂と薬師堂（本堂）があるだけである。しかし、その阿弥陀堂は、藤原時代の雰囲気を残す貴重な御堂である。

阿弥陀堂（国宝）は、宝形造、檜皮葺で正方形の建物である。屋根の下に裳階をつけ、一見、重層建築のように見えるが、中に入ると高い天井の単層建築であることが分かる。廂の天井は、化粧屋根裏で白い屋根裏に黒い垂木の縞模様をつくっている。広々とした内部の中心に内陣が、四

醍醐の花見

花見のために秀吉は、近隣諸国の近江、山城、河内、大和から取り寄せた桜700本を、醍醐寺に移植したという。

最も有名な醍醐の花見は、慶長3年（1598）に豊臣秀吉が、秀頼、北政所、淀殿ら近親の者を初めとして、徳川家康や諸大名からその配下の者など約1,300名を従えて盛大に催した宴である。

その日の輿の順も記録に残されており、一番目に北政所、二番目に淀殿、三番目に松の丸殿、四番目に三の丸殿、五番目に加賀殿、その後に側室ではないものの長くつき合いのあるまつ（前田利家正室）が続いた。

応仁・文明の乱のあと荒れ果てていた醍醐寺を復興したのは、中興の祖、第80代座主である義演准后。秀吉の篤い帰依を得ていたという。醍醐寺では、現在でもこれに因んで毎年4月の第2日曜日に**「豊太閤花見行列」**を催している。

阿弥陀堂

天柱をたてて区切られている。

中央に安置されているのが、**本尊阿弥陀如来坐像**（国宝）である。丈六、寄木造、漆箔。平等院の阿弥陀像を連想させる、ゆったりと落着いた藤原仏である。四枚の蓮弁の台座の上に座っている。光背は火焔文様をなし、左右に**飛天**が一体ずつ配されている。その衣の裾が火焔文様をつくっているのである。内陣の天井は格天井で、その間に宝相華の文様が描かれている。その天井から天蓋が吊されている。天蓋は木造、八つの弁からなる宝相華の形をしている。中央の小円は銅鏡である。

そして、天井の内側の壁には飛天が描かれている。こういう漆喰壁に描かれた壁画は法隆寺の他にはここより例がない。法隆寺の飛天に比べると、太い眉や厚い口唇で、頬には隈取りをつけて柔和な顔つきをしている。おそらく鎌倉時代に描かれたものであろうか、藤原時代の面影を残している。内陣の柱にも極彩色の画が描かれていて、それらはすでにかなり剥落しているが、曼荼羅に登場する諸像を、各柱の四面四段に並べて描かれている。堂内は、大きな阿弥陀本尊を中心に静かで、あたかも浄土世界に足を踏み入れたような錯覚をおぼえる。お寺の人が阿弥陀像や壁画などを懐中電灯で照らしながら丁寧な説明をしてくれることもある。

定朝風の阿弥陀様といい、浄瑠璃寺を思い出す化粧天井といい今までこの建物は、平安後期の作品といわれてきたが、先年、承久の乱（承久3年・1221）で以前の阿弥陀堂が焼けたのち、嘉禄2年（1226）に造営されたという記録が発見された。

現在の本堂である**薬師堂**は、明治37年（1904）、奈良・伝灯寺の灌頂堂を移築したものであり、室町時代の建物である。この堂には、藤原時代の作と伝える素木の檀造・薬師如来立像が秘仏として安置されている。普段は、内部は安産や授乳祈願の赤ちゃんのよだれかけがびっしりと奉納されている。

ひなびた奈良街道沿いにひっそりと姿ゆかしく建っている。

中国・明朝様式の伽藍配置

萬福寺　114C3　154

萬福寺大駐車場（黄檗市民プール裏）
600円/90分、以降200円/30分　9時～16時半　60台

承応3年（1654）、隠元禅師は日本からの招きによって、多くの弟子とともに来日した。後水尾法皇や徳川四代将軍家綱の力添えを得てこの地に、かつて隠元のいた中国・黄檗山を模して、黄檗山萬福寺を寛文元年（1661）に開山した。明治9年（1876）、臨済宗から一宗として独立、「黄檗宗」を公称、日本三禅宗（臨済・曹洞・黄檗）の一つである。建物は中国・明朝風で、境内に足を踏み入れると、あたかも中国に来たような心持ちになる。

江戸時代といえば鎖国の時代だが、こうして隠元禅師をはじめ多くの僧や仏師、衣師や靴師などが日本にやって来たことは、思えば不思議なことである。しかし、このことが江戸時代における中国文化の移入に果たした意味は大きい。書道では黄檗流がもたらされたり、また文人画の発展にも貢献している。

本堂（大雄宝殿）に安置されている十八羅漢像をはじめ、天王殿の弥勒像、韋駄天像などは、

本堂（大雄宝殿）

王殿の弥勒像

隠元禅師に随行してきた中国人仏師・范道生の作である。いかにも明代の彫刻らしい彫りで、日本にこのような彫刻があるのは、異様な感じさえする。

建物を聯や額で飾るものも中国の慣わしである。萬福寺にもたくさんの額と聯があり、それをひとつひとつ眺めて歩くのもおもしろい。昭和45年(1970)、諸堂の大修理がなされ、昭和48年(1973)、文華殿が開館し多くの黄檗宗の資料が収蔵・展示されている。

この黄檗山の住持は、二十一代目までずっと中国僧であった。そのため、お経の読み方も中国式だったという。二代・木庵禅師の弟子鉄眼禅師は、17年の長い年月をかけて**「一切経」の版木**をつくった。これは、56,229枚現存し、塔頭**宝蔵院**(P154)の収蔵庫に収められている。有料、要問い合わせ。

このお寺がつくっている**「普茶料理」**という中国風精進料理は有名なものだが、隠元豆という豆の名前も、隠元禅師に因むものであり、そんなところにまで、黄檗山のもたらした中国文化の影響がある。日本と中国の結びつきの深さを考えさせられる。

普茶料理

江戸時代初期、中国から禅宗の一つである黄檗宗が持ち込んだ当時の中国式の精進料理が、普茶料理である。葛と植物油を多く使った濃厚な味と、一つの卓を四人で囲み、一品ずつの大皿料理を分け合って食べるという形式が特徴である。炒めや揚げといった調理技術には胡麻油が用いられ、日本では未発達であった油脂利用を広めた。「普茶」とは、普く多数の人にお茶を差し上げると言う意味で、寺での行事について打ち合わせの時に、茶礼という儀式を行い、その後の謝茶(慰労会)で出される中国風精進料理のことで、煎茶普及の一翼を担った。黄檗宗の開祖・隠元ゆかりの萬福寺らの黄檗系寺院には、普茶料理が食べられる所がある。

あじさいライトアップ

三室戸寺　114D4　154

タイムズ三室戸寺前第1・第2　1000円/120分以降500円/60分　215台

宇治川から少し離れたところ、山の中腹にある。天皇家とゆかりある寺で、はじめ御室戸寺といったのが、三室戸寺と改められた。創立は、今から約1250年も遡る宝亀元年(770)光仁天皇のころである。宇治山の山奥、谷川の清流から現われたという千手観音菩薩(金銅仏)が本尊として祀られていた。これは、秘仏として、33年毎に開扉されていたという。平安時代は皇室の帰依深く、伽藍も増えていった。しかし、寛正元年(1460)、食堂から出火して伽藍はことごとく燃えてしまった。その後もたびたびの兵火に遭い、現在の本堂は、文化11年(1814)の再建である。堂内には、清凉寺式の釈迦如来像や阿弥陀如来像などが安置されている。境内にある**三重塔**はこの寺のシンボルである。宝物殿は、毎月17日のみ公開。

5,000坪の大庭園は枯山水・池泉・広庭からなり、春の梅(250本)、桜、4月下旬〜5月上旬頃の**ツツジ**(2万株)、6月〜7月上旬の**アジサイ**(約50種・2万株)、7月上旬〜8月中旬の**ハス**(約100種・250鉢)、秋の紅葉・秋明菊など四季を通じ美しい花模様を楽しめる。

本殿は現存する最古の神殿建築

宇治上神社 世界遺産 114D5 146

参拝者用駐車場　無料　14台　＊隣接する宇治神社の駐車場　9時〜17時　700円/回　35台

平等院向かい宇治川東岸の山裾には、神社建築では平安時代の後期に造営された**日本最古という本殿**（国宝）を持つ宇治上神社がある。藤原氏により平等院が建立されるとその鎮守社となり興隆を極めたという。祭神は、菟道稚郎子を主祭神とし、応神・仁徳の両帝を合祀している。

朱塗りの大鳥居をくぐり、参道先の小さな石橋を渡り、山寺の山門のような簡素な門を入ると、正面に横長の拝殿が、その裏一段高くなって本殿三社を収めた覆屋が建つ。

鎌倉時代の初めに建てられた**拝殿**（国宝）は、寝殿造風の住宅建築で、屋根の美しさはまた格別。本殿は平安時代後期の建築で、一間社流造りの内殿三棟からなり、一列に並び共通の檜皮葺の屋根で覆われている。

境内の**「桐原水」**は、室町以降、茶道が隆盛化するに伴って定められた「宇治七名水」の現存する最後の一つという。

あの鳳凰堂と国宝仏像

平等院 世界遺産 114C5 153

平等院南門前の宇治駐車場利用(P115)

飛鳥時代のころより、宇治は、奈良と京都を結ぶ交通の要路となっていた。平安遷都ののちは、天皇や貴族の別荘がこの地に建てられ、「源氏物語」の舞台にもなった。

かつて宇治院といわれた別荘が、いろいろな人の手を経て、永承7年（1052）、関白・藤原道長の長男・頼通によって寺院に改められた。それが平等院である。

翌、天喜元年（1053）、**鳳凰堂（阿弥陀堂）**（国宝）に仏師・定朝によって丈六の**阿弥陀如来坐像**（国宝）がつくられ、その落慶供養がとり行われた。この鳳凰堂と阿弥陀如来像は、今もその頃のままの姿をとどめている。

鳳凰堂という名前は、左右に鳥が羽根をひろげたような翼廊がついており、その姿が鳳凰を連想させること、また、中堂の屋根の上に一対の**鳳凰**（国宝）が飾られていることからつけられた。

平等院という名前は、中堂を中心に左右平等に翼廊があるところからきている。

鳳凰堂は単層、入母屋造、本瓦葺。翼廊は切妻造である。鳳凰堂の前に阿字池と呼ばれる池があり、池面には鳳凰堂の姿が映る。阿字池を隔てて鳳凰堂をのぞむと、中堂正面、裳階が一段高く上っているところに格子戸がはめられている。その格子戸の上方に丸窓が開いており、そこから阿弥陀如来の顔が見える。昭和26年（1951）から**10円硬貨デザイン**にも選ばれている。

この阿弥陀如来坐像は、藤原時代屈指の仏師・定朝の作として唯一確証ある像である。彼は、それまで一木造しか伝えられていなかった造仏法に、寄木造をあみだした人だ。その後、柔和な表情の和様彫刻・定朝様式が全盛期を迎える。この阿弥陀像は、寄木、漆箔、手は定印を結ぶ。螺髪は細かく、伏せ目がちで優美な面立ち。肩が撫で肩なのもこの期の特徴である。金色に輝く大きな光背は、大日如来を中心に、十二の化仏が配されている。**天蓋**（国宝）は、宝相華文が透彫りされ、中央に銅製の八花鏡を備えた円形天蓋と、飛鳥時代から伝わる屋根形天蓋とが組み合わされている。いかにも藤原全盛期を象徴するようなお堂であり、仏像である。

内壁には、**雲中供養菩薩**（国宝）の群像が飾られている。琴を奏でる者、琵琶を弾く者、宝珠をもつ者……などさまざまな姿をした菩薩が52体。檜の一木造である。創建時は、漆地に華やかな彩色が施されていたという。

鳳凰堂の扉や板壁にはまた、**九品来迎図**（国宝）が描かれている。今はかなり、剥落していて、平等院ミュージアム鳳翔館に保存されているが、これは日本絵画史上重要な作品である。

平安末期の治承の乱や、建武3年（1336）の楠正成と足利尊氏の戦いなどの戦火によっておおかたの堂宇は灰となり、いまでは、鳳凰堂だけが創建時の遺構となった。鳳凰堂内部拝観は、庭園内受付にて時間券を購入する。**平等院庭園**は、平安時代を代表する浄土庭園の様式だ。鳳凰堂やそれを取り囲む阿字池、また宇治川や対岸の山々が一体となり形成され、当時の貴族たちが希求した極楽浄土の光景を再現している。この浄土式庭園は国指定名勝である。

源氏物語の世界を実体験

宇治市源氏物語ミュージアム 114D5 146

P ミュージアムまで徒歩2分の駐車場
100円/30分　15台

「源氏物語」の後半部の十帖は宇治が舞台。その世界を再現したのがこのミュージアム。光源氏の時代をイメージした平安の間の、光源氏が過ごした**六条院の百分の一の縮小模型**や実物大の牛車と、「宇治十帖」の世界を再現した宇治の間はおすすめ。

映像展示室では、宇治十帖を主題とした映像が上映されている。宇治の実写や幻想的なCGによる美しい映像が楽しめ、英語・韓国語・中国語の各言語音声にも対応している。入口から向かって左側は無料コーナーで、図書室前の「源氏物語に親しむコーナー」ではコンピューターを使ったゲームやクイズなどで楽しみながら源氏物語により親しむこともできる。年4～5回企画展も開かれている。その他、喫茶コーナーやグッズショップもあり、宇治十帖古跡巡りやさわらびの道の散策の折でも。

西山　地図は P9 全体図参照

通称「石の寺」

正法寺（洛西）　9F4　150

拝観者専用駐車場
無料　9時～17時　30台

大原野神社の南、朱塗りの欄干「極楽橋」を渡ると正法寺がある。参道より境内一帯には全国より集められた各種の石が点在し、通称「石の寺」とも呼ばれている。寺伝によれば、天平勝宝6年（754）に鑑真和上とともに中国の唐より渡来した智威大徳の修禅の地といわれ、春日禅坊と称した。そののち伝教大師最澄が智威大徳のため、ここに大原寺を創建したのが起りと伝える。

応仁の乱で焼失したが、元和元年（1615）に恵雲・徴円両律師が再興し、さらに元禄年間（1688～1704）徳川五代将軍綱吉の母桂昌院の帰依をうけ、代々徳川家の祈願所となったと伝わる。

本堂には珍しい**三面千手観世音菩薩立像**（重要文化財）や、弘法大師空海が42歳の厄除けに自ら刻んだといわれる聖観世音菩薩立像などが安置されている。

「宝生苑」は池泉・枯山水の両方が楽しめる庭園で、遠く東山連峰をのぞめ見晴らしが良い。また、庭の石が鳥やペンギンなど15種類の動物の形に似ているため、**「鳥獣の庭」**とも呼ばれている。なお、境内は樹齢約80年といわれる紅枝垂桜をはじめとした桜の名所で、季節になると一層華やぐ。

春日大社、第一の分社

大原野神社　9F4　146

大原野神社駐車場　無料/20分、以後200円/30分　9時～17時　40台

延暦3年（784）長岡京遷都にあたって、桓武天皇の皇后藤原乙牟漏が奈良の春日大社の神々をこの地に祀ったことが始まりという。大社の第一の分社であったことから「京春日」とも呼ばれる。嘉祥3年（850）に社殿が造営され、藤原氏をはじめ朝廷の崇敬を集めたが、室町時代末期には祭儀も途絶え衰退した。その後、江戸時代の慶安年間（1648～1652）に後水尾天皇によって社殿が新しく造営され再興。明治4年（1871）には官幣中社となった。現在は大原野の産土神としてのみならず、政治・方除・知恵の神として、また良縁を授ける神として信仰されている。

8万3千㎡と広大な境内の北部に**本殿**は建つ。奈良の春日大社を模して建てられた本殿は一間社・春日造・檜皮葺の四棟が並んでおり、丹塗りの壮麗な社殿が春には緑、秋には紅葉に映えて美しい。また境内の**鯉沢池**は奈良の猿沢池を模したものといわれ、杜若や水連も見どころ。

春日神の使いが鹿であることにちなみ、神前には狛犬ならぬ**神鹿**がある。

西行法師ゆかりの寺

勝持寺(花の寺)　9F4　150

P 勝持寺・願徳寺参拝駐車場
無料　9時半～16時半　50台

白鳳8年(679)天武天皇の勅により、役行者が創建したのが始まりで、その後、伝教大師最澄が堂塔伽羅を再建し、薬師瑠璃光如来を安置し、天台の道場としたと伝える。承和5年(838)仁明天皇の勅によって塔頭49院を要する大寺院となったが、応仁の乱によって衰退、境内は荒廃するに至った。現在の建物は江戸時代の徳川五代将軍綱吉の母桂昌院らによるもの。

境内の収蔵庫**「瑠璃光殿」**には、本尊薬師如来像をはじめ、像高9.1cmの薬師如来像(胎内仏)や仁王門の金剛力士像が安置されている(重要文化財)。また、西行法師ゆかりの地としても知られており、手植えの**「西行桜」**(現在3代目)をはじめ、数種類約100本の桜が植えられていることから別名「花の寺」ともよばれている。

ちなみに、勝持寺と隣接した場所にある**宝菩提院願徳寺**は京都一小さな拝観寺院で、国宝の本尊(如意輪観世音菩薩半跏像)が安置されている。

在原業平ゆかり

十輪寺(業平寺)　9F4　150

P 拝観者専用駐車場
無料　9時～17時　20台

嘉祥3年(850)文徳天皇の后である染殿皇后に世継ぎが生まれなかったため、比叡山の僧恵亮が伝教大師最澄作の木像延命地蔵菩薩を安置し、世継ぎ祈願したのが起こりという。以後、祈願所として栄えたが、応仁の乱で衰微し、寛文年間(1661～73)に公卿の花山院定好によって再興され、さら伽藍は花山院常雅によって寛延3年(1750)に整備、花山院家の菩提寺となった。

本堂の屋根は神輿を模した鳳輦形と呼ばれる特異な構造となっており、堂内には皇后安産伝説から**腹帯地蔵**と呼ばれる地蔵菩薩や、花山天皇が西国巡礼に背負ったと伝える十一面観音菩薩象を安置する。子授け・安産を願う女性の篤い信仰を集めている。本堂の隣には高廊下、茶室、業平御殿に囲まれた庭園があり、それぞれの場所から違った眺めを楽しむことができることから、**「三方普感の庭」**と呼ばれている。春には樹齢200年の枝垂桜(通称なりひら桜)が咲き乱れ、夏は睡蓮、秋は紅葉が美しい。

平安時代の六歌仙の一人である在原業平ゆかりの地でもある。業平は晩年この地に閑居したと伝えられ、塩焼をした**塩竈の跡**や業平の墓と伝える宝篋印塔がある。かかる伝説から毎年5月28日には業平を偲んで声明舞、京舞、一弦琴などの奉納がある。

善峯寺 9G4 155

善峯寺山門前駐車場（参拝者専用）
500円/回　8時（平日8時半～）～17時
150台

長元2年（1029）、恵心僧都の弟子源算上人の開創とつたえる。鎌倉時代には慈鎮和尚（慈円）や法然の高弟証空上人が住職を勤め、また青蓮院より各親王が入室されたので「西山宮」とも呼ばれ、隆盛時は52坊に及ぶ大伽藍を有した。応仁の乱で衰退したが、江戸時代の徳川五代将軍綱吉の母桂昌院の寄進によって諸堂は再建されて復興を遂げた。

広大な境内には西国三十三所観音霊場20番札所の本尊千手観世音菩薩像を安置する**観音堂**（本堂）をはじめ、多くの堂塔が山の斜面に立ち並ぶ。**多宝塔**は元和7年（1621）建立の当寺最古の建物で檜皮葺の屋根の反りが美しい。塔の前には桂昌院が植えたと伝わる五葉松があり、高さは2～3mにすぎないが、左右にのびた横枝は全長37mもあり、龍のように見えることから**「遊龍の松」**（天然記念物）といわれる。他にも、山麓から仁王門に至る参道には、源算上人が苔むした岩石の上に40日近く坐禅したといわれる石などもある。花や紅葉の名所としても名高く、春は桜、梅雨期は紫陽花、秋は秋明菊など、境内は四季の花々で彩られる回遊式庭園で優れた眺望を有する。

毎年春と秋には仏像・絵画・陶器など貴重な文化財を収蔵した文殊寺宝館が開館する。

長岡・大山崎

地図はP8全体図参照

本堂

眼病平癒の祈願所

楊谷寺（柳谷観音） 9G4 155

山門前駐車場・第1駐車場500円/60分、以後200円/60分　32台・22台
第2・第3・第4駐車場は無料　合計149台

大同元年（806）清水寺の開祖延鎮僧都が夢のお告げをうけ、当地の柳（楊）の茂る谷間から十一面観音を発見し、堂舎を建立したのが起りと伝える。また、弘法大師空海や恵心僧都も参詣していたといわれ、修験の場としても知られていたものと思われる。その後の沿革は明らかではないが、現在の本堂は江戸時代の元禄年間（1688～1703）の修復によるものとされている。

本堂は入母屋造・本瓦葺の大堂で、土足のままで中に入ることができる珍しい形態。本尊に古来より眼病に霊あらたかな十一面千手千眼観世音菩薩象を安置する。他にも淀殿の寄進と伝えられる厨子のある阿弥陀堂や、山の急斜面を巧みに利用した庭園をもつ書院など多くの建物が甍を並べている。

庫裡の裏にある**「独鈷水」**は寺伝によれば、ある時空海が岩屋からしたたり落ちる水で親ザルが盲目の子ザルの眼を洗っているのをみて感動し、独鈷で持って深く掘り広げ、眼病平癒の霊水としたといわれている。それにより独鈷水と称し、当寺の信仰の根元となった。

キリシマツツジと錦水亭

学問の神様

長岡天満宮 9G4 152

参拝者専用の第1駐車場（20台）は無料/40分、以降100円/30分。第2駐車場（30台）は100円/30分（1日最大600円）

この地は菅原道真の所領で、道真が太宰府へ左遷される途中、名残を惜しんだという。その時、都を振り返って名残を惜しんで腰かけた石を見返り岩といい、それにちなみ「見返り天神」とも呼ぶ。道真没後、一族が当地に聖廟を作って霊を祀ったのがはじまりとも、太宰府にお供した近臣の三人が別れ際に戴いた道真自作の木像をご神体として祀ったのがはじまりともいう。

元和9年（1623）境内一帯は、八条宮智仁親王の所領になり社地が整備された。

本殿は、昭和16年（1941）平安神宮の社殿を移築したもの。平成19年（2007）に境内に完成した紅葉庭園**「錦景苑」**では、紅葉の錦をめでるために造られた庭で、地形を利用して滝が作られており、その滝の周りに約100本のもみじが植えられている。季節になるとライトアップもされ、色づいた葉が池に映る様子はとても幻想的。

広大な境内の東側には、灌漑用水を兼ねた「八条ケ池」が広がり、中堤の参道には、推定樹齢100年から150年の**キリシマツツジ**（長岡京市指定天然記念物）が群生し、4月下旬には特有の濃紅色の花が咲き誇る。なお、池に浮かぶように立つ「錦水亭」は古くからたけのこ料理を扱う料亭として有名。

長岡京屈指の紅葉の名所

光明寺 9G4 149

拝観者専用駐車場　無料　9～17時
約20台（紅葉期は利用不可）

西山浄土宗の総本山光明寺は、世に「粟生光明寺」と称せられ、法然上人の廟所のある寺として、浄土宗寺院でもっとも重んぜられている。

平家物語にも登場する熊谷蓮生（熊谷次郎直実）が建久9年（1198）、師法然ゆかりの地である粟生広谷に一宇の草庵をむすび、「念仏三昧院」と号した。法然の入滅16年後の嘉禄の法難の際、弟子たちが法然を守るため、棺を太秦に移したところ、翌年の安貞2年（1228）に棺より光明が放たれ粟生の里を照らすという奇瑞があったので、粟生野の地で荼毘に付し、寺の裏山に御廟堂を建てた。これを伝え聞いた四条天皇が「光明寺」の勅額を与え、寺号を改めたという。

境内は約59,500㎡、建物33棟あり、**御影堂**は単層、入母屋造、本瓦葺の江戸時代再建の大堂で本尊として法然像を安置する。この像は建永2年（1207）に法然が四国への流罪となった折、母からの手紙をもとに作られたといわれ、「張子の

御影」と呼ばれている。

300本ともいう紅葉は圧巻で、全山が真っ赤に色づき、その風景は見る人を圧倒する。総門をくぐった先に続くのは、ゆるやかな石段の女人坂。両脇から枝を伸ばすカエデを楽しみながら歩く。帰り道の**「もみじ参道」**は紅葉のトンネル。このロケーションでの記念写真はおススメだ。紅葉シーズンは、寺の駐車場は無しとなるので注意すること。

牡丹の寺

乙訓寺 9G4 146

拝観者専用駐車場
500円/回　8時～17時　50台

寺伝によれば、約1400年前で推古天皇勅願し、聖徳太子創建と伝える。それを裏付けるかのように、境内からは奈良時代～平安時代におよぶ遺物が多数出土しており、その創建はかなり古いものと想像できる。永禄年間（1558～1569）織田信長の兵火によって衰退したが、江戸時代の徳川五代将軍綱吉の母桂昌院の援助によって再興している。

本堂は宝形造、本瓦葺の簡素な建物だが、弘法大師空海と八幡大菩薩との合作と伝える本尊合体大師像（秘仏）を安置するほか、毘沙門堂には左手に宝塔、右手に宝棒をささげ、邪鬼をふまえた**「幽愁の毘沙門天」**と呼ばれる高さ1メートルの像がある。また、境内には奈良の長谷寺から移植したといわれる牡丹が季節になると美しく境内を彩る。

安藤忠雄設計の新棟

アサヒグループ大山崎山荘美術館 9H4 146

タイムズJR山崎駅前
200円/60分　24時間可　53台

運営は公益財団法人アサヒグループ芸術文化財団。関西の実業家・加賀正太郎が大正から昭和初期にかけ建設した「大山崎山荘」を創建当時の姿に修復し、安藤忠雄設計の新棟「地中の宝石箱」などを加え、平成8年（1996）に開館した。

大阪と京都の境にある天王山の山腹に位置し、**本館2階テラス**からは、眼下に木津川・宇治川・桂川の三川が淀川へと合流する風景が楽しめる。

所蔵品の中核を成すのは、アサヒビール株式会社前身の初代社長・山本爲三郎のコレクション。その主体は、河井寛次郎、濱田庄司、バーナード・リーチ、富本憲吉の陶磁器と、柳宗悦らが提唱した東西の古作工芸であり、民藝運動への支援の記念碑ともいえるものだ。

展示室では、彼らの作品を展示した展覧会を年次で開催するほか、講演会やコンサートなども催されている。

円柱形の地中館「地中の宝石箱」展示室では、印象派の巨匠クロード・モネの「睡蓮」連作を常設展示している。平成24年（2012）には、安藤忠雄設計による新棟、箱形で構成された山手館「夢の箱」が竣工している。

郊外 南部郊外エリア

先の西山、長岡・大山崎エリアとともに、京都府南部の観光エリア。「京都市」とは違った広大な敷地のなか、豊かな自然を感じることができる。
公共交通機関での移動が困難なスポットも多く、タクシーでの観光が適している。

「やわたのはちまんさん」は、日本三大八幡宮の一つ

石清水八幡宮 132A1 146

山麓頓宮駐車場
500円/回　8時半～16時　70台
山上駐車場（第一・第二・第三）
無料　8時半～17時　60台

京阪電車石清水八幡宮駅の南にそそりたつ男山の山頂近くに位置し、社地の標高は123m。

平安時代初期、清和天皇の貞観元年（859）、奈良の大安寺の僧行教は大分宇佐八幡の神託をこうむり、八幡大神を九州から男山に勧請したのが起源という。そして朝廷は翌年、同所に社殿（六宇の宝殿）を造営し遷座した。清和天皇守護という政治的な意味合いであったという。

天皇行幸や上皇御幸は、天元2年（975）円融天皇（第64代）の行幸以来、実に240余度にも及び、伊勢神宮に次ぐ第二の宗廟とも称された。

特に清和天皇の嫡流である源氏一門は八幡大神を氏神として仰いだことから、全国各地に八幡信仰は武家の間で大きく広がった。源義家は石清水八幡宮で元服し「八幡太郎義家」と呼ばれたと言い、有名だ。以来、国家鎮護、厄除開運、必勝・弓矢の神として時代を超えて人々の篤い信仰を受けてきた。

社殿は山上と山下の二ヶ所に分かれているが、**主な社殿は山上にある。**創建以来、たびたび兵火にあい、焼失しているが、今の社殿は寛永11年（1634）徳川三代将軍家光の修造によるもの。正面の楼門は一間一戸、入母屋造、桧皮葺とし、2階造りの楼閣のように見えるのは珍しい。また、**八幡造**（切妻造・平入りの二棟の建物が前後に連なった

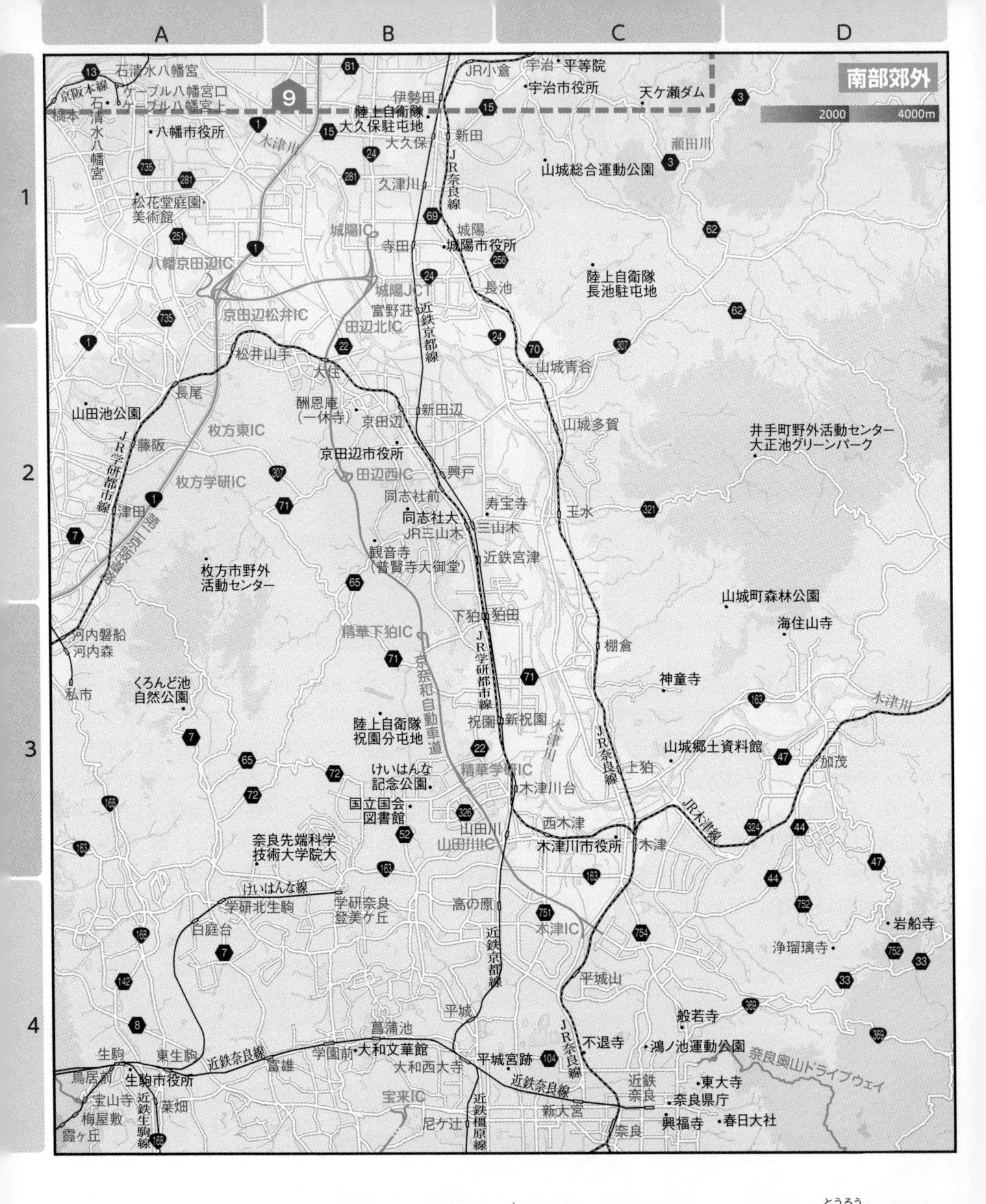

建築様式）の本殿・弊殿及び舞殿など10棟等は国宝に指定されている。本殿を囲む瑞籬には、「目貫きの猿」や天人、かまきりなど様々な動植物などが極彩色の華麗な欄間彫刻で多数施されており、時代の特色をよくあらわしている。

また、境内には重森三玲作の書院石庭があり、白砂の上に石14個を大海原に浮かぶ島に見立てて配している。庭に立つ六角形に石灯籠は鎌倉時代のもので重要文化財に指定されている。（非公開）

他にも水に自分の影を写して心身を祓い清める影清塚や、当社起源となった霊水が現在でも岩間からでる石清水社、八幡の竹を使っての白熱電球の長時間点灯、実用化に成功した世界の発明王トーマス・エジソンの碑があるなど見所が多数。

「松花堂弁当」でも有名

松花堂庭園・美術館　132A1　150

駐車場　無料　9時～17時　35台

江戸初期の文化人・松花堂昭乗が、当初「石清水八幡宮」の境内に造った草庵「松花堂」を中心とした回遊式庭園と美術館。明治期作の庭園が**「松花堂及び書院庭園」**として国指定名勝となっている。約2万㎡の広大な庭園は草庵、泉坊書院などの文化財や、松隠・竹隠・梅隠の3つの茶室があり、露地庭や枯山水と共に趣のある風景を創り出している。庭園茶室「梅隠」のつくばいに水琴窟があり、茶室の腰掛待合に座ると美しい音色が楽しめる。また、梅、桜、青もみじ、紅葉など、四季を通した景観が癒しのポイントとなっている。大阪北部地震の影響で内園（草庵・書院）は公開停止中。

■「松花堂」及び「泉坊書院」は、明治期の神仏分離により八幡宮のある男山からは取り払われ、明治31年（1898）に現在地に移築されたもの。

別料金の美術館展示室（地階）では、松花堂昭乗が遺した作品、昭乗と交友のあった人たちや、ゆかりの美術品を展示する館蔵品展や企画展、特別展を開催する。展示ホール（地階）では、松花堂昭乗が交流した人物やその歴史を紹介している。

敷地内の京都吉兆松花堂店にて「松花堂弁当」が販売されている。

平安期の九体の阿弥陀仏

浄瑠璃寺　132D4　150

近隣民間駐車場
300円/回　3月～11月は9時～17時、12月～2月は10時～16時　20台

平安初期、浄土信仰が盛んになった時期に建立されたお寺で、池をめぐる庭園が美しい。

本堂には、9躯の阿弥陀仏（檜寄木造）が居並ぶ。九体寺という別名はここから由来した。

単層、寄棟造、本瓦葺の横に長い建物の**阿弥陀堂**（国宝）に九体の阿弥陀を並べるというのは、藤原時代に流行した形式だが、現在、こうして9体を残しているのは、浄瑠璃寺だけだ。

阿弥陀といっしょに祀られている吉祥天立像（鎌倉時代・寄木造）は、お正月と春秋の一時期しか開扉されない。艶麗な天女像である。この像を容れている厨子の扉絵も有名なものだが、寺にあるのは模写で、本物は東京芸術大学が保管している。

四天王像（国宝）も藤原時代の味わいを見せ、不動明王と二童子像（鎌倉時代）の、とりわけ童子像のあどけない表情も忘れられない。

九体阿弥陀如来坐像は平成30年（2018）7月から5ヶ年計画で二体ずつ修理され完成している。

三重塔（国宝）の薬師如来坐像は秋季に特別公開される。

三大傑作の十一面千手千眼観音立像

寿宝寺　132B2　150

拝観者専用駐車場　無料　9時～17時
5台　隣の公園駐車場利用も

慶雲元年（704）文武天皇の時代に創建されたと伝えられる。往時は「山本の大寺」といわれ、七堂伽藍を備えていたが、度重なる木津川の氾濫で移転を繰り返し、享保17年（1732）現在の地に移転したと伝える。明治維新に際し近隣の寺々を合併し、平成9年（1997）には206年ぶりの改築し、現在に至る。

観音堂に安置されている平安時代後期に作られた**本尊十一面千手千眼観音立像**は、像高180㎝、白木の一木造り。藤原時代中期の様式をそなえた端正典雅な立像。衣紋の彫りは浅いが、顔容は温雅と表現が藤原時代の特色を示している。

仏像は左右20の大脇手に日輪、月輪、鏡、剣などを持ち、その前に小脇手が扇状隙間なくに配されている。掌を広げたように何層にも重なっており、すべての手のひらに墨で眼が描かれ、千手千眼観音を表している。中央には六本の手があり、二本は中央で合掌、二本は中央下で定印して宝鉢をのせ、残りの二本は右手に錫杖、左手に戟を持っている。通常42本の手を持って千手観音像と呼ぶ場合が多い中、当寺の観音像は実際に千本の手を持ち珍しい。元は当寺から南西にあった佐牙神社の神宮寺に祀られていたとされ、神宮寺が廃寺になった際、移されたと伝えている。京都府長岡京市の柳谷観音（楊谷寺）と同じ樹で作られたといわれ、これに因んで**眼病治癒の願**をもって参詣する人多い。この千手千眼観音立像は、大阪河内の「葛井寺」と、奈良「唐招提寺」の観音と共に、実際に千本の手を持つ観音として三大傑作の一つである。

写真提供：（公社）京都府観光連盟

他にも観音堂には降三世明王や金剛夜叉明王など、付近の廃寺の遺仏が安置されている。

本尊の拝観は出陳のため、2023年12月末まで拝観停止。

均整のとれたプロポーションをもつ観音様

観音寺（普賢寺大御堂）　132B2　147

拝観者専用駐車場
無料　9時～17時　30台

元はこの地にあった普賢寺の後身で、天平時代の見事な観音像を安置することから観音寺という。

寺伝によれば、天智天皇元年（662）、天武天皇の勅願により義淵僧正が創建し、観心山親山寺と号した。その後、聖武天皇の御願により、天平16年（744）奈良東大寺の良弁僧正が伽藍を増築し、息長山普賢教法寺と号し、大御堂に丈六の本尊十一面観音立像を安置したという。

創建当初は七堂伽藍が普賢寺谷一帯に甍を並べており、壮麗を極めた姿は「筒城の大寺」と呼ばれた大寺院であったと伝えられている。幾度となく火災に見舞われ、永享9年（1437）の火災では、諸堂13、僧坊20余りを数えた建物のほとんどが失われ、永禄8年（1565）の火災では大御堂だけが再建され、他は荒廃のままとなった。

現在の本堂（大御堂）は昭和28年（1953）の

写真提供：(公社)京都府観光連盟

再建で、他に庫裡と鎮守の地祇神社があるだけであるが、庭園が周囲の里山に調和し、美しい姿を見せている。本堂は単層、入母屋造、本瓦葺で南に面している。本堂前の左手に庫裡があり、呼び鈴を押して拝観をお願いする。ご住職が本堂の扉とお厨子を開けてくれる。

十一面観音立像（国宝）は、天平仏（奈良時代中期）を代表する仏像で、一木式木心乾漆造、漆箔仕上げ。この技法が用いられているのは国宝の中でもこの像を含めて2体だけ。度重なる修理によって形を変えていた部分もあったが、像高172.7㎝（頭頂仏を含めて183㎝）、重量66㎏。十一面観音として国宝に登録されている7体のうちの1つとなる。

境内の西方、丘陵上には塔ノ跡と称されるところがあり、奈良時代末期から平安初期頃の作となる布目瓦が散在しており、その中央に塔の中心礎石と思われる直径約1.5mの大きな石が置かれており、旧伽藍でこの付近にあったことがうかがえる。

春には参道の桜並木や一面に広がる菜の花が、秋には紅葉が一際目を引く。

江戸初期の方丈庭園

酬恩庵一休寺　132B2　150

拝観者専用駐車場
300円/回　9時～17時　30台

鎌倉時代の正応年間（1288～1293）に大應国師（南浦紹明）が建立した禅道場の妙勝寺が始まりであったが、元弘の戦火にかかり荒廃した。その後、一休禅師宗純が康正年中（1455～56）、宗祖の遺風を慕って堂宇を再興し、法祖の恩に酬いる意味で「酬恩庵」と命名したという。一休はその後、洛中に戻ったが、応仁の乱を避けて再住し、文明13年（1481）、88歳の高齢を以って没した。このように禅師が晩年を過ごされたことにより「一休寺」の通称が知られるに至ったのである。戦国時代には荒廃したが、江戸時代に方丈や仏殿などを再建し、寺格をととのえたのが現在の伽藍となる。

本堂は単層、入母屋造、桧皮葺のさして大きいものではないが、山城・大和地方の唐様建築中で最も古い建造物。本尊釈迦如来坐像、文殊普賢菩薩像を安置する。方丈（単層・入母屋造・桧皮葺）には一休の木像禅師坐像が安置されており、各室には狩野探幽筆**「瀟湘八景図」**など、47面からなる障壁画がある。

庭園は南・東・北の3面からなる。

南庭は、一面白砂敷きとし、斜面を利用してサツキの刈込や大きい蘇鉄が植えられている。**東庭**は様々な大きさの庭石と刈り込みを配し、あたかも十六羅漢が遊行するさまを表わしている。**北庭**は石塔・石灯籠・手水鉢などを配した禅院枯山水としての蓬莱庭園である。この作庭は石川丈山、松花堂昭乗、佐川田喜六の三名の合作とされている。国指定名勝庭園。村田珠光作の枯山水「虎丘庵庭園」も国指定名勝だが非公開。

境内には他にも手に箒をもち掃除をしている少年一休像などもあり、頭を撫でればご利益があるとされるのか、頭の部分はテッカテカになっている。

写真提供：(公社)京都府観光連盟

美術館・博物館

広がる王朝貴族の世界

風俗博物館 （13B4　153）

コンセプト堀川フラワー東パーキング（付近コインパーキング利用も）200円/30分　24時間可　12台

古代から近代にいたるまでの日本の風俗・衣裳を実物展示する博物館として、日本の服飾史や風俗史研究の第一人者として知られる井筒雅風により昭和49年（1974）にオープン。平成10年（1998）、展示装束が具体的に生活の中でどのように使われてきたかということを観覧できるように、「源氏物語～六條院の生活～」と題してリニューアル展示し、**『源氏物語』の様々なシーン**を選び、具現展示を行っている。

そして平成24年（2012）には平安初期を題材とした『竹取物語』を1/4展示に加え、平安中期を題材とした源氏物語の展示とともに、約400年という長きに渡った平安時代の服飾の流れを観覧できるような展示も追加された。平成28年（2016）の現在地移転では、等身大の時代装束展示を拡充し、考証復元に努めた。

調度品・寝殿の一部も展示し、書物や絵巻でしか触れられなかった源氏物語の世界をよみがえらせる。

近代科学技術発展の宝庫

島津製作所 創業記念資料館 （13D1　149）

京都市御池駐車場利用（P12）

昭和50年（1975）、創業100年を契機に、創業者初代島津源蔵を偲び、開設。ここ木屋町二条は、**島津製作所の創業の地**であるとともに、京都府が明治の初め欧米の最新技術を導入した実験所や工場など、多くの諸施設を設立した近代科学発祥の地でもある。初代が居住し、店舗としていたままの姿を残しており、創業以来の品々など多数を展示、我が国の近代科学技術の発達過程を見ることができる。平成23年（2011）4月、創業135年を記念してリニューアルをし、ストーリ・テーマに沿った展示となり、創業以来、製造販売してきた理化学器械、医療用X線装置や産業機器をはじめ事業活動に関連する歴史的な文献・資料などを常設展示し、島津製作所の歩みと日本の近代科学技術の発展過程が見られる。**5つ展示室**では、初期の医療用X線装置ダイアナ号、初期のGS蓄電池、足踏式木製旋盤、明治15年理化器械目録表、エヂソン氏蓄音器、ダイナモ及モートル実験器、人体解剖模型、熱気機関（ホットエアエンジン）などや、個人経営時代の初代・二代目に係わる文書類、創業から明治、大正時代までの理化学器械（一部輸入品を含む）がある。その他、昭和初期の理化学器械、標本ならびに産業用の分析・計測機器、明治から昭和に至る賞状、カタログ、記念写真集、島津製作所発行の科学雑誌などの文書、文献類などを陳列。

京都の歴史を学ぶ

京都市歴史資料館 （28D4　148）

御所東駐車場利用（P28）

「京都市史編さん所」を前身として昭和57年（1982）開館。1階資料展示室では、京都の歴史を古文書、絵画、絵図などの展示を通して理解していただけるように、特別展やテーマ展を年間4回程度開催。ガラスケース内のパネルは可動式で、展示品をより間近で見ることができる。同1階映像展示室では、**「平安京を歩く」**（19分）など京都の歴史・祭礼・風物や様々な事象の移り変わりを映像化した42本のビデオを、6台のモニターで視聴できる。2階閲覧相談室は、館が所蔵している京都の歴史に関する図書・史料の写真版を閲覧でき、（座席数11席）、京都の歴史を学ぶために、京都の歴史に関する一般的な相談を行っている。資料を複写可能。（有料複写サービス）。

日本の伝統を織りなす

西陣織会館 （28A2　152）

西陣織会館駐車場利用（P28）

見る（きものショー、手織りなどの実演）、**識る**（史料室）、**験す**（十二単・舞妓・小紋の着付け体験、手織り体験、マフラー製作体験）と銘打った京都を代表する伝統産業「西陣織」に関する博物館。小紋（おしゃれきもの）や浴衣（夏季）での、外出も可能となっている。西陣織のネクタイ、バック、小物を販売する売店も充実している。

一般には堀川通沿いの同施設から千本通に至る一帯が西陣と呼ばれ、応仁の乱で山名宗全率いる西軍が陣を張ったところ。上京区堀川通五辻西入るには、宗全の邸宅跡を示す碑が立っている。またこの地域は、町家の再生の各種プロジェクトも盛んに行われている。

樂焼450年の伝統のエッセンス

樂美術館 （28A3　155）

見学者専用駐車場

無料　10時～16時半　4台

桃山時代の初めに陶工**長次郎が生み出した樂焼**は、

千利休の侘び茶の理念を象徴する焼物として知られる。

昭和53年（1978）、樂家十四代吉左衛門・覚入によって開館した樂美術館には、初代長次郎以来450年にわたる樂歴代の作品と茶道工芸美術品、文書資料が保存公開されている。展示ケース越しの観賞だけではなく、実際に手にふれる企画もある（要予約）。手にふれる樂茶碗鑑賞会では狭い躙り口を潜り小間茶室へ。陰翳礼賛、小間ならではの雰囲気の中で道具組を見、その後広間にて樂歴代の作品を手にとって鑑賞できる。感触、重さ、量感等、見るだけでは分からない世界を楽しもう。

平安京ゆかりの地に立つ

京都市平安京創生館 87D2 153

京都アスニー駐車場利用（P87）

平安京は、延暦13年（794）に桓武天皇により定められた日本の首都で、明治2年（1869）に明治天皇が東京に遷都するまでの約1100年間の皇居だった。

唐の都・長安や平城京にならって東西4.6km、南北5.3kmの長方形に区画された都城で、現在の京都市中心部に建設された。市内各所では当時の史跡が多数出土し、都の南玄関・羅城門跡のように立て札とともに紹介されていることも多い。他にも、都造りに重視された四神相応の地形や各方面の守りなどを調べても面白い。

平安京創生館は、平成18年（2006）、京都市生涯学習総合センター（京都アスニー）内にオープン。平安時代に酒や酢を造る役所であった「造酒司」跡に立っており、入口には倉庫の柱跡が伺える。

館内で一番目を引くのが、**「平安京復元模型」**（1/1000・7.8m×6.6m）である。我が国最大級の歴史都市復元模型であり、考古学・歴史学・地理学・建築学等の研究者らの研究成果を結集し、当時の京都市中心部をきめ細かく再現したものである。国家的な饗宴施設だったという**豊楽殿の20分の1の復元模型**やその屋根を飾った**鴟尾の復元模型**（実物大・高さ1.5m）等も展示されており、興味深い。ボランティアガイドの解説がある。さらに、発掘調査で出土した遺物や復元品などで紹介する「平安京のくらしと文化」のコーナー、平安装束や平安貴族の遊び（囲碁・盤双六・貝合せ・偏継）を体験する「体験コーナー」など、様々な展示資料を常設している。

土の中の京都

京都市考古資料館 28A2 147

京都市考古資料館駐車場（又は付近コインパーキング利用も）　無料　9時～17時　2台

昭和51年（1976）財団法人京都市埋蔵文化財研究所設立、その業務で発掘・調査・研究の成果に基づいて、これを展示公開して普及啓発をはかるため、昭和54年「京都市考古資料館」が開設された。

京都市内の発掘調査によって発見された各時代の考古資料を展示・公開。1階は玄関ホール・特別展示室・速報展示・情報コーナー、**2階は常設展示**では、時代変遷別、土器変遷別に約700点の考古資料が並べられ、テーマ展示も行われる。資料のほかにも，映像やパソコンで原始時代から近世にかけての京都の歴史を学ぶことができる。

「暮しが仕事　仕事が暮し」

河井寛次郎記念館 39B3 147

三井のリパーク　東山税務署東駐車場等付近コインパーキング利用　200円/30分　24時間可　7台

記念館は、大正・昭和にかけて京都を拠点に活動した陶工・河井寛次郎の住まい兼仕事場を公開したもの。

建物のみならず、館内の家具や調度類も寛次郎のデザイン、あるいは蒐集によるもので、それぞれ個性を発揮しつつも、不思議な統一感を生み出している。

寛次郎は、大正9年（1920）この地、五条坂に住居と窯を持ち独立。大正10年（1921）、「第一回創作陶磁展」を開催、以降生涯にわたり、作品を発表。大正15年（1926）に提唱された「民藝運動」で、思想家の柳宗悦、陶芸家の濱田庄司とともに活躍もした。昭和12年（1937）自らの設計により自宅を建築（現在の記念館）。

なかに入ると、当時にタイムスリップしたかのよう。中庭をはさんで作業場だった**陶房**や**窯場**、**作品展示室**なども見学できる。作風は大きく、三期に分けられる。中国古陶磁を範とした初期、「用の美」の中期、「造形」の後期。餅花が下がる囲炉裏の間などは1階に。2階には書斎や居室、女性らしい佇まいを見せる妻つねの部屋などもある。日本全国、特に飛騨高山の民家を参考に、寛次郎独自の構想をもとに80年以上前に建てられた記念館では、板の間を歩いて畳に座ることや、障子越しのやわらかな光を浴びることで、日本建築のすがすがしさを感じられる場所となっている。見て楽しみ、感じて喜び、真似て面白がる。この記念館の土産は、「生活を楽しむ知恵」なのだ。

国登録有形文化財「七宝」

並河靖之七宝記念館 57A4 152

付近コインパーキング利用

明治期から昭和初期にかけて活躍した、日本を代表する七宝家であり帝室技芸員にも任命された並河靖之の明治27年（1894）建造の自宅兼工房が記念館。東山、三条神宮道を一筋北に上った白川沿いに建つ虫籠窓、駒寄せ、一文字瓦を伝える明治時代の町家である。

ここには靖之の作品130点余りを所蔵。並河家所蔵の七宝作品は世界の美術界でも貴重なコレクションでもあり、何よりも作家本人の生活と創作の場で、一部の作品を鑑賞できる。細く薄い金属の線で色彩を区切った有線七宝の技法が用いられており、描かれた意匠は花鳥風月から名所図まで実に様々。まるで絵筆で描かれたかのように繊細な絵付けが施されている。また、七代目小川治兵衛の手がけた、琵琶湖疏水を利用した庭園（京都市指定名勝）を一般に公開している。

過去100年間の学術標本・教育資料

京都大学総合博物館 (57A1 148)

タイムズ大本山百萬遍知恩寺(付近コインパーキング利用も)220円/30分　24時間可　67台

開学以来100年以上にわたって収集してきた学術標本資料約260万点を収蔵。総面積13,350㎡、展示面積2,470㎡と日本最大規模の大学博物館である。

常設展では、**文化史**として古文書や古地図などの日本史資料、石棺、日本古代文化の展開と東アジアに関する考古資料を展示。**自然史**として地震、化石、霊長類、温帯林の動植物、昆虫などの標本のほか、熱帯雨林を再現したランビルの森を展示。**技術史**として旧制第三高等学校や創設期の京大の紹介とともに、当時教材に使われた機械メカニズム模型を展示している。年2回ほど春と秋には企画展・特別展も開催される。ミュージアムショップもユニークだ。

中国古代青銅器の逸品

泉屋博古館 (57C3 151)

観覧者専用駐車場

無料　10時～17時　10台

昭和35年（1960）に寄贈された住友コレクションの中国古代青銅器約600点を中心に、中国・日本の書画約650点、茶道具約800点、能装束・能面が約250点、洋画約150点などを、東京六本木分館と合わせ約2,500点の東洋美術品を収蔵する美術館。

有名なものは、第15代当主住友友純（春翠）が明治中頃から大正期にかけて蒐集した中国青銅器と鏡鑑。

立地する左京区鹿ケ谷は穏やかな山容を間近にのぞむ景勝地として古くから知られ、明治以降は、数寄者が好んで別荘をかまえた地だ。住友春翠も、かつてここに別荘を構えた。昭和45年（1970）開館し、館の名称は住友家の屋号である「泉屋」と中国の青銅器の解説書『博古録』に由来するという。春季・秋季に企画展を開いており、他の期間は休館。

日本のなかの朝鮮文化

高麗美術館 (80C1 149)

観覧者専用駐車場

無料　10時～17時　3台

昭和63年（1988）創立の、日本で唯一の韓国専門美術館。磨製石剣や銅鏡などの考古資料をはじめ、高麗青磁や李朝白磁などの陶磁器、螺鈿や華角で装飾された木工品、山水図や花鳥図、民画などの絵画のほか、仏教美術、民俗資料など収蔵品は1,700点に及ぶ。

「国際情勢がどうあろうとも、民と民の交わりは絶えることはない」、朝鮮・日本文化の比較と相互理解が展示のテーマで、李朝当時の室内を再現した家具調度展示や、半島と日本の陶磁器の比較など展示も工夫されている。

周辺は豊臣秀吉が築いた「お土居」の北東端にあたり、遺構が現存している。

生きた植物の博物館

京都府立植物園 (80D2 148)

植物園駐車場利用(P80)

大正13年（1924）1月1日に「大典記念京都植物園」として開園した日本最古の公立総合植物園。現在では、総面積24万㎡の園内で約12,000種類の花・木を四季折々観賞できる。

南部には正門付近の四季折々の花が鑑賞できる正門花壇と、観覧温室及びバラを中心とした造形花壇、噴水や滝のある沈床花壇よりなる洋風庭園などがある。中でも、日本最大級の**観覧温室**では、キソウテンガイやバオバブなど世界の熱帯植物が観賞できる。

北部には、園内唯一の自然林である**「半木（なからぎ）の森」**があり、森の中心には上賀茂神社の境外末社である半木神社がある。また、日本各地の山野に自生する植物をできるだけ自然に近い状態で植栽した植物生態園などもある。

園内には他にも**桜**（約170品種500本）、**梅**（約60品種100本）、**花菖蒲**（約150品種1万株）、**椿**（約250品種600本）、**牡丹**（約160品種160株）、**芍薬**（約110品種330株）などの園芸植物や、**竹笹**（約70種）、針葉樹などを植栽した「日本の森」がより自然的な景観を形づくっている。

「植物園会館」は、研修室、展示室、園芸サロンの施設とともに、植物に関する図書を整備し、植物園に対する多様なニーズに応える。また、1年を通じて各種展示会をはじめ、植物園教室、観察会などの催しや、植物園芸相談などを行っている。

嵐山にゆかりのある芸術や文化に出会える

嵯峨嵐山文華館 101B3　149

京都市嵐山観光駐車場（P100）（付近コインパーキング利用も）

百人一首とは、百人の歌仙（歌人）の歌を一人一首ずつ選んだ和歌集のことで、一般には正月の歌かるたでお馴染みの小倉百人一首が知られている。藤原定家の編纂とされるこの歌集は、小倉山にあった定家の山荘から名づけられた。なお小倉山とは、渡月橋から見て北西の山で、古来紅葉の名所として知られる。

国内唯一の百人一首専門ミュージアムとして開かれていた「時雨殿」が、平成30年（2018）11月にリニューアルし、嵯峨嵐山文華館としてオープン。

常設展では、この地で誕生したとされる百人一首の様々な展示や日本画の数々、嵯峨嵐山にゆかりのある芸術や文化に出会える。1階の常設展示**「百人一首ヒストリー」**では江戸時代に作られた手書きの百人一首かるた札の展示や、ガラスケースに展示されている百人一首の和歌の前に、歌人を再現したミニチュアの可愛らしい人形が展示されており、歌の作品そのものだけでなく、魅力ある見せ方にも工夫が感じられる。他にも企画展スペースがある。2階は企画展を開催する畳ギャラリーとなっている。企画展が年4回開催されるほか、毎週土日には展示解説トークショーも行われ、競技かるたや講演会などのイベントが開催される。

四季の美しさを楽しめる石庭もある。庭に面したテラス部分は、カフェ「嵐山　OMOKAGEテラス」となっており、開放感のある空間から古くからの景勝地・嵐山を楽しめる。

酒どころの歴史

月桂冠大倉記念館 114A2　148

観覧者専用駐車場

無料　9時半～16時半　22台

明治時代の酒蔵を利用した**日本酒の博物館**で、酒どころ伏見の歴史や文化、伝統的な酒造技術、いにしえの酒造用具などを紹介している。ロビーで吟醸酒やプラムワインの試飲もでき、春・秋には、酒蔵寄席やコンサートを開催。オプション見学「酒香房」（モロミ発酵の様子）見学は電話予約が必要。売店では、記念館限定販売のアイテムをはじめとする月桂冠の商品（日本酒、リキュールほか飲料等）、奈良漬等一部食品やノベルティグッズを販売している。

この付近は、伏見城の外堀だった濠川が流れ、柳並木越しに白壁土蔵の酒蔵が建ち並ぶ。近年、伏見の酒蔵が「かおり風景100選」のひとつに選ばれ、春・秋には、**十石舟**（P150）も記念館裏濠川から三栖の閘門資料館までの往復で運行され、観光客の人気を得ている。乗船予約（075-623-1030）

十石舟乗船場向かいの**長建寺**（P152）、本尊が弁財天と珍しく、門や壁は朱塗りである。「島の弁天さん」と親しまれているこの寺は、元禄12年（1699）伏見奉行建部内匠頭政宇が中書島開発の際、深草大亀谷の即成就院から塔頭多聞院を分離して創建した。宝貝のお守りなど金運のご利益で人気があり、桜をはじめ四季折々の花が美しい寺だ。

見て、触れる、科学の不思議

京都市青少年科学センター 114C2　147

来館者専用駐車場

無料　9時～17時　30台

昭和44年（1969）開設、令和2年（2020）10月、リニューアルオープン。館内は全てバリアフリー。100点を超える体験型の展示品を通して、楽しみながら理科・科学を学べる。

2階の**第1展示場**では、肉食恐竜ティラノサウルスの動く復元模型や、恐竜・ゾウなどの化石、鴨川のいきものなどの水中に生きる生物（実物）、心臓の仕組みや働きを紹介するコーナーなどがあり、生物の多様性や人体の構造について学べる。3階の**第2展示室**では、地球や宇宙などの天文学のほか、地学、力学、化学などの展示が充実している。

屋外園では太陽光・水力・風力を活かした発電装置の展示や、約40種類の岩石や化石が並んだ岩石園、沖縄に生息する3種類のチョウを展示する「チョウの家」がある。夏季限定でカブトムシを観察できるコーナーなどもある。

プラネタリウムでは、肉眼で見られる6.55等級の恒星約9,500個と天の川の恒星約800万個を投映、明るく感動的な満天の星を見ることができる。当日の星空やさまざまな天文現象について解説。また、季節毎に変わるオリジナル番組を生解説で楽しむことができる。

土日祝には簡単な実験や工作を楽しめる「楽しい実験室」や、液体窒素を使った実験などを行う「サイエンスタイム」なども受ける事ができる。

パワースポット

黄金に輝く鳥居と金運パワー

御金神社 13B1 154

P リパーク押小路西洞院第2
500円/30分　24時間可　13台

刀や農具、鏡など金属の神である「金山毘古命」を祀る。

創建や変遷は不明だが、もともとは個人の屋敷の敷地内にある邸内社であったが、明治16年(1883)社殿が建立され境内が整えられた。

現在では、大型の農耕具や印刷機に至るまでの様々の機械にご利益があるとされ、通貨に用いられる金・銀・銅にもご利益があることから、金運、資産運用、事業の発展や商売繁盛、株取引や不動産、宝くじ、ギャンブルの成功など、あらゆるお金関するモノを守る神として多くの人が訪れている。

境内に入る前に印象的なのは**黄金に輝く鳥居**。もともとは木製だった鳥居が台風により倒壊し、鉄製の鳥居が建てられた際に、地元の金箔会社の協力で黄金色に仕上げられたという。

境内は小さいが、黄金色の鈴緒をつけた本殿と、その奥にはご神木のイチョウの木がある。本殿横や軒にはこの**イチョウの形をした絵馬**が奉納されており、ご利益にまつわる様々な願い事が刻まれている。夜は黄金の鳥居がライトアップされ、よりきらびやかな様子。

「まりの神様」精大明神

白峯神宮 28A2 150

P 参拝者専用駐車場
無料　8時～16時半　15台

慶応4年(1868・明治元年)明治天皇が、父孝明天皇の遺志を継ぎ、四国の白峰より神霊を移し、社殿を造営したのが起り。主祭神は崇徳天皇・淳仁天皇。この地は蹴鞠の宗家である飛鳥井家の邸宅跡であり、境内地主社には代々「精大明神」を祀る。この「精大明神」はサッカーなどの球技をはじめ**スポーツ全般の守護神**として尊崇され、青色、赤色、白色の御守り「闘魂守」を求めて全国から参拝者が訪れる。また、球技上達祈願の後には、**「蹴鞠碑」**前での記念撮影も盛んに行われている。他にも潜龍社や伴緒社などの境内社があり、霊木の「小賀玉の木」は京都市の天然記念物に指定されている。4月14日(春季例大祭)と7月7日(精大明神祭)には、蹴鞠が古式ゆかしく奉納される。

陰陽師安倍晴明を祀る

晴明神社 28A3 151

P 風良都(ふらっと)ぱーく77(晴明神社の南隣)　200円/30分　24時間可　36台

平安中期の天文学者安倍晴明を祀る。晴明は朱雀天皇から一条天皇まで6代の天皇に仕え、当時の天文暦学から独特の**“陰陽道”**を確立。朝廷の祭政や生活の基範に貢献した。今日の日常生活の基準とする年中行事、暦術、占法等はこれに由来するともされている。寛弘2年(1005)とされる、晴明の死後に一条天皇がその功績をしのび、晴明の屋敷跡である現在の場所に創祀したという。方除守護、火災守護、病気平癒等。神紋は俗に晴明

桔梗ともいわれる独特のもので、陰陽道に用いられる祈祷呪符の一つ。天地五行（木・火・土・金・水）を象どり宇宙万物の除災清浄をあらわすという。ギリシャ語では、ペンタグラムと称し欧米諸国でも魔除の印としている。この**晴明桔梗・五芒星**が縫いこまれたお守りは、数々あり人気。秋分の日の例祭・神幸祭には湯立神楽（前夜の宵宮祭）、神輿、少年鼓笛隊、鉾車、飾馬の行列などが出て、献茶、献花等もあり、境内には、露店が立ちならび賑やか。

晴明命日の9月26日に嵐山の晴明墓所においての嵯峨墓所祭が行われる。

義経ゆかりの旅行の神様

首途八幡宮　87D1　147

タイムズ今出川智恵光院
110円/30分　24時間可　6台

もとの名を「内野八幡宮」といい、大内裏の旧地に祀られていた王城鎮護の神とされていたが、いつの頃からかこの西陣に移ったといわれる。祭神として誉田別尊（応神天皇）・比賣大神・息長帯姫命（神功皇后）を祀る。

一説にかつてこの地に金売吉次の屋敷があったと伝えられ、当社はその邸内の鎮守社といい、平安時代末期の承安4年（1174）牛若丸（源義経）が奥州平泉に赴くに際し、道中の安全を祈願して出立したといわれる。**「首途」**とは、「出発」の意味で、かかる由縁より「首途八幡宮」と呼ばれるようになった。この故事により、特に旅立ち、旅行の安全の信仰を集める。

全国でも珍しく、本殿が丘の上にある。一説によれば、この場所はかつて古墳で、小高い丘はその名残だそうだ。また、義経が奥州へ首途して830年目を記念した**「源義経奥州首途之地」**と書かれた石碑があり、義経ゆかりの場所としても人気がある。

足腰の守護神

護王神社　28B3　149

神社北側駐車場（下長者町通沿い）及び南側駐車場　無料　15台

平安京造営に尽力した和気清麻呂と姉の広虫を祭神とする。清麻呂が生前、河内に神願寺を建立し、死後に寺は京都高雄に移転し、神護寺と改名した。平安末期には衰微したが、文覚上人が再興にあたり、境内に清麻呂を護王善神として祀り，鎮守社としたのが始まりという。現在の地に移ったのは、明治19年（1866）のこと。

境内拝殿前には狛犬の代わりに**猪像**があるが、これは僧弓削道鏡の怒りを買い、足の腱を切られ大隅国に流された清麻呂を、猪が守護したという故事にちなむ。その後、崇敬者により境内の霊猪像（狛いのしし）が奉納され、「いのしし神社」とも呼ばれるようになった。その後、清麻呂の足は不思議と治り、立って歩くことができるようになったことから足腰の守護神として広く崇敬されている。

【エリアページで紹介している人気パワースポット】
- 下鴨神社三社（P31）
- 楊貴妃観音堂（P40・泉涌寺）
- 地主神社（P46）
- 安井金比羅宮（P48）
- 美御前社（P52・八坂神社）
- 鞍馬寺（P77）
- 貴船神社（P78）
- 車折神社（P98）
- 伏見稲荷大社（P113）

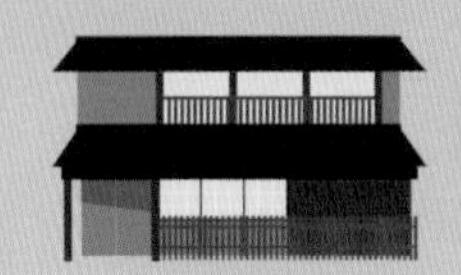

伝統的建造物群保存地区

産寧坂伝統的建造物群保存地区 39C2

清水寺から八坂神社に向かう途中、石畳に覆われた風情ある町並みがあらわれる。**産寧坂（三年坂）や二年坂、石塀小路**を中心とした伝統的建造物群保存地区である。石段や折れ曲がった石畳の道に沿った町家が、まさに京都らしい景観をつくっている。これらの多くは、江戸時代末期から大正時代にかけての建物で、料亭や旅館、土産物屋として利用されている。

辺りは平安京以前から開けていたという古い土地で、数多くの神社仏閣が集まっている。特に清水寺への参詣道として重要だったようで、清水の子安観音（安産祈願）にちなみ、産むに寧い坂、産寧坂という名前を見ることができる。

これがいつの間にか、転ぶと3年で死ぬという三年坂とも呼ばれるようになり、おまけに転んでも死なないまじないの瓢箪屋があったりもする観光名所へと姿を変えていった。

急勾配の石畳の坂道は、二年坂、高台寺へと通じる。二年坂を越えた高台寺北門通（ねねの道）と、その一本西の下河原通をつなぐ石畳は特に美しく石塀小路と呼ばれ、テレビによく登場する。現在は、旅館や料亭、庭園が美しいカフェなどが立ち並び、石畳を一歩一歩踏みしめていくと、そこはかとなく京情緒に包まれる。

祇園新橋伝統的建造物群保存地区 39B1

祇園は、祇園社（現在の八坂神社）をはじめとする鴨東の社寺や鴨川に接して開け、中世以来、庶民文化や芸能を育ててきたところだ。後年、江戸初期に完成した鴨川の築堤工事は、鴨東への市街地の拡大と遊興の地としての祇園の発展をさらにすすめた。この祇園新橋地区は、祇園外六町に続いて、正徳2年（1712）、祇園内六町の茶屋街として、花街が開発されたのがはじまり。その後は、江戸末期から明治にかけて芝居、芸能と結びついてますます繁栄した。

だが、慶応元年（1865）、祇園一帯が火災に遭い、現在の町並みは、明治時代以降のものである。

白川の両側に川に接して座敷が並んでいたが、戦時中、疎開により片側が除去され、白川南通になった。**14,000㎡の当地区（縄手通の東、新橋通と白川に面する地域、東西約160m・南北約100m）**は、質の高い洗練された町家が整然として建ち並び、さらに美しい流れの白川や石畳、桜並木などと一体となって優れた歴史的風致を形成している。

祇園新橋の巽橋付近は、特に雰囲気があり人気スポットである。

上賀茂伝統的建造物群保存地区 80C1

この付近は、室町時代から上賀茂神社の神官の屋敷町として町並みが形成されてきた。明治維新までの旧集落は、神官と農民が集住する特殊な性格を持つ集落であり、一般に**社家町**と呼ばれるようになった。

変遷はあるも、ここ明神川沿いには今日も社家が旧来のまま地域を成し、他所で滅びた貴重な社家町が残っている。明神川に架かる土橋、川沿いの土塀、社家の門、妻入りの社家、土塀越しの庭の緑、これらが一体となって江戸期にできた社家町の貴重な歴史的風致を形成している。

■明神川とは

源流は賀茂川となり、上賀茂神社境内を流れる神聖な川でもある。賀茂川から分水し明神川となり、御生所川や御手洗川と名前を変え、神社楼門前で御物忌川と合流すると「ならの小川」(楢の小川)に名前を変え、境内を出ると明神川に再び名前を変える。

明神川沿いの社家屋敷は、明神川の流れを庭に引き入れて遣水として、多くは再び明神川にもどしている。かつて、神社が神領として賀茂の農地を支配していたとき、明神川沿いの社家は明神川の流れを遣水によって管理していたと考えられる。

嵯峨鳥居本伝統的建造物群保存地区 101A1/2

嵯峨野の西北に位置する鳥居本地区は、室町末期頃、農林業中心の集落として開かれたが、江戸中期になると愛宕神社の門前町としての性格も加わり、農家、町家のほかに茶店なども建ち並ぶようになった。

保存地区は嵯峨野の西北愛宕街道に沿った長さ約600m、面積約26,000㎡。その中ほどにある化野念仏寺を境として上地区と下地区に分けると、愛宕神社の一の鳥居に近い上地区は主として茅葺の農家風、下地区は町家風の建物が周囲の美しい自然景観を背景に建ち並び、すぐれた歴史的風致を形成している。

こうした特徴を残す建物・内装が、**京都市嵯峨鳥居本町並み保存館**(P149)として公開されている。ここは明治時代初期に建てられた「むしこ造り町家住居様式」の中2階建。「むしこ」の由来とされる中2階の土塗りのたて格子「虫籠窓」や、一階の窓の格子、折り畳みベッド風の「ばったり床几」、馬を繋いだ「駒寄せ」、屋根に「煙出し」などを備えている。土間には今も水をたたえる井戸や、「おくどさん」と呼ばれるかまどがある。昭和初期の愛宕街道の町並みを精密に復元した模型も展示されている。

もっとも近年は観光客目当ての土産品店や飲食店が目立ちはじめ、東山の清水坂にも負けない賑わいを呈しているが、自然を背景として伝統的な町並みをのこしている点では貴重である。

早朝おすすめスポット

昼間は賑やかな京都も、早朝なら一風変わった癒しの街へ。
静けさに包まれた名所をお楽しみください。開門、拝観、お守り等授与は時間に注意。

東寺　地図P13A/B5

開門は朝5時、人も少なく、鳥のさえずりや冷んやりとした風を感じながら、清々しい気持ちでゆっくりと広い境内を散歩することができる。弘法大師空海の住房だった御影堂で、毎朝6時から、一の膳、二の膳、お茶をお供えする、生身供がはじまる。

参拝希望者は、午前5時50分ごろまでに御影堂の唐門、または西門前に。10回の鐘の音の後、門が開く。その後は、毎日お参りに来ている方々に倣い御影堂の外陣へ。

法要の最後には、弘法大師空海が持ち帰った仏舎利を頭と両手に授けられる。お舎利さん（仏舎利）の授与は、午前6時20分頃と午前7時20分頃の2回という。金堂・講堂の拝観時間は午前8時。

西本願寺　地図P13B4

5時半開門。しーんとした境内は、厳かだ。境内には桃山時代（16世紀後半）を代表する建造物が多数あり、国宝の御影堂、阿弥陀堂など。

東本願寺　地図P13C4

5時50分開門（3月～10月）。御影堂門は京都三大門の一つで、その大きさと荘厳さに驚かされる。阿弥陀堂では、毎朝7時より「晨朝法要」が行われ、お坊様と一緒にお勤めができるそう。

鴨川公園　地図P28D2

鴨川の河川敷に整備された公園。鴨川と高野川の合流地「出町柳駅前デルタ」は、川に空の色が反射してキラキラしている。地元の人に混じって散歩したり、飛石で遊んだり、のどかな時間が楽しめるだろう。

下鴨神社　地図P28D1

6時半開門。広大な境内を包み込む「糺の森」。早朝の表参道を歩けば、周りは古い樹木が立ち並び、清々しく静かで心洗われる空気を感じられる。平行して流鏑馬の馬場が通っている。

清水寺　地図P39C2・3

開門・拝観時間は朝6時、独占してゆっくり見られる時間だ。「清水の舞台」「奥の院」前などからは、季節によっては次第に明るくなる、清々しい朝の京都を見下ろすことができる。そして、風情ある産寧坂、二年坂散策もおススメ。

八坂神社と円山公園　地図P39B/C1

凛とした空気の中、「祇園さん」の参詣と、東山を背に約86,641㎡の回遊式日本庭園を散策。祇園シダレザクラを代表として、春は京都の桜の名所の一つである。

南禅寺水路閣　地図P57D4

アーチ型のレトロな煉瓦造りの、琵琶湖疏水の水道橋。モダンな感じでまるで絵のような水路閣は、ドラマの撮影スポットとしても有名だ。散策を楽しんで奥にある階段を登ってみよう、思ったより速い流れに注意して。

数分で行き止まり、安心して歩いてみては。

上賀茂神社　地図P80C1

二ノ鳥居は5時半開門、細殿前の「立砂」は神が降臨したといわれる「神山」を模したもの。鬼門にまく清めの砂の起源とされる。

北野天満宮　地図P87C/D1

令和5年（2023）4月より朝7時に開門。朝の清らかな空気に包まれて参拝することができる。例年2月初旬「梅園」には梅50種約1,500本が植えられていて、春は白やピンクの花が咲き乱れる。5月上旬～6月下旬「御土居の青もみじ」、「もみじ苑」の紅葉と、季節ごとに華やぐ神社。いずれも9時から公開で有料。

龍安寺　地図P87B1

拝観時間は午前8時（3月1日～11月30日）。朝一番はほとんど人もおらず、鳥のさえずりだけが聞こえる静寂の中で、石庭にある凛とした岩が目に焼き付く。方丈のどこから眺めても15個の石全てを一度に見ることはできないという、不思議な仕掛けがあるといい、独り占めの幽玄の空間と時間に浸る一時を。

続いては、時折、水鳥が行き交う「鏡容池」へ。この回遊式庭園では、季節ごとに異なる景色が楽しめ、特に夏の睡蓮がおススメ。

嵐山・渡月橋　地図P101C3・4

嵐山のシンボル「渡月橋」、朝陽に照らされキラキラと輝く川面、うっすらと霞がかった山々と渡月橋、その美しさに感動。鎌倉時代に亀山上皇が満月の晩に舟遊びをし、月が橋の上を渡るように見えることから「くまなき月の渡るに似る」と詠われ、渡月橋と名付けられたという。

嵯峨野竹林周辺散策　地図P101B3

木漏れ日を浴びて、緑の大きなトンネル「竹の道」を散策、早朝はほとんど人気のない癒しの小径。そして、毎年12月には「京都・嵐山花灯路」が開催され、ライトアップされた幻想的な竹の道が体験できる。

伏見稲荷大社　地図P114D1

24時間参拝できるところ。朱塗りの美しい「千本鳥居」のすき間から差す陽光、何か神秘的な感じにうっとりとする。

時間があれば、お山めぐり(約2時間)チャレンジを楽しむのもおススメ。

社寺文化施設一覧

名称	電話番号　市外局番（075） 所在地・交通（最寄）	時間・所要分・休み	料金ほか（大（大学生）・高（高校生）・中（中学生）・小（小学生））《専用駐車有無・料金》 ＊CPはコインパーキング	本文頁 地図索引
化野念仏寺 〈あだしの〉	861-2221　右京区嵯峨鳥居本化野町17 京都バス/鳥居本	9時～16時半（12～2月は～15時半）　**所要20分** 積雪等の場合休みあり	一般500・高中400円・小無料（保護者同伴に限る）　《掲載頁付記》	105 101A2
嵐山モンキーパーク いわたやま	872-0950　西京区嵐山元録山町8　阪急電車・嵐電/嵐山駅　市バス・京都バス/嵐山公園	9時～16時半（入場は30分前） **所要60分**　不定休（悪天候による休園あり）	高校生以上600・中以下（4歳以上）300円 《掲載頁付記》	107 101B4
安楽寺 〈あんらくじ〉	771-5360　左京区鹿ヶ谷御所ノ段町21 市バス/錦林車庫前	10時～16時　**所要40分**　特別公開日のみ	一般500円・中以下無料 特別公開は4月上旬の土日（桜）・5月上旬の土日祝（ツツジ）・5月下旬～6月上旬の土日（さつき）、7月25日（鹿ケ谷カボチャ供養）、11月の土日祝・12月上旬の土日（もみじ）　《掲載頁付記》	63 57D2
今宮神社 〈いまみや〉	491-0082　北区紫野今宮町21 市バス/今宮神社前　市バス/船岡山	9時～17時（社務所）	参拝自由 《掲載頁付記》	82 80B2
岩倉具視幽棲旧宅・対岳文庫 〈いわくらともみゆうせい〉	781-7984　左京区岩倉上蔵町100　京都バス/岩倉実相院	現在事前予約制　9時～17時（入場～16時半） **所要20分** 水曜休（祝日の場合翌日）・年末年始休	一般400・高中200・小100円 ※ただし、11月20～26日は一般500円 《掲載頁付記》	71 72B1
石清水八幡宮 〈いわしみず〉	981-3001　京都府八幡市八幡高坊30 京阪電鉄/石清水八幡宮駅	開閉門時間　1月20日～12月31日は6時～18時（年末年始は変動）　**所要40分**	無料 《掲載頁付記》	131 132A1
引接寺 **（千本ゑんま堂）** 〈いんじょうじ〉	462-3332　上京区千本通廬山寺上ル閻魔前町34　市バス/乾隆校前	9時半～16時※拝観開始時間あり **所要20分**　無休	無料（本殿昇殿は500円） 《掲載頁付記》	88 87D1
宇治上神社 〈うじがみ〉	0774-21-4634　宇治市宇治山田59 JR・京阪電鉄/宇治駅	5時～16時半 **所要20分** 無休	参拝自由 《掲載頁付記》	124 114D5
宇治市源氏物語ミュージアム	0774-39-9300　宇治市宇治東内45-26　JR・京阪電鉄/宇治駅	9時～17時（入館～16時半） **所要30分**　月曜休（祝日の場合翌日）・年末年始休	高校生以上600・中小300円 《掲載頁付記》	125 114D5
梅宮大社 〈うめのみや〉	861-2730　右京区梅津フケノ川町30 市バス/梅宮大社前	神苑は9時～17時（入苑～16時半） **所要20分**	参拝自由　神苑は高校生以上600・中小400円 《掲載頁付記》	110 101D4
雲龍院（泉涌寺塔頭） 〈うんりゅういん〉	541-3916　東山区泉涌寺山内町36 市バス/泉涌寺道　JR・京阪電鉄/東福寺駅	9時～17時（受付は～16時半） **所要20分** 水曜休※但し11月を除く	400円 《泉涌寺参照》	(41) 39C5
永観堂（禅林寺） 〈えいかんどう〉	761-0007　左京区永観堂町48 市バス/南禅寺・永観堂道、東天王町	9時～17時（受付～16時） 秋の寺宝展期間中は異なる **所要30分**	大人600・高中小400円（画仙堂、庫裏、浴室、永観堂会館は除く）※寺宝展期間は異なる 《掲載頁付記》	62 57D3
圓光寺 〈えんこうじ〉	781-8025　左京区一乗寺小谷町13 市・京都バス/一乗寺下り松町	9時～17時　**所要30分** 年末休	一般600・高中小300円（紅葉特別拝観は事前予約制で料金も異なる） 《掲載頁付記》	69 67C4
円通寺 〈えんつうじ〉	781-1875　左京区岩倉幡枝町389 京都バス/西幡枝（円通寺前）、幡枝くるすの公園前	10時～16時半（12～3月は～16時）受付は30分前 **所要20分** 水曜日・12月末3日間(不定)・特別法要日	高校生以上500（団体は事前申込）・中小300円（小は要大人同伴）　30名以上の団体は要事前申し込み 《掲載頁付記》	73 72A2
圓徳院（高台寺塔頭） 〈えんとくいん〉	525-0101　東山区高台寺下河原町530 市・京阪バス/東山安井	10時～17時（閉門は17時半） **所要30分**	大人500・高中200円 《高台寺駐車場利用》	(51) 39C2
厭離庵 〈えんりあん〉	861-2508　右京区嵯峨二尊院門前善光寺山町2 市バス/嵯峨釈迦堂前	9時～16時　**所要20分**	11月1日～12月7日のみ拝観　志納（500円位）　それ以外は電話予約による申込みのみ 《清凉寺駐車場利用》	106 101B2
延暦寺 〈えんりゃくじ〉	077-578-0001　滋賀県大津市坂本本町4220 京都・京阪バス/延暦寺バスセンター	東塔は9時～16時 西塔・横川は9時～16時（12～2月は9時半～16時） 受付は15分前　**所要60分**	大人1000・高中600・小300円 （国宝殿とのセットは大人1500・高中900円・小はセットなし+100円） 《掲載頁付記》	76 72D3
黄梅院（大徳寺塔頭） 〈おうばいいん〉	231-7015（京都春秋事務局）　北区紫野大徳寺町　市バス/大徳寺前	10時～16時（受付終了）　**所要60分**（呈茶・法話・拝観・説明）	春秋の特別公開のみ　一般800・高中400円・小以下無料（大人同伴） 《大徳寺駐車場利用》	(82) 80B2
大石神社 〈おおいし〉	581-5645　山科区西野山桜ノ馬場町116　京阪バス/大石神社前	9時～16時　**所要20分** 休館日なし	拝観無料 《掲載頁付記》	118 8C4
大河内山荘 〈おおこうち〉	872-2233　右京区嵯峨小倉山田淵山町8　市・京都バス/野々宮	9時～17時（受付は30分前）　**所要40分**	高校生以上1000・中小500円 《掲載頁付記》	102 101B3
大田神社 **（上賀茂神社の境外摂社）** 〈おおた〉	075-781-0907　北区上賀茂本山340 市バス/上賀茂神社前	9時～16時半　**所要15分**	境内自由　カキツバタ育成協力金（開花時）300円 《上賀茂神社駐車場利用可（5/1・5・15・16除く）》	- 80D1
大原野神社 〈おおはらの〉	331-0014　西京区大原野南春日町1152　阪急バス/南春日町	9時～17時　**所要20分**	参拝無料 《掲載頁付記》	126 8C1
アサヒグループ大山崎山荘美術館 〈おおやまざきさんそう〉	957-3123（総合案内）　京都府乙訓郡大山崎町銭原5-3 JR京都線/山崎駅　阪急京都線/大山崎駅	10時～17時（入館は30分前） **所要30分**　月曜日（祝日の場合は翌火曜 ）、臨時休館、年末年始、他休	企画展により異なる。 大高500円・中小無料 《掲載頁付記》	130 8A1
愛宕念仏寺 〈おたぎ〉	285-1549　右京区嵯峨鳥居本深谷町2-5　京都バス/愛宕寺前	8時～16時半　**所要20分**	高校生以上300円・中小無料 《掲載頁付記》	105 101A1
乙訓寺 〈おとくにでら〉	951-5759　京都府長岡京市今里3丁目14-7 阪急/長岡天神駅より阪急バス/薬師堂	8時～17時	高校生以上500円・中以下無料　ボタンの寺としても有名で、4月下旬から5月上旬頃には、約2,000株の花が大輪の花を咲かせる。 《500円/回　50台》	130 8B2

※内容は各物件の都合により、予告なく変更される場合があります。特に新型コロナウイルス感染症（COVID-19）等の影響により、拝観・見学の休止や時間制限、料金変更などがあります。訪問の際には、各施設へお確かめください。

名称	電話番号　市外局番（075） 所在地・交通（最寄）	時間・所要分・休み	料金ほか（大（大学生）・高（高校生）・中（中学生）・小（小学生））《専用駐車有無・料金》 ＊CPはコインパーキング	本文頁 地図索引
ガーデン ミュージアム比叡	707-7733　左京区修学院尺羅ヶ谷四明ヶ嶽4 叡山ケーブル・ロープウェイ/比叡山頂駅	10時～17時半（入園は～17時、季節により異なる） **所要100分** 木曜日・12月初旬から4月中旬の冬季	中学生以上1200・小600円（季節により異なる） 《掲載頁付記》	77 72C3
戒光寺 （泉涌寺塔頭） 〈かいこうじ〉	561-5209　東山区泉涌寺山内町29 JR・京阪電鉄/東福寺駅 市バス/泉涌寺道	9時～17時	無料　10名以上は要予約（内陣特別拝観は春・秋のみ、500円） 《泉涌寺駐車場利用》	(41) 39B4/5
蚕の社 （木島坐天照御魂神社） 〈かいこのやしろ〉	861-2074　右京区太秦森ヶ東町50　嵐電/蚕の社駅　市・京都バス/蚕の社　地下鉄東西線/太秦天神川駅	自由拝観　**所要15分**	参拝無料 《掲載頁付記》	97 87B2
勧修寺 〈かじゅうじ〉	571-0048　山科区勧修寺仁王堂町27-6　地下鉄東西線/小野駅	9時～16時　**所要20分**	高校生以上400・中小200円（庭園拝観のみ） 《掲載頁付記》	119 114A3
首途八幡宮 〈かどで〉	431-0977　上京区智恵光院通今出川上ル桜井町102-1　市バス/今出川大宮	参拝自由　**所要15分**	境内自由 《掲載頁付記》	141 87D1
上賀茂神社 〈かみがも〉	781-0011　北区上賀茂本山339 市バス/上賀茂神社前、上賀茂御薗橋	境内（楼門・授与所）は8時～16時45分（祭典により異なる） **所要30分**	参拝自由　「国宝・本殿特別参拝とご神宝の拝観」は、大人500円・中以下無料（家族同伴者要）、10時～16時（葵祭・年末年始休） 《掲載頁付記》	79 80C1
河井寛次郎記念館 〈かわいかんじろう〉	561-3585　東山区五条坂鐘鋳町569 市バス/馬町	10時～17時（入館～16時半） **所要20分**　月曜（祝日の場合翌日）、盆・年末年始休	一般900・大高500・中小300円 《掲載頁付記》	137 39B3
漢検　漢字博物館・図書館 （漢字ミュージアム） 〈かんけん〉	757-8686 東山区祇園町南側551　市・京阪バス/祇園	9時半～17時（入館～16時半） **所要30分** 月曜（祝日の場合翌日）・年末年始休　※時期により異なる場合あり（HP参照）	一般800・大高500・中小300円 （修旅生2名以上は100円引き） 《掲載頁付記》	50 39B1
観音寺 （普賢寺大御堂） 〈かんのんじ〉	0774-62-0668　京都府京田辺市字普賢寺下大門13 JR・近鉄電車/三山木駅	9時～17時　不定休 **所要20分**	志納料400円 《掲載頁付記》	134 132B2
祇王寺（大覚寺塔頭） 〈ぎおうじ〉	861-3574　右京区嵯峨鳥居本小坂町32　市・京都バス/嵯峨釈迦堂前	9時～16時半（最終受付） **所要15分**	一般300・高校生以下100円（大覚寺との共通券あり、大人券のみ） 《掲載頁付記》	(104) 101A2
ギオンコーナー	561-3901（おおきに財団）　東山区祇園町南側570-2　祇園甲部歌舞練場小劇場 市・京阪バス/祇園	①18時～②19時～※修学旅行昼間の特別公演は要問合せ **所要60分**	一般入場料金は23歳以上5500・16～23歳未満3850・7～16歳未満3300円 修学旅行小中高生は1500円※要事前申込 《掲載頁付記》	49 39B2
北野天満宮 〈きたのてんまんぐう〉	461-0005　上京区馬喰町　市バス/北野天満宮前	7時～17時 社務所は9時～19時半（宝物殿は9時～16時）　**所要30分**	境内は参拝自由（観梅・青もみじ・紅葉シーズンは有料エリアあり） 宝物殿特別拝観は一般1000・高中500・小と修旅生250円、毎月25日・12/1・1/1・観梅・青もみじ・紅葉シーズン等開館）　《掲載頁付記》	85 87C/D1
貴船神社 〈きふね〉	741-2016　左京区鞍馬貴船町180　京都バス/貴船　叡山電鉄/貴船口	6時～20時（12/1～4/30は～18時、行事等により変更あり）社務所は9時～17時　**所要20分**	参拝自由 《掲載頁付記》	78 9H3
旧三井家下鴨別邸 （きゅうみついけしもがもべってい）	366-4321　左京区下鴨宮河町58-2 市バス/葵橋西詰、出町柳駅前	9時～17時（受付は～16時半） **所要20分**　水曜（祝日の場合翌日）・年末休	一般500・高中300・小200円　※一般は土日祝日は600円 《京都市出町駐車場利用》	(31) 28D2
京都御苑・御所 〈ぎょえん・ごしょ〉	211-6364　上京区京都御苑3番地 地下鉄/今出川駅、丸太町駅	**所要60分**	苑内自由 御苑及び離宮等の施設（京都御所・仙洞御所・京都迎賓館・修学院離宮・桂離宮）の拝観・見学は宮内庁のHPを参照　《掲載頁付記》	27 28C3
京都国際 マンガミュージアム	254-7414　中京区烏丸通御池上ル金吹町452　地下鉄/烏丸御池駅　市・京都バス/烏丸御池	10時半～17時半（受付は30分前）　**所要30分** 水曜（祝日の場合翌日）・年末年始・メンテナンス期間休	大人900・高中400・小200円、特別展は別料金 《掲載頁付記》	26 13C1
京都国立 近代美術館	761-4111　左京区岡崎円勝寺町26-1 市バス/岡崎公園 美術館・平安神宮前　地下鉄/東山駅	10時～18時（受付は30分前まで、金曜・土曜日夜間開館あり） **所要30分**　月曜（祝日の場合翌日）・年末年始・展示替期間休	一般430・大130円・高校生以下無料（コレクション・ギャラリー）、企画展は展示により異なる。 《掲載頁付記》	58 57A3
京都国立博物館	525-2473　東山区茶屋町527 市バス/博物館三十三間堂前 京阪電鉄/七条駅	9時半～17時（夜間開館は要問合せ）　入館は閉館の30分前まで **所要60分**　月曜（祝日の場合翌日）・年末年始休	名品ギャラリー（平常展示）は一般700・大学生350円・高校生以下無料　※特別展は異なる。 特別展の前後期間のみ庭園や名品ギャラリー（平常展示）は見学できる。HP確認。　《掲載頁付記》	42 39B3
京都市 京セラ美術館	771-4334　左京区岡崎公園内 市バス/岡崎公園 美術館・平安神宮前　地下鉄/東山駅	10時～18時（最終入館は展示により異なる）　**所要30分**　月曜（祝日の場合開館）・年末年始休	コレクションルーム：一般730・高校生以下300円※特別展は異なる。 《掲載頁付記》	58 57B3
京都市考古資料館	432-3245　上京区今出川通大宮東入ル元伊佐町265-1　市バス/今出川大宮、市バス/堀川今出川	9時～17時（入館は～16時半まで）　**所要20分**　月曜（祝日の場合翌日）・年末年始休	無料 《掲載頁付記》	137 28A2
京都市青少年 科学センター	642-1601　伏見区深草池ノ内町13　市バス/青少年科学センター前　京阪電鉄/藤森駅　地下鉄・近鉄電車/竹田駅	9時～17時　**所要60分** 木曜（祝日の場合翌日、春・夏・冬休みの木曜日は開館）・年末年始休	科学センター入場料　一般520・高中200・小100円　プラネタリウム観覧料　一般520・高中200・小100円 《掲載頁付記》	139 114C2
京都市動物園	771-0210　左京区岡崎法勝寺町（岡崎公園内） 市バス/岡崎公園動物園前　地下鉄東西線/蹴上駅	3月～11月は9時～17時、12月～2月は9時～16時半（入園は閉園の30分前）　**所要40分** 月曜（月曜が祝日の場合はその翌平日）・年末年始休	一般750円・中以下無料 《掲載頁付記》	59 57B3

※時間は季節・天候によって若干変わる場合があります。
記載内容は2023年8月時点の情報です。（一部コロナ前の情報を含む）

名称	電話番号　市外局番（075） 所在地・交通（最寄）	時間・所要分・休み	料金ほか（大（大学生）・高（高校生）・中（中学生）・小（小学生））《専用駐車有無・料金》 ＊CPはコインパーキング	本文頁 地図索引
京都市歴史資料館	241-4312　上京区寺町通荒神口下ル松蔭町138-1 市バス/河原町丸太町	9時～17時　**所要20分** 月曜・祝日・年末年始・展示替期間休	無料 《掲載頁付記》	136 28D4
京都水族館	354-3130 京都市下京区観喜寺町（梅小路公園内）　市バス／七条大宮・京都水族館前　JR/梅小路京都西駅	日により異なる　**所要120分** 年中無休(臨時休業あり)	一般2400・高1800・中小1200・幼児800円 《掲載頁付記》	17 13B4
京都大学 総合博物館	753-3272　左京区吉田本町 市バス/百万遍	9時半～16時半（入館は～16時） **所要20分**　月曜・火曜・年末年始・6/18・8月第3水休	一般400・大学生300・高校生以下無料 《掲載頁付記》	138 57A1
京都タワー	361-3215　下京区烏丸通七条下ル東塩小路町721-1　京都駅前	10時～21時（受付は30分前、土日祝及び季節により変更あり） **所要30分**	一般900・高700・中小600・幼児200円 《掲載頁付記》	16 13C4
京都鉄道博物館	0570-080-462　下京区観喜寺町　市バス/梅小路公園前、梅小路公園・京都鉄道博物館前、JR/梅小路京都西駅	10時～17時（入館～16時半） **所要120分**　水曜（祝日・春夏休みは開館）・年末年始休	一般1500・大高1300・中小500・幼児200円（京都水族館との共通券あり） SLスチーム号乗車料金は高校生以上300・中以下100円 《掲載頁付記》	16 13A4
京都府京都 文化博物館（本館）	222-0888　中京区三条高倉 市・京都バス/堺町御池 地下鉄/烏丸御池駅・四条駅	10時～19時半（特別展は～18時、金曜のみ～19時半）　入場は30分前まで　**所要30分**　月曜（祝日の場合翌日）・年末年始休	総合展：一般500・大400円・高校生以下無料 特別展：展覧会により異なる 《掲載頁付記》	25 13C2
京都府立植物園	701-0141　左京区下鴨半木町 市・京都バス/植物園前　地下鉄/北山駅	9時～17時（受付～16時）、温室10時～16時（受付～15時半） **所要120分**　年末年始休	一般200・高150円・中小無料（温室同額別途料金） 《掲載頁付記》	138 80D2
京都万華鏡 ミュージアム 〈まんげきょう〉	254-7902　中京区姉小路通東洞院東入ル曇華院前町706-3 京都バス・市バス/烏丸御池　地下鉄烏丸線・東西線/烏丸御池駅	10時～18時（最終入館 17時半）　**所要30分** 月曜（祝日の場合は開館、翌日閉館）・年末年始休	一般500・高300・中小200円 《掲載頁付記》	26 13C1/2
京都霊山護国神社 〈りょうぜんごこく〉	561-7124　東山区清閑寺霊山町1　市・京阪バス/東山安井	8時～17時（入山は9時～） **所要30分**	高校生以上300・中小200円 《掲載頁付記》	51 39C2
清水寺 〈きよみずでら〉	551-1234　東山区清水1丁目294 市・京阪バス/五条坂、清水道	6時～18時（季節により変更あり、春夏秋の夜間拝観は～21時）　**所要40分**	高校生以上400・中小200円 《掲載頁付記》	45 39C3
成就院（清水寺塔頭） 〈じょうじゅいん〉	551-1234（清水寺）　東山区清水1丁目294 市・京阪バス/五条坂、清水道	9時～16時　**所要30分**	特別公開のみ（5月・11月頃に特別公開）　高校生以上600・中小300円（清水寺入山料別途） 《清水寺参照》	(45) 39C2
清水焼の郷 「清水焼団地」	581-6188　山科区川田清水焼団地町10-21 京阪バス/清水焼団地、川田	9時～17時（清水焼の郷会館） 土日祝・お盆・年末年始休 店舗により異なる	手び練りや絵付け体験など陶芸体験（事前申込） 《掲載頁付記》	118 8D4
金閣寺（鹿苑寺） （相国寺山外塔頭）	461-0013　北区金閣寺町1 市バス/金閣寺道	9時～17時　**所要30分**	高校生以上500・中小300円 《掲載頁付記》	89 87C1
銀閣寺（慈照寺） （相国寺山外塔頭）	771-5725　左京区銀閣寺町2 市バス/銀閣寺前・銀閣寺道　京都バス/銀閣寺道	8時半～17時（12月～2月末日は9時～16時半） **所要30分**	高校生以上500・中小300円 《掲載頁付記》	64 57D1
鞍馬寺 〈くらまでら〉	741-2003　左京区鞍馬本町1074　京都バス/鞍馬　叡山電鉄/鞍馬駅	9時～16時15分（霊宝殿は9時～16時）　**所要90分**　無休 ※霊宝殿は火曜（祝日の場合翌日）・12月12日～2月末日休	（愛山費）高校生以上500円・中小無料（霊宝殿は高校生以上200・中小100円） 《掲載頁付記》	77 9H3
車折神社 〈くるまざき〉	861-0039　右京区嵯峨朝日町23　市・京都バス/車折神社前 嵐電/車折神社駅	9時半～17時　**所要20分**	参拝自由 《掲載頁付記》	98 101D3
桂春院（妙心寺塔頭） 〈けいしゅんいん〉	463-6578　右京区花園寺ノ中町11 市・JRバス/妙心寺北門前	9時～17時（11月～3月は～16時半、特別公開別途）　**所要20分**　1/2・法要日休	中学生以上500円　茶室は非公開（特別公開は別途） 《妙心寺参照》	(94) 87B2
月桂冠大倉記念館 〈げっけいかんおおくら〉	623-2056　伏見区南浜町247 京阪電鉄/中書島駅　市バス/京橋	9時半～16時半（受付は30分前まで）　**所要40分** お盆・年末年始休	20才以上600・13～19才100円・12才以下無料 《掲載頁付記》	139 114A2
源光庵 〈げんこうあん〉	492-1858　北区鷹峯北鷹峯町47 市バス/鷹峯源光庵前	9時～17時　**所要20分** 法要時及臨時行事時休	中学生以上400・小200円（11月中は中学生以上500円） 《掲載頁付記》	83 80A1
建仁寺 〈けんにんじ〉	561-6363　東山区大和大路通四条下ル小松町584 市・京阪バス/東山安井・祇園	10時～17時（受付は30分前まで）　**所要30分** 行事休・年末休	大以上600・高中300・小200円（小学生以下だけでの拝観不可） 《掲載頁付記》	49 39B2
光悦寺 〈こうえつじ〉	491-1399　北区鷹峯光悦町29 市バス/鷹峯源光庵前	8時～16時半（紅葉時8時半～） **所要20分**　11/10～13は行事につき休み	中学生以上400円（紅葉時500円）・小無料（大人同伴） 《掲載頁付記》	82 80A1
弘源寺（天龍寺塔頭） 〈こうげんじ〉	881-1232　嵯峨天竜寺芒ノ馬場町65 市バス・京都バス/嵐山天龍寺前（嵐電嵐山駅）　嵐電/嵐山駅　JR/嵯峨嵐山駅	9時～17時（受付は15分前まで） **所要15分**	拝観は春・秋の特別公開時のみ　高校生以上500・中小300円 《天龍寺駐車場利用》	(99) 101B3
高山寺 〈こうさんじ〉	861-4204　右京区梅ヶ畑栂尾町8　市・JRバス/栂ノ尾	8時半～17時（受付～16時半） **所要40分**	中学生以上1000・小500・修学旅行生600円（秋期は別途入山料500円） 《掲載頁付記》	109 101B4
高台寺 〈こうだいじ〉	561-9966　東山区高台寺下河原町526 市・京阪バス/東山安井	9時～17時半（受付～17時） **所要30分**	一般600・高中250円・小無料（大人同伴）（掌美術館料金込み） 《掲載頁付記》	51 39C2
高台寺掌美術館 〈こうだいじしょう〉	561-1414　東山区高台寺下河原町530京・洛市「ねね」2階 市・京阪バス/東山安井	9時～17時半（入館は30分前まで）　**所要20分** 展示替え休	一般600・高中250円（高台寺拝観料込み） 《高台寺駐車場利用》	(51) 39C2
高桐院（大徳寺塔頭） 〈こうとういん〉	492-0068　北区紫野大徳寺町73-1（大徳寺山内） 市バス/大徳寺前、建勲神社前		拝観休止中。再開未定。 《大徳寺駐車場利用》	(81) 80B2

※内容は各物件の都合により、予告なく変更される場合があります。特に新型コロナウイルス感染症(COVID-19)等の影響により、拝観・見学の休止や時間制限、料金変更などがあります。訪問の際には、各施設へお確かめください。

名称	電話番号 市外局番（075） 所在地・交通（最寄）	時間・所要分・休み	料金ほか（大（大学生）・高（高校生）・中（中学生）・小（小学生））《専用駐車有無・料金》 ＊CPはコインパーキング	本文頁 地図索引
光明院（東福寺塔頭） 〈こうみょういん〉	561-7317 東山区本町15丁目809 東福寺山内 市バス/東福寺 JR/東福寺駅 京阪電鉄/鳥羽街道駅	7時頃～日没 **所要20分**	中学生以上300円・小無料 《東福寺駐車場利用》	(40) 39B5
（粟生）光明寺 〈こうみょうじ〉	955-0002 京都府長岡京市粟生西条ノ内26-1 阪急/長岡天神駅・JR東海道線/長岡京駅より阪急バス/旭が丘ホーム前	受付9時～16時 **所要20分**（紅葉期は40分）	紅葉期は大人1000・中高生500円 紅葉期を除いては無料 《掲載頁付記》	129 8B1
高麗美術館 〈こうらい〉	491-1192 北区紫竹上岸町15 市バス/加茂川中学前	10時～17時（入館～16時半） **所要40分** 水曜（祝日の場合翌日）・年末年始・展示替期間休	一般500・大高400円・中小無料（特別展は別途） 《掲載頁付記》	138 80C1
広隆寺 〈こうりゅうじ〉	861-1461 右京区太秦蜂岡町32 市・京都バス/太秦広隆寺前 嵐電/太秦広隆寺駅・撮影所前駅	9時～17時（12～2月は～16時半） **所要30分** 年中無休	参拝自由 新霊宝殿は一般800・高500・中小400円 ※桂宮院は拝観休止中 《掲載頁付記》	96 87A2
護王神社 〈ごおう〉	441-5458 上京区烏丸通下長者町下ル桜鶴円町385（京都御苑蛤御門前） 市バス/ 烏丸下長者町 地下鉄烏丸線/丸太町駅	6時～21時（授与所9時半～16時半） **所要20分**	参拝無料 《掲載頁付記》	141 28B3
苔寺（西芳寺） 〈こけでら〉	391-3631 西京区松尾神ヶ谷町56 京都バス/苔寺・すず虫寺 市バス/鈴虫寺・苔寺道	拝観は事前申込制で往復葉書又はオンライン 時間指定 **所要60分** 無休	拝観は中学生以上（HP参照） 冥加料3000円以上 《掲載頁付記》	111 101C5
御香宮 〈ごこうのみや〉	611-0559 伏見区御香宮門前町176 近鉄電車/桃山御陵前駅 京阪電車/伏見桃山駅 市バス/御香宮前	9時～16時 **所要20分** （石庭のみ不定休）	参拝自由 石庭は一般200・高中150円・小無料 《掲載頁付記》	115 114B1
金戒光明寺 （黒谷さん） 〈こんかいこうみょうじ〉	771-2204 左京区黒谷町121 市バス/東天王町、岡崎道、岡崎神社前	9時～16時 **所要30分** 秋に特別公開	志納（秋の特別拝観中は別途） 団体の場合は要予約 《掲載頁付記》	62 57B2
金地院（南禅寺塔頭） 〈こんちいん〉	771-3511 左京区南禅寺福地町86-12 地下鉄/蹴上駅 京阪バス/蹴上 市バス/南禅寺・永観堂道	9時～17時（12～2月は～16時半、受付は30分前） **所要20分** 年中無休	一般500・高300・中小200円※修旅生は高250・中小150円（特別拝観別途） 《南禅寺参照》	(61) 57C4
金福寺 〈こんぷくじ〉	791-1666 左京区一乗寺才形町20 市・京都バス/一乗寺下り松町	9時～17時（受付は30分前） **所要30分** 1/16～2月末・8/5～8/31・12/30～12/31休	一般500・高中300円・小無料 《掲載頁付記》	68 67C5
西明寺 〈さいみょうじ〉	861-1770 右京区梅ヶ畑槇尾町1 市・JRバス/槇ノ尾	9時～17時 **所要20分**	一般500・高中400円・小無料 《掲載頁付記》	109 101B4
嵯峨嵐山文華館 〈さがあらしやまぶんかかん〉	882-1111 右京区嵯峨天龍寺芒ノ馬場町11 市・京都バス/嵐山天龍寺前（嵐電嵐山駅） 嵐電/嵐山駅	10時～17時（入館は～16時半） **所要30分** 年末年始・展示替休	大学生以上1000・高600・中小400円 《掲載頁付記》	139 101B3
京都市嵯峨鳥居本町並み保存館 〈さがとりいもと〉	864-2406 右京区嵯峨鳥居本仙翁町8 京都バス/鳥居本	10時～16時 **所要20分** 月曜（祝日の場合翌日）・12/26～1/6休	入館無料 《掲載頁付記》	(143) 101A1
三十三間堂 （蓮華王院）	561-0467 東山区三十三間堂廻町657 市バス/博物館三十三間堂前、東山七条	8時半～17時（11/16～3/31は9時～16時）受付は共に30分前まで **所要30分**	一般600・高中400・小300円 《掲載頁付記》	41 39B3
三千院	744-2531 左京区大原来迎院町540 京都バス/大原	9時～17時（11月は8時半～、12～2月は9時～16時半）受付は30分前まで **所要60分** 無休	一般700・高中400・小150円 要予約で体験コースあり 《掲載頁付記》	73 72B3
三宝院（醍醐寺塔頭） 〈さんぽういん〉	571-0002 伏見区醍醐東大路町22 京阪バス/醍醐三宝院 地下鉄/醍醐駅	醍醐寺参照 **所要30分**	醍醐寺参照 《醍醐寺駐車場利用》	(120) 114B4
ジオラマ京都JAPAN	882-7432 右京区嵯峨天龍寺車道町 JR/嵯峨嵐山駅 市・京都バス/嵯峨瀬戸川町	9時～17時（受付は30分前まで） **所要20分** 営業日はWEBを確認	中学生以上530・小320円 ※トロッコ列車乗車の場合110円引 《付近CP利用》	102 101C3
地主神社 〈じしゅ〉	541-2097 東山区清水1-317 市・京阪バス/五条坂、清水道		※2025年頃まで社殿修復工事のため閉門 《清水寺参照》	46 39C2/3
詩仙堂 〈しせんどう〉	781-2954 左京区一乗寺門口町27 市・京都バス/一乗寺下り松町	9時～17時（受付～16時45分） **所要20分** 5/23（丈山忌）は一般拝観休	一般500・高400・中小200円 《掲載頁付記》	66 67C5
地蔵院（竹の寺） 〈じぞういん〉	381-3417 西京区山田北ノ町23 京都バス/苔寺・すず虫寺前 市バス/鈴虫寺・苔寺道	9時～16時半 7～8月は9時～13時半（土日祝と8/12～16は～16時半） 1月の平日は拝観休止（土日祝と三が日は9時～16時半） ※受付は30分まで **所要20分** 1/10～2/10の水・木曜は拝観休止、他休	一般500・高校生以下300円 《掲載頁付記》	112 101C5
実光院 （勝林院の子院） 〈じっこういん〉	744-2537 左京区大原勝林院町187 京都バス/大原	9時～16時（季節により変更）※茶席受付は～15時 **所要20分**	中学生以上500・小300円（別途400円で茶菓付） 団体は要予約 《三千院参照》	74 72B3
実相院 〈じっそういん〉	781-5464 左京区岩倉上蔵町121 京都バス/岩倉実相院	9時～17時 **所要20分** 不定休	高校生以上500・中小250円 《掲載頁付記》	71 72B1
島津製作所創業記念資料館 〈しまづ〉	255-0980 中京区木屋町通二条下ル 地下鉄/京都市役所前駅 市バス/京都市役所前	9時半～17時（入館～16時半） **所要30分** 水曜・土日祝・8月中旬・年末年始休	事前予約制 一般300・高中200円・小無料 《掲載頁付記》	136 13D1
下鴨神社 〈しもがも〉	781-0010 左京区下鴨泉川町59 市バス/下鴨神社前	開門6時半～17時（季節により変更） 大炊殿10時～16時 **所要30分**	参拝自由 大炊殿（神様の台所）・井戸屋形見学は、高校生以上500円・中以下無料 《掲載頁付記》	30 28D1
寂光院 〈じゃくこういん〉	744-3341 左京区大原草生町676 京都バス/大原	9時～17時（季節により変更）受付は30分前まで **所要20分**	高校生以上600・中350・小100円 《掲載頁付記》	75 72A3

※時間は季節・天候によって若干変わる場合があります。
記載内容は2023年8月時点の情報です。（一部コロナ前の情報を含む）

名称	電話番号　市外局番（075） 所在地・交通（最寄）	時間・所要分・休み	料金ほか（大（大学生）・高（高校生）・中（中学生）・小（小学生））《専用駐車有無・料金》 ＊CPはコインパーキング	本文頁 地図索引
酬恩庵一休寺 〈ほうしゅんあんいっきゅうじ〉	0774-62-0193　京都府京田辺市薪里ノ内102　近鉄電車/新田辺駅	9時～17時（宝物殿 9時半～16時半）受付は30分前まで　不定休 **所要30分**	一般500・高400・中300・小200円 《掲載頁付記》	135 132B2
十輪寺（業平寺） 〈じゅうりんじ〉	331-0154　西京区大原野小塩町481 阪急バス/小塩	9時～17時　**所要20分**	拝観料400円 《掲載頁付記》	127 8C1
十石舟 〈じっこくぶね〉	623-1030（予約）　乗船場：月桂冠大倉記念館裏 河川沿い　京阪電鉄/中書島駅 市バス/京橋	3月下旬～12月初旬運行10時～16時頃（季節により変動） **所要50分**　月曜休（祝日を除く、ただし、4・5・10・11月は運行） ※8月後半は運休	中学生以上1500・小以下750円 《付近CP利用》	(139) 114A2
寿宝寺 〈じゅほうじ〉	0774-65-3422　京都府京田辺市三山木塔ノ島20　JR・近鉄電車/三山木駅	9時～17時　不定休　**所要20分**	拝観料300円 《掲載頁付記》	134 132B2
松花堂庭園・美術館 〈しょうかどう〉	981-0010　京都府八幡市八幡女郎花43　京阪電鉄/石清水八幡宮駅より、京阪バス/大芝・松花堂前	9時～17時（入館は30分前） **所要40分**　月曜（祝日の場合翌平日）・年末年始休	庭園は一般300・大高220・中小150円　美術館入館料は一般400円～（展覧会により異なる） 《掲載頁付記》	133 132A1
将軍塚青龍殿 （大日堂） （青蓮院の飛地境内） 〈しょうぐんづかせいりゅうじ〉	771-0390　山科区厨子奥花鳥町28 ＊京阪バス（70系統）が、三条京阪、蹴上等から1時間1便を、年間土・日・祭日、11月は毎日運行、および4月、5月の連休運行	9時～17時（16時半受付終了） **所要30分**	大以上600・高中400・小200円 《掲載頁付記》	55 39C2
相国寺 〈しょうこくじ〉	231-0301　上京区今出川通烏丸東入ル相国寺門前町701 市バス/同志社前　地下鉄/今出川駅	10時～16時半（受付～16時） ※方丈・法堂・開山堂拝観は春秋の特別拝観のみ **所要30分**　行事日休	境内自由 方丈・法堂などの拝観は一般800・高中700・小400円　拝観除外日あり 《掲載頁付記》	33 28C2
相国寺 **承天閣美術館** 〈しょうこくじじょうてんかく〉	241-0423　上京区今出川通烏丸東入ル（相国寺山内） 市バス/同志社前　地下鉄/今出川駅	10時～17時（受付～16時半） **所要25分** 年末年始・展示替期間休	一般800・大600・高中300・小200円 （開催中の展示により変更あり） 《掲載頁付記》	33 28C2
勝持寺（花の寺） 〈しょうじじ〉	331-0601　西京区大原野南春日町1194　阪急バス/南春日町	9時半～16時半　**所要20分** ＊毎年2月中、拝観休止（要問い合わせ）	一般400・高中300・小200円 《掲載頁付記》	127 8C1
常寂光寺 〈じょうじゃくこうじ〉	861-0435　右京区嵯峨小倉山小倉町3 市・京都バス/嵯峨小学校前	9時～17時（受付～16時半） **所要20分**	中学生以上500・小200円 《掲載頁付記》	103 101B2
常照寺 〈じょうしょうじ〉	492-6775　北区鷹峯北鷹峯町1 市バス/鷹峯源光庵前	8時半～17時　**所要20分**	中学生以上400・小200円（秋季は中学生以上500円） 《掲載頁付記》	83 80A1
渉成園（枳殻邸） （東本願寺の飛地境内） 〈しょうせいえん〉	371-9210（東本願寺参拝接待所）　下京区下数珠屋町間之町東入ル東玉水町300 市バス/烏丸七条	9時～17時（11～2月は～16時）受付は30分前まで **所要30分**　無休	一般500・高中小250円（参観者協力寄付金） ※500円以上の寄付はガイドブック付き 《掲載頁付記》	18 13C4
正伝寺 〈しょうでんじ〉	491-3259　北区西賀茂北鎮守菴町72 市バス/神光院前	9時～17時　**所要20分** 法要等の場合休みあり	高校生以上400・中300・小200円 《掲載頁付記》	84 80A1
城南宮 〈じょうなんぐう〉	623-0846　伏見区中島鳥羽離宮町7 市バス/城南宮東口、城南宮	9時～16時半（受付～16時） **所要30分**　無休	境内参拝自由 庭園拝観：中学生以上800・小500円 中学生以上1000・小600円（2/18～3/22）※北神苑のみ公開 一律300円（7/1～8/31）※北神苑のみ公開 《掲載頁付記》	116 8C3
正法寺（洛西） 〈しょうぼうじ〉	331-0105　西京区大原野南春日町1102　阪急バス/南春日町	9時～17時　**所要30分**	中学生以上300・小100円 《掲載頁付記》	126 8C1
勝林院 〈しょうりんいん〉	744-2409（宝泉院内）　左京区大原勝林院町187　京都バス/大原	9時～17時（受付は30分前） **所要20分**　無休	高校生以上300・中小200円 《三千院参照》	74 72B3
浄瑠璃寺 〈じょうるりじ〉	0774-76-2390　京都府木津川市加茂町西小札場40　JR加茂駅よりコミュニティバス当尾線/浄瑠璃寺前	開門時間9時～17時（12月～2月は10時～16時）本堂拝観は閉門30分前まで　**所要30分**	中学生以上400円 《掲載頁付記》	133 132D4
青蓮院 〈しょうれんいん〉	561-2345　東山区粟田口三条坊町69-1　市・京阪バス/神宮道・青蓮院前 地下鉄/東山駅	9時～17時（受付～16時半） **所要25分**	一般600・高中400・小200円 《掲載頁付記》	55 39C1
白峯神宮 〈しらみね〉	441-3810　上京区今出川通堀川東入飛鳥井町261 市バス/堀川今出川	8時～17時（授与所は～16時半） **所要15分**	参拝自由 《掲載頁付記》	140 28A2
神光院 〈じんこういん〉	491-4375　北区西賀茂神光院町120 市バス/神光院前	9時～16時半　**所要20分** 無休	参拝自由 《掲載頁付記》	84 80B1
神護寺 〈じんごじ〉	861-1769　右京区梅ヶ畑高雄町5　市バス/高雄　JRバス/山城高雄	9時～16時　**所要40分**　無休	中学生以上600・小300円 《掲載頁付記》	108 101A5
真珠庵（大徳寺塔頭） 〈しんじゅあん〉	492-4991　北区紫野大徳寺町52 市バス/大徳寺前	9時～16時　**所要30分** お盆・その他法要時休	通常非公開 志納　電話、往復ハガキで要予約 《大徳寺駐車場利用》	(81) 80B2
神泉苑 〈しんせんえん〉	821-1466　中京区御池通神泉苑町東入ル門前町166　地下鉄東西線/二条城前駅 市バス・京都バス/神泉苑前	9時～17時（庭園は7時～20時） 無休　**所要20分**	境内自由 《掲載頁付記》	21 13B1
新選組壬生屯所跡 （八木家邸）	841-0751（京都鶴屋鶴壽庵）　中京区壬生梛ノ宮町24 市バス/壬生寺道、四条大宮	9時～17時（受付～16時） **所要20分**	中学生以上1100・小800円（屯所餅・抹茶付） 中学生以上600・小300円（見学のみの場合） 《掲載頁付記》	19 13A2
真如堂（真正極楽寺） 〈しんにょどう〉	771-0915　左京区浄土寺真如町82 市バス/真如堂前、錦林車庫前	9時～16時（受付～15時45分） **所要30分**　行事休	境内自由　内陣庭園は、高校生以上500・中400円・小以下無料（特別拝観別途） 《掲載頁付記》	63 57C2
随心院 〈ずいしんいん〉	571-0025　山科区小野御霊町35 京阪バス/小野随心院口、随心院　地下鉄/小野駅	9時～17時（受付は～16時半） **所要20分**　法要・行事時休	高校生以上500・中300円 《掲載頁付記》	119 114B3

※内容は各物件の都合により、予告なく変更される場合があります。特に新型コロナウイルス感染症（COVID-19）等の影響により、拝観・見学の休止や時間制限、料金変更などがあります。訪問の際には、各施設へお確かめください。

名称	電話番号　市外局番（075） 所在地・交通（最寄）	時間・所要分・休み	料金ほか（大（大学生）・高（高校生）・中（中学生）・小（小学生））《専用駐車有無・料金》 ＊CPはコインパーキング	本文頁 地図索引
瑞峯院（大徳寺塔頭） 〈ずいほういん〉	491-1454　北区紫野大徳寺町81（大徳寺山内）　市バス/大徳寺前	9時～17時（受付は60分前） **所要20分**	高校生以上400・中小300円 《大徳寺駐車場利用》	(82) 80B2
鈴虫寺（華厳寺） 〈すずむしでら〉	381-3830　西京区松室地家町31 京都バス/苔寺・すず虫寺前、市バス/鈴虫寺・苔寺道	9時～17時（受付～16時半） **所要30分**	高校生以上500・中小300円（茶菓付き）　団体事前要予約 《掲載頁付記》	111 101C5
角屋もてなしの文化美術館 〈すみや〉	351-0024　下京区西新屋敷揚屋町32 市バス/島原口	10時～15時半（受付終了） **所要30分**　月曜（祝日の場合翌日）・7/19～9/14・12/16～3/14休	見学要予約。一般1000・高中800・小500円 2階の特別公開の座敷は別途料金 《掲載頁付記》	18 13A4
晴明神社 〈せいめい〉	441-6460　上京区堀川通一条上ル　市バス/一条戻橋・晴明神社前、堀川今出川	9時～17時（授与所は16時半） **所要15分**	参拝自由 《掲載頁付記》	140 28A3
清凉寺（嵯峨釈迦堂） 〈せいりょうじ〉	861-0343　右京区嵯峨釈迦堂藤ノ木町46 市・京都バス/嵯峨釈迦堂前	9時～16時（霊宝館開館の4・5・10・11月は～17時） **所要30分**　無休	一般400・高中300・小200円（本堂のみ）　霊宝館・本堂との共通券は一般700・高中500・小300円 《掲載頁付記》	106 101B2
石峰寺 〈せきほうじ〉	641-0792　伏見区深草石峰寺山町26 京阪電鉄/深草駅　JR/稲荷駅	9時～16時　**所要15分** 無休	高校生以上300・中小200円 ＊スケッチ・撮影禁止 《掲載頁付記》	115 114D1
泉屋博古館 〈せんおくはくこかん〉	771-6411　左京区鹿ヶ谷下宮ノ前町24 市バス/東天王町、宮ノ前町	10時～17時（入館～16時半） **所要30分**　月曜（祝日の場合翌日）・展示替期間・例年7・8月・12月下旬～3月頃休	一般1000・大高800円・中小無料（展覧会により異なる） 《掲載頁付記》	138 57C3
泉涌寺 〈せんにゅうじ〉	561-1551　東山区泉涌寺山内町27 市バス/泉涌寺道	9時～17時（12～2月は～16時半）受付は30分前　**所要30分** 心照殿は第4月曜休	（伽藍拝観）高校生以上500・中以下300円 特別拝観（御座所・庭園等）は中学生以上500円（小学生は要保護者同伴） 《掲載頁付記》	40 39C5
総見院（大徳寺塔頭） 〈そうけんいん〉	492-2630　北区紫野大徳寺町59　市バス/大徳寺前	10時～16時 **所要20分**	通常非公開　毎年春と秋のみ特別公開　一般600・高中400円・小以下無料（大人同伴） 《大徳寺駐車場利用》	(81) 80B2
即成院（泉涌寺塔頭） 〈そくじょういん〉	561-3443　東山区泉涌寺山内町28 JR・京阪電鉄/東福寺駅 市バス/泉涌寺道	9時～17時（12～2月は16時半）受付は30分前まで **所要20分**　行事休	境内自由　※現在は本堂内陣非公開　特別拝観も中止中 《泉涌寺参照》	(41) 39B4
大雄院（妙心寺塔頭） 〈だいおういん〉	463-6538　右京区花園妙心寺町52妙心寺山内 市・京都バス/妙心寺前　嵐電/妙心寺駅	10時～16時半（受付は30分前まで） **所要20分**	通常非公開　毎年春と秋のみ特別公開　大人600・高校生以下300円 《妙心寺参照》	(95) 87B2
大覚寺 〈だいかくじ〉	871-0071　右京区嵯峨大沢町4 市・京都バス/大覚寺	9時～17時（受付は30分前まで） **所要40分**	一般500・高校生以下300円　大沢池は別途で一般300・高校生以下100円 《掲載頁付記》	107 101C1
醍醐寺 伽藍・三宝院・霊宝館 〈だいごじ〉	571-0002　伏見区醍醐東大路町22 京阪バス/醍醐三宝院、地下鉄/醍醐駅	下醍醐は9時～17時（冬期12月第一日曜翌日～2月末は～16時半）受付は30分前まで 上醍醐は9時～15時（冬期は～14時））　**所要30分**	【通常期】三宝院庭園・伽藍：一般1000・高中700円・小以下無料 【春期（3/20～5月GW最終日）】三宝院庭園・伽藍・霊宝館：一般1500・高中1000円・小以下無料 ※三宝院御殿特別拝観（10/10～12/4）は別途中学生以上1000円※霊宝館本館・平成館特別展示は別途中学生以上500円以上 ※上醍醐は別途一般600・高中400円・小以下無料 《掲載頁付記》	120 114B4
大心院（妙心寺塔頭） 〈だいしんいん〉	461-5714　右京区花園妙心寺町57（妙心寺山内）　市・京都バス/妙心寺前	9時～17時　**所要20分** 不定休	高校生以上300・中小150円　※宿坊は要予約 《妙心寺参照》	(94) 87B2
大仙院（大徳寺塔頭） 〈だいせんいん〉	491-8346　北区紫野大徳寺町54-1（大徳寺山内） 市バス/大徳寺前	9時～17時（12～2月は～16時半）　**所要20分** 法要・行事時休	高校生以上500・中小300円（抹茶代は300円） 《大徳寺駐車場利用》	(81) 80B2
退蔵院（妙心寺塔頭） 〈たいぞういん〉	463-2855　右京区花園妙心寺町35（妙心寺山内）　市・京都バス/妙心寺前	9時～17時　**所要20分**　無休	高校生以上600・中小300円（特別拝観は別途） 《妙心寺参照》	(94) 87B2
大徳寺 〈だいとくじ〉	491-0019　北区紫野大徳寺町53 市バス/大徳寺前	**所要30分**	境内自由　塔頭は別途料金、本坊は特別公開のみ（要問い合せ） 《掲載頁付記》	80 80B2
大法院（妙心寺塔頭） 〈だいほういん〉	461-5162　右京区花園大藪町20（妙心寺山内） 市・京都バス/妙心寺前　嵐電/妙心寺駅	9時～16時 **所要30分**	通常非公開　毎年春と秋のみ特別公開　中学生以上800・小400円（抹茶付） 《妙心寺参照》	(95) 87B2
大報恩寺 （千本釈迦堂） 〈だいほうおんじ〉	461-5973　上京区七本松通今出川上ル 市バス/上七軒	9時～17時　**所要30分**	境内自由、堂内・霊宝殿は一般600・大高500・中小400円 《掲載頁付記》	88 87D1
高瀬川一之船入 〈たかせがわいちのふないり〉	中京区木屋町通二条下ル上樵木町 市バス/京都市役所前	**所要10分**	自由見学 《付近CP利用》	23 13D1
宝ヶ池（公園） 〈たからがいけ〉	左京区上高野流田町8他	「子どもの楽園」以外は終日開園	公園自由 《掲載頁付記》	72 72B2
滝口寺 〈たきぐちでら〉	871-3929　右京区嵯峨亀山町10-4 市・京都バス/嵯峨釈迦堂前	9時～16時半　**所要20分**	一般300・高中200・小50円 《清凉寺駐車場等利用》	104 101A2
狸谷山不動院 〈たぬきだにさん〉	722-0025　左京区一乗寺松原町6　市バス/一乗寺下り松町　叡山電車/一乗寺駅	9時～16時　**所要45分** 年中無休	本堂入山料500円 《掲載頁付記》	68 67D5
知恩院 〈ちおんいん〉	541-5142　東山区林下町400 市バス/知恩院前・知恩院三門前	5時～16時（開門時間・季節により異なる）友禅苑は9時～16時、方丈庭園は9時～15時50分（共通券販売は15時20分まで） **所要40分**	境内は参拝自由　高校生以上500・中小250円（友禅苑・方丈庭園共通券） 《掲載頁付記》	54 39C1
智積院 〈ちしゃくいん〉	541-5361　東山区東大路通七条下ル東瓦町964　市バス/東山七条	9時～16時 **所要30分**　年末休	一般300・高中200・小100円（名勝庭園など） 一般500・高中300・小200円（宝物館） 《掲載頁付記》	43 39B4

※時間は季節・天候によって若干変わる場合があります。
記載内容は2023年8月時点の情報です。（一部コロナ前の情報を含む）

名称	電話番号　市外局番（075） 所在地・交通（最寄）	時間・所要分・休み	料金ほか（大（大学生）・高（高校生）・中（中学生）・小（小学生））《専用駐車有無・料金》 ＊CPはコインパーキング	本文頁 地図索引
茶道資料館 〈ちゃどう〉	431-6474　上京区堀川通寺之内上ル（裏千家センター内） 市バス/堀川寺ノ内	9時半～16時半（入館～16時） **所要30分**　月曜、展観準備期間中、年末年始・他休	一般700・大400・高中300円・小以下無料 ※特別展は別途料金 《掲載頁付記》	35 28A1
辨財天長建寺 （島の弁天さん） 〈ちょうけんじ〉	611-1039　伏見区東柳町511 京阪電鉄/中書島駅 市バス/中書島	9時～16時　**所要20分**　無休	志納　本尊が弁財天、脇仏は珍しい裸形弁財天。桜の名所で、御守とおみくじが有名 《付近CP利用》	(139) 114A2
長楽寺 〈ちょうらくじ〉	561-0589　東山区八坂鳥居前東入ル円山町626 市・京阪バス/祇園	10時～16時（金土日祝のみ） **所要15分**	令和6年3月31日まで庭園拝観不可　600円 通常は800円 《掲載頁付記》	53 39C1/2
寺田屋 〈てらだや〉	622-0243　伏見区南浜町263　市・京阪バス/京橋　京阪電鉄/中書島駅	10時～16時（入場は20分前） **所要20分** 1/1～1/3・月曜不定休	一般600・大高中300・小200円 《掲載頁付記》	116 114A2
天授庵（南禅寺塔頭） 〈てんじゅあん〉	771-0744　左京区南禅寺福地町86-8 市バス/南禅寺・永観堂道　地下鉄/蹴上駅	9時～17時（冬季～16時半） **所要20分**　11/11PM～12AM・臨時行事日休	一般500・高400・中小300円、修学旅行生は半額 《南禅寺参照》	61 57C4
天得院（東福寺塔頭） 〈てんとくいん〉	561-5239　東山区本町15丁目802 市バス/東福寺　JR・京阪電鉄/東福寺駅	9時～16時　**所要20分**　6月中旬～7月中旬・11月～12月上旬のみ公開	高校生以上500・中小300円 《東福寺参照》	(40) 39B5
天龍寺 〈てんりゅうじ〉	881-1235　右京区嵯峨天龍寺芒ノ馬場町68 市バス・京都バス/嵐山天龍寺前（嵐電嵐山駅）　嵐電/嵐山駅	8時半～17時（受付は10分前まで）　諸堂（大方丈・書院・多宝殿）拝観は8時半～16時45分　法堂「雲龍図」の拝観は9時～16時半 **所要40分**　諸堂は行事休あり	庭園（曹源池・百花苑）は高校生以上500・中小300円 諸堂拝観は追加300円　法堂拝観は別途500円（春夏秋の特別公開除き土日祝のみ） 《掲載頁付記》	99 101B3
東映太秦映画村 〈とうえいうずまさ〉	0570-064349（時間・料金等）　075-864-7716（団体予約）　右京区太秦東蜂岡町10 京都バス/太秦映画村前　嵐電/太秦広隆寺駅、撮影所前　JR/太秦駅	9時～17時（季節により異なる） 入村は60分前まで　**所要180分** 設備メンテナンスを除き無休	一般2400・高中1400・小1200円、修学旅行生は高中1060・小900円 《掲載頁付記》	95 87A2
東寺（教王護国寺） 〈とうじ〉	691-3325　南区九条町1 市バス/東寺東門前、九条大宮	8時～17時（宝物館、観智院は9時～）受付は30分前まで **所要40分**	金堂・講堂は一般500・高400・中小300円 特別公開（五重塔初層内部、宝物館、観智院）は別途料金　《掲載頁付記》	12 13A/B5
等持院 〈とうじいん〉	461-5786　北区等持院北町63 市バス/立命館大学前　嵐電/等持院・立命館大学衣笠キャンパス前駅	9時～16時半（12/30～1/3は～15時）受付は30分前まで **所要20分**	高校生以上500・中小300円 《掲載頁付記》	91 87C1
同志社大学 今出川キャンパス 〈どうししゃ〉	251-3120（広報課）　上京区今出川通烏丸東入	正門・西門が閉門の場合・夏季休暇中・年末年始休み　**所要20分**	自由散策（30人未満のグループや個人） 《掲載頁付記》	34 28B/C2
同聚院（東福寺塔頭） 〈どうじゅいん〉	561-8821　東山区本町15-799 市バス/東福寺　JR・京阪電鉄/東福寺駅	9時～16時　**所要20分** 不定休	境内自由　五大堂内の拝観は特別拝観時（11月）のみ 《東福寺参照》	(40) 39B5
東福寺 〈とうふくじ〉	561-0087　東山区本町15-778 市バス/東福寺　京阪電鉄・JR/東福寺駅	9時～16時半（11～12月第一日曜は8時半～、12月第一月曜～3月は～16時）受付は30分前まで **所要40分**	境内参拝自由　本坊庭園は高校生以上500・中小300円、通天橋・開山堂は高校生以上600（秋季1000円）・中小300円 共通券は高校生以上1000・中小500円（秋季は共通券なし） 《掲載頁付記》	38 39B5
京都府立 堂本印象美術館 〈どうもといんしょう〉	463-0007　北区平野上柳町26-3　市・JRバス/立命館大学前	9時半～17時（入館～16時半） **所要30分**　月曜（祝日の場合翌日）・展示替期間・年末年始休	一般510・大高400・中小200円 《掲載頁付記》	90 87C1
東林院（妙心寺塔頭） 〈とうりんいん〉	463-1334　右京区花園妙心寺町59 市バス/妙心寺前　JR/花園駅	通常非公開　9時半～16時 **所要60分**	特別公開1600円（沙羅の花を愛でる会6月中旬～7月初旬、他に梵燈のあかりに親しむ会（春・秋2回）など 《妙心寺参照》	(94) 87B2
豊国神社 〈とよくに・ほうこく〉	561-3802　東山区大和大路正面茶屋町530 市バス/博物館三十三間堂前、東山七条	宝物館は9時～17時（受付は30分前）　**所要20分**	参拝自由　高校生以上500・中小300円（宝物館）　《掲載頁付記》	44 39B3
長岡天満宮 〈ながおか〉	951-1025　京都府長岡京市天神2丁目15-13　阪急京都線/長岡天神駅	社務所受付9時～17時 **所要20分**	参拝自由 《掲載頁付記》	129 8B2
梨木神社 〈なしのき〉	211-0885　上京区寺町通広小路上ル 市バス/府立医大病院前	社務所受付9時～16時半 **所要15分**	参拝自由 《掲載頁付記》	29 28D3
並河靖之七宝記念館 〈なみかわやすゆきしっぽう〉	752-3277　東山区三条通北裏白川筋東入堀池町388 市バス/東山三条、神宮道 地下鉄東西線/東山駅	10時～16時半（入館は16時まで）　**所要20分**　月曜・木曜（祝日の場合翌日）・夏季・冬季休	一般1000・高校生以下無料 《掲載頁付記》	137 57A4
南禅院（南禅寺塔頭） 〈なんぜんいん〉	771-0365　左京区南禅寺福地町 市バス/南禅寺・永観堂道 地下鉄/蹴上駅	8時40分～17時（12～2月は～16時半）受付は共に20分前 **所要20分**　12/28～31休	一般400・高350・中小250円 《南禅寺参照》	(61) 57C4
南禅寺 〈なんぜんじ〉	771-0365　左京区南禅寺福地町 市バス/南禅寺・永観堂道 地下鉄/蹴上駅	8時40分～17時（12～2月は～16時半）　受付は共に20分前 **所要30分** 12/28～31休	一般600・高500・中小400円（方丈庭園）、三門入場別途同料金 《掲載頁付記》	60 57C4
新島旧邸 〈にいじま〉	251-2716（同志社ギャラリー事務室） 上京区寺町通丸太町上ル 市バス/河原町丸太町	10時～16時（入館受付は～15時半）　通常公開（外観）は3～7月・9～11月の火木土（祝日除く） **所要20分**	無料　内観を含む特別公開が春秋の御所一般公開期間・11/29他に行われる（詳細はHP参照） ※10名以上は要予約 《掲載頁付記》	29 28D4
錦天満宮 〈にしき〉	231-5732　中京区新京極通四条上ル中之町537　市バス/四条河原町	8時～20時　**所要15分**	参拝自由 《掲載頁付記》	22 13C/D2
西陣織会館 〈にしじんおり〉	451-9231　上京区堀川通今出川南入 市バス/堀川今出川	10時～16時　**所要30分**　月曜（祝日は翌日）・年末年始休	入館無料（各種体験別途） 《掲載頁付記》	136 28A2
西本願寺 〈にしほんがんじ〉	371-5181　下京区堀川通花屋町下ル 市バス/西本願寺前	5時半～17時（季節により異なる）　**所要30分**	参拝自由 《掲載頁付記》	14 13B4

※内容は各物件の都合により、予告なく変更される場合があります。特に新型コロナウイルス感染症（COVID-19）等の影響により、拝観・見学の休止や時間制限、料金変更などがあります。訪問の際には、各施設へお確かめください。

名称	電話番号 市外局番（075） 所在地・交通（最寄）	時間・所要分・休み	料金ほか（大（大学生）・高（高校生）・中（中学生）・小（小学生））《専用駐車有無・料金》 ＊CPはコインパーキング	本文頁 地図索引
二条城	841-0096 中京区二条通堀川西入ル二条城町541 地下鉄/二条城前駅 市バス/二条城前	8時45分〜17時（入城は1時間前） **所要60分** 年末休 二の丸御殿は、受付8時45分〜16時10分 年末年始休 12・1・7・8月の火曜休（休日の場合翌日）	入城料/二の丸御殿観覧料 一般1300・高中400・小300円（展示収蔵館別途100円） ※本丸御殿は公開休止中 《掲載頁付記》	20 13B1
二条陣屋 〈にじょうじんや〉	841-0972 中京区大宮通御池下ル137 市・京都バス/神泉苑前	11時〜・13時〜・15時〜 **所要60分** 不定休・年末年始休	事前予約制 HPより申込 一般1000・高中500円 小学生以下無料（保護者同伴に限る） 《掲載頁付記》	22 13B1
二尊院 〈にそんいん〉	861-0687 右京区嵯峨二尊院門前長神町27 市・京都バス/嵯峨小学校前	9時〜16時半 **所要25分**	中学生以上500円・小無料 《掲載頁付記》	103 101A2
仁和寺 〈にんなじ〉	461-1155 右京区御室大内33 市・京都・JRバス/御室仁和寺	7時〜18時（御殿は10時〜16時、受付は30分前まで） **所要35分**	境内自由 御所庭園は一般800円・高校生以下無料（霊宝館は別途一般500円・高校生以下無料、春・夏・秋季に公開） ※桜の時季は別途入山料 《掲載頁付記》	92 87B1
野宮神社 〈ののみや〉	871-1972 右京区嵯峨野々宮町1 市・京都バス/野々宮	9時〜17時 **所要15分**	参拝自由 《掲載頁付記》	100 101B3
白沙村荘 **（橋本関雪記念館）** 〈はくさそんそう〉	751-0446 左京区浄土寺石橋町37 市バス/銀閣寺前・銀閣寺道 京都バス/銀閣寺道	10時〜17時（季節により異なる） **所要20分**	一般1300・大500円・高校生以下無料（特別展は別途） 《掲載頁付記》	65 57C1
東本願寺	371-9181 下京区烏丸七条上ル 市バス/烏丸七条 JR・地下鉄/京都駅	5時50分〜17時半 （11〜2月は6時20分〜16時半） **所要30分**	参拝自由 《掲載頁付記》	17 13C4
毘沙門堂 〈びしゃもん〉	581-0328 山科区安朱稲荷山町18 JR・地下鉄/山科駅 京阪電鉄/京阪山科駅	9時〜17時（12〜2月末日は〜16時半）受付は30分前 **所要30分**	一般500・高400・中小300円 《掲載頁付記》	117 8D5
日向大神宮 〈ひむかい〉	761-6639 山科区日ノ岡一切経谷町29 地下鉄東西線/蹴上駅	境内自由（社務所受付は10時〜15時） **所要20分**	参拝自由 《掲載頁付記》	116 9E4
平等院 〈びょうどういん〉	0774-21-2861 宇治市宇治蓮華116 JR・京阪電鉄/宇治駅	8時半〜17時半（鳳翔館9時〜17時）受付は15分前 鳳凰堂内部拝観は9時半から16時10分まで20分毎50名ずつ **所要40分**	庭園＋鳳翔館ミュージアムは一般600・高中400・小300円 鳳凰堂内部拝観は別途300円 《掲載頁付記》	124 114C5
平野神社 〈ひらの〉	461-4450 北区平野宮本町1 市バス/衣笠校前	6時〜17時（桜花期は〜21時頃） **所要20分**	参拝自由 《掲載頁付記》	87 87C1
琵琶湖疏水記念館 〈びわこそすい〉	752-2530 左京区南禅寺草川町17 京阪バス/蹴上 市バス/岡崎法勝寺町、南禅寺・疏水記念館・動物園東門前、 地下鉄/蹴上駅	9時〜17時（入館は30分前、ドラム工場は〜16時） **所要20分** 月曜（祝日の場合翌日）・年末年始休	入館無料 《掲載頁付記》	60 57B4
風俗博物館 〈ふうぞく〉	342-5345 下京区堀川通新花屋町通下ル井筒左牛井ビル5F 市バス/西本願寺前	10時〜17時 **所要20分** 日曜・祝日・8/13〜8/17・展示切替期間休	一般800・大高中300・小200円 《掲載頁付記》	136 13B4
藤森神社 〈ふじのもり〉	641-1045 伏見区深草鳥居崎町609 JR/JR藤森駅 京阪電鉄/墨染駅	9時〜17時 **所要20分**	参拝自由 勝運、学問と馬の神社 （6月の紫陽花苑は300円） 《無料/20分 50台》	- 114D2
伏見稲荷大社 〈ふしみいなり〉	641-7331 伏見区深草藪之内町68 市バス/稲荷大社前 JR/稲荷駅 京阪電鉄/伏見稲荷駅	授与所9時〜17時（季節により異なる） 境内のみの**所要20分** お山巡り**所要120分**	参拝自由 《掲載頁付記》	113 114D1
芬陀院（雪舟寺） **（東福寺塔頭）** 〈ふんだいん〉	541-1761 東山区本町15-803 市バス/東福寺 JR・京阪電鉄/東福寺駅	9時〜16時半（冬季は〜16時）受付は30分前まで **所要20分** 法事等の場合休みあり	高校生以上500・中小300円 《東福寺参照》	(40) 39B5
京都市平安京創生館	812-7222 中京区丸太町通七本松西入 京都アスニー1階 市・京都・JRバス／丸太町七本松	10時〜17時（入場は10分前まで） **所要20分** 火曜（祝祭日の場合はその翌日）・年末年始休	無料 ボランティアガイドによる解説あり（団体は2週間前に要予約） 《掲載頁付記》	137 87D2
平安神宮	761-0221 左京区岡崎西天王町 市バス/岡崎公園 美術館・平安神宮前	神苑8時半〜17時半（3/1〜3/14と10月は〜17時、11〜2月は〜16時半）入苑は30分前まで **所要30分** 10/22（時代祭）PM休	境内は参拝自由 高校生以上600・中小300円（神苑） 《掲載頁付記》	56 57A/B3
法界寺（日野薬師） 〈ほうかいじ〉	571-0024 伏見区日野西大道町19 京阪バス/日野薬師	9時〜17時（10〜3月は〜16時） **所要20分** 不定休	一般500・高400・中小200円 《掲載頁付記》	121 114B5
宝筐院 〈ほうきょういん〉	861-0610 右京区嵯峨釈迦堂門前南中院町9-1 市・京都バス/嵯峨釈迦堂前	9時〜16時（11月は〜16時半） **所要15分**	高校生以上500・中小200円 《清凉寺駐車場利用》	106 101B2
宝鏡寺 〈ほうきょうじ〉	451-1550 上京区寺ノ内通堀川東入ル百々町547 市バス/堀川寺ノ内	公開は春季と秋季 10時〜16時（受付〜15時半） **所要20分**	高校生以上600・中小300円 《掲載頁付記》	34 28A2
方広寺 〈ほうこうじ〉	東山区正面通大和大路東入茶屋町527-4 市バス/博物館三十三間堂前、東山七条	9時〜16時 **所要15分** 不定休	境内無料（本堂拝観は特別拝観のみ） 《掲載頁付記》	44 39B3
宝厳院（天龍寺塔頭） 〈ほうごんいん〉	861-0091 右京区嵯峨天竜寺芒ノ馬場町36 市バス・京都バス/嵐山天龍寺前（嵐電嵐山駅） 嵐電/嵐山駅 JR/嵯峨嵐山駅	拝観は特別公開時のみ 9時〜17時（受付〜15分前） **所要20分**	高校生以上500・中小300円（本堂襖絵拝観は別途同料金） 《天龍寺駐車場利用》	(100) 101B3

※時間は季節・天候によって若干変わる場合があります。
記載内容は2023年8月時点の情報です。（一部コロナ前の情報を含む）

名称	電話番号　市外局番（075） 所在地・交通（最寄）	時間・所要分・休み	料金ほか（大（大学生）・高（高校生）・中（中学生）・小（小学生））《専用駐車有無・料金》 ＊CPはコインパーキング	本文頁 地図索引
法金剛院 〈ほうこんごういん〉	461-9428　右京区花園扇野町49　市・京都バス/花園扇野町　JR/花園駅	拝観は毎月15日・特別拝観のみ　9時～16時半（受付は30分前まで）　**所要30分**	一般500・高校生以下300円 《掲載頁付記》	95 87B2
法住寺 〈ほうじゅうじ〉	561-4137　東山区七条通三十三間堂廻り町655　市バス/博物館三十三間堂前、東山七条	9時～16時　**所要20分**　毎月10日、20日、30日休	500円 《掲載頁付記》	43 39B4
芳春院（大徳寺塔頭） 〈ほうしゅんいん〉	492-6010　北区紫野大徳寺町55 市バス/大徳寺前	通常非公開　**所要30分**	特別公開あり 盆栽庭園は1000円 《大徳寺駐車場利用》	(82) 80B2
宝泉院 **（勝林院の子院）** 〈ほうせんいん〉	744-2409　左京区大原勝林院町187 京都バス/大原	9時～17時（受付～16時半） **所要20分** 無休（行事により異なる）	（茶菓付き）一般800・高中700・小600円 《三千院参照》	74 72B3
宝蔵院 **一切経版木収蔵庫** 〈ほうぞういん〉	0774-31-8026　京都府宇治市五ヶ庄三番割 JR・京阪電鉄/黄檗駅	通常非公開 **所要20分**　不定休	特別公開あり 《萬福寺駐車場利用》	(123) 114C3
法然院 〈ほうねんいん〉	771-2420　左京区鹿ヶ谷御所ノ段町30 市バス/南田町、錦林車庫前	6時～16時（春秋に伽藍特別公開あり）　**所要20分**	参道拝観は自由、例年4月・11月初旬に行われる伽藍拝観は有料 《掲載頁付記》	64 57D1
法輪寺（嵯峨虚空蔵） 〈ほうりんじ〉	862-0013　西京区嵐山虚空蔵町 市バス/阪急嵐山駅前　阪急電鉄/嵐山駅	9時～17時　**所要30分**	境内自由 《掲載頁付記》	108 101B4
本能寺	231-5335　中京区寺町通御池下ル下本能寺前町522 市バス/河原町三条	6時～17時（大宝殿は9時～17時・入館は30分前まで **所要25分**　展示替日・年末年始休　（大宝殿）	境内拝観自由　一般700・高中500・小300円（大宝殿）　修旅生300円 《掲載頁付記》	23 13D1
本法寺 〈ほんぽうじ〉	441-7997　上京区小川通寺之内上ル本法寺前町617　市バス/天神公園前	10時～16時　**所要30分** 行事休あり	境内自由　大学生以上500・高中300円（宝物館、庭園）　春の特別寺宝展は別途 《掲載頁付記》	36 28A1
松尾大社 〈まつお〉	871-5016　西京区嵐山宮町3 阪急電鉄/松尾大社駅 市・京都バス/松尾大社前	9時～16時（日祝～16時半）（庭園・神像館共通） **所要30分**	参拝自由　一般500・大高中400・小300円（庭園・神像館） 《掲載頁付記》	110 101C4
円山公園 〈まるやま〉	561-1350京都市都市緑化協会　東山区円山町473他 市バス/祇園	無休　**所要20分**	自由散策 《掲載頁付記》	53 39C1
曼殊院 〈まんしゅいん〉	781-5010　左京区一乗寺竹の内町42 市・京都バス/一乗寺清水町	9時～17時（受付は～16時半） **所要30分**	一般600・高500・中小400円 《掲載頁付記》	69 67D4
萬福寺 〈まんぷくじ〉	0774-32-3900　宇治市五ヶ庄三番割34　JR・京阪電鉄/黄檗駅	9時～17時（受付～16時半） **所要50分**	高校生以上500・中小300円 《掲載頁付記》	122 114C3
御金神社 〈みかね〉	222-2062　中京区西洞院通御池上ル 押西洞院町614 市バス/二条城前・新町御池、地下鉄烏丸線・東西線/烏丸御池駅	10時～16時（社務所） **所要15分**	参拝自由 《掲載頁付記》	140 13B1
壬生寺 〈みぶでら〉	841-3381　中京区坊城通仏光寺上ル 市バス/壬生寺道、四条大宮	9時～17時（壬生塚・歴史資料室は9時～16時） **所要25分**	境内拝観自由　（壬生塚と歴史資料室（阿弥陀堂地階）は大人300・高中小100円） 《掲載頁付記》	19 13A2/3
三室戸寺 〈みむろとじ〉	0774-21-2067　宇治市菟道滋賀谷21 京阪電鉄/三室戸駅	8時半～16時半（11～3月は～16時）　受付は50分前まで **所要40分**　お盆・年末休	高校生以上500・中小300円（通常） 高校生以上1000・中小500円（2/18～7/17及び11月中の花と紅葉の時期）※令和6年3月まで宝物館拝観不可 《掲載頁付記》	123 114D4
みやこめっせ **（京都市勧業館）**	762-2670（京都伝統産業ミュージアム） 左京区岡崎成勝寺町9-1　市バス/岡崎公園・美術館平安神宮前　地下鉄/東山駅	9時～17時（入館は～16時半）（地下1階・京都伝統産業ミュージアム）　**所要30分** 不定休（HP参照）・夏季メンテナンス期間・年末年始休	入場無料（企画展別途） 《掲載頁付記》	58 57A3
妙覚寺 〈みょうかくじ〉	441-2802　上京区上御霊前通小川東入下清蔵口町135（新町通鞍馬口下ル）　市バス/天神公園前　地下鉄烏丸線/鞍馬口駅	春秋特別公開10時～15時半（受付は50分前まで） **所要30分**	境内拝観自由　特別公開は中学生以上800円・小無料 《掲載頁付記》	36 28A1
妙顕寺（妙顕寺） 〈みょうけんじ〉	414-0808　上京区妙顕寺前町514 市バス/堀川寺之内 地下鉄烏丸線/鞍馬口駅	10時～16時半（受付は30分前） **所要30分**	境内拝観自由　中学生以上500円（大本堂・庭園）　特別拝観・夜間拝観別途 《掲載頁付記》	35 28B1/2
妙心寺 〈みょうしんじ〉	466-5381　右京区花園妙心寺町1 市・京都バス/妙心寺前　嵐電/妙心寺駅	9時～16時（12時～13時を除く）　**所要30分** 拝観中止の日（行事日）あり	境内自由　法堂（雲龍図・梵鐘）・大庫裏は高校生以上700・中小400円　塔頭は別途料金 《掲載頁付記》	93 87B2
妙蓮寺 〈みょうれんじ〉	451-3527　上京区寺之内通大宮東入妙蓮寺前町　市バス/堀川寺ノ内	10時～16時　**所要20分** 毎月12日・水曜・年末年始・他休	境内自由、方丈・庭は高校生以上500・中小300円（収蔵庫拝観は別途300円、要電話確認）団体は要予約 《掲載頁付記》	37 28A1
無鄰菴 〈むりんあん〉	771-3909　左京区南禅寺草川町31 市バス/岡崎公園・美術館平安神宮前 地下鉄/蹴上駅	9時～18時（10～3月は～17時）受付は30分前まで **所要20分**　年末年始休	事前予約制　中学生以上600円（小以下無料） ※ただし、4/1～9、4/24～30、5/1～31、9/24～30、10/15～21、11/1～5、12/1～3は900円。11/6～26は1100円。 《掲載頁付記》	59 57B4
八坂庚申堂（金剛寺） 〈やさかこうしんどう〉	541-2565　東山区金園町390　市バス/東山安井　京阪電鉄/祇園四条駅	9時～17時　**所要20分**	境内自由 《掲載頁付記》	47 39B2

※内容は各物件の都合により、予告なく変更される場合があります。特に新型コロナウイルス感染症（COVID-19）等の影響により、拝観・見学の休止や時間制限、料金変更などがあります。訪問の際には、各施設へお確かめください。

名称	電話番号　市外局番（075） 所在地・交通（最寄）	時間・所要分・休み	料金ほか（大（大学生）・高（高校生）・中（中学生）・小（小学生））《専用駐車有無・料金》 ＊CPはコインパーキング	本文頁 地図索引
八坂神社 〈やさか〉	561-6155　東山区祇園町北側625　市バス/祇園	9時～17時（社務所） **所要20分**	参拝自由 《掲載頁付記》	52 39B/C1
八坂の塔（法観寺）	551-2417　東山区八坂通下河原東入ル八坂上町388　市・京阪バス/清水道	10時～15時 **所要20分** 不定休	中学生以上400円・小学生以下拝観不可 《掲載頁付記》	46 39B/C2
安井金比羅宮 〈やすいこんぴらぐう〉	561-5127　東山区東大路松原上ル下弁天町70 市・京阪バス/東山安井	9時～17時半（社務所） **所要20分**	参拝自由 《掲載頁付記》	48 39B2
養源院 〈ようげんいん〉	561-3887　東山区三十三間堂廻り町656 市バス/博物館三十三間堂前、東山七条	10時～15時　**所要20分** 臨時休業あり※HP要確認	一般600・中高500・小300円 《掲載頁付記》	42 39B4
楊谷寺（柳谷観音） 〈ようこくじ〉	956-0017　京都府長岡京市浄土谷堂ノ谷2 阪急/西山天王山駅より車（タクシー）で10分程度、阪急/長岡天神駅・JR東海道線/長岡京駅より車（タクシー）で15分程度	9時～17時（受付は16時半） **所要30分**	大人500円・高校生以下無料（ウイーク開催時は700円） 《掲載頁付記》	128 8B1
善峯寺 〈よしみねでら〉	331-0020　西京区大原野小塩町1372 阪急バス/善峯寺	8時半～17時（土日祝は8時～） 受付は15分前 **所要50分**	一般500・高300・中小200円 《掲載頁付記》	128 8B1
来迎院（大原） 〈らいごういん〉	744-2161　左京区大原来迎院町537 京都バス/大原	9時～17時　**所要20分**	一般400（5・11月は宝物展につき500）・高中300円・小無料（保護者同伴） 《三千院参照》	74 72B3
来迎院（泉涌寺塔頭） 〈らいごういん〉	561-8813　東山区泉涌寺山内町33 JR・京阪電鉄/東福寺駅　市バス/泉涌寺道	9時～17時　**所要20分** 成人の日・臨時休あり	一般300・高校生以下200円（特別拝観別途） 《泉涌寺参照》	(41) 39C5
落柿舎 〈らくししゃ〉	881-1953　右京区嵯峨小倉山緋明神町20 市・京都バス/嵯峨小学校前	9時～17時（1～2月は10時～16時）　**所要15分** 12/31～1/1休	一般300・高中150円・小無料（大人同伴の方のみ見学可） 《清凉寺駐車場利用》	103 101B2
樂美術館 〈らく〉	414-0304　上京区油小路通中立売上ル油橋詰町84 市バス/堀川中立売	10時～16時半（入館～16時） **所要30分** 月曜（祝日の場合開館）・年末年始・展示替期間休	展覧会により異なる　中学生以下無料 《掲載頁付記》	136 28A3
立命館大学国際平和ミュージアム	465-8151　北区等持院北町56-1 市・JRバス/立命館大学前	9時半～16時半（入館～16時） **所要45分** 日曜・祝日の翌日・年末年始・大学定休日休	一般400・高中300・小200円（特別展は別途） 団体要予約 《掲載頁付記》	90 87C1
龍安寺 〈りょうあんじ〉	463-2216　右京区龍安寺御陵ノ下町13 市・JRバス/竜安寺前　嵐電/龍安寺駅	8時～17時（12～2月は8時半～16時半）　**所要30分**	大人600・高500・中小300円 《掲載頁付記》	91 87B1
龍吟庵（東福寺塔頭） 〈りょうぎんあん〉	561-0087　東山区本町15-812　市バス/東福寺　京阪電鉄・JR/東福寺駅	通常非公開　9時～16時 **所要30分**	特別公開（例年春と秋）のみ　高校生以上1000・中小300円 《東福寺参照》	(40) 39B5
龍源院（大徳寺塔頭） 〈りょうげんいん〉	491-7635　北区紫野大徳寺町82（大徳寺山内）　市バス/大徳寺前	9時～16時20分 **所要20分**　4/19休	一般350・高250・中小200円 《大徳寺参照》	(81) 80B2
幕末維新ミュージアム霊山歴史館 〈りょうぜん〉	531-3773　東山区清閑寺霊山町1 市・京阪バス/東山安井	10時～17時半（季節により異なる）入館は30分前 **所要25分** 月曜（祝日の場合翌日）・展示替期間・年末年始休	一般900・大高500・中小300円（特別展は別途料金） 《掲載頁付記》	50 39C2
両足院（建仁寺塔頭） 〈りょうそくいん〉	561-3216　東山区小松町591（建仁寺山内）　市・京阪バス/東山安井	通常非公開　10時～16時 **所要30分**	春初夏と冬に特別公開あり 大人1000・高中500円 《建仁寺参照》	(49) 39B2
麟祥院（妙心寺塔頭） 〈りんしょういん〉	463-6563　右京区花園妙心寺町49 市・京都バス/妙心寺前　嵐電/妙心寺駅	通常非公開　10時～16時 **所要30分**	特別公開のみ（600円） 《妙心寺参照》	(95) 87B2
霊雲院（東福寺塔頭） 〈れいうんいん〉	561-4080　東山区本町15丁目 市バス/東福寺　JR・京阪電鉄/東福寺駅	10時～15時（不定休につき日時は要確認）　**所要20分**	高校生以上500・中300円・12才以下不可 《東福寺参照》	(40) 39A5
蓮華寺 〈れんげじ〉	781-3494　左京区上高野八幡町1 京都バス/上橋　叡山電鉄/三宅八幡駅	9時～17時　**所要20分** 8/13・8/14・8/24休	高校生以上500円・中以下無料（中学生以下の修学旅行不可） 《掲載頁付記》	70 67D1
鹿王院 〈ろくおういん〉	861-1645　右京区嵯峨北堀町24　市・京都バス/下嵯峨　嵐電/鹿王院駅	9時～17時（受付は30分前）　宿坊は要予約　**所要20分**　年末年始・行事予定日休	高校生以上400・中小200円 《掲載頁付記》	98 101C/D3
六道珍皇寺 〈ろくどうちんのうじ〉	561-4129　東山区松原通東大路西入北側　市バス/清水道	9時～16時 **所要20分** 年末休	境内自由　（寺宝拝観別途、詳細はHP確認） 《掲載頁付記》	48 39B2
六波羅蜜寺 〈ろくはらみつじ〉	561-6980　東山区五条通大和大路上ル東 市・京阪バス/清水道、五条坂	8時～17時、宝物館は8時半～16時45分（受付～16時半） **所要25分**	境内自由　宝物館（令和館）は、一般600・大高中500・小400円 《掲載頁付記》	47 39B2
廬山寺 〈ろざんじ〉	231-0355　上京区寺町広小路上ル北之辺町397　市バス/府立医大病院前	9時～16時 **所要20分** 1/1・2/1～2/9・12/31休	高校生以上500・中小400円 《掲載頁付記》	30 28D3
六角堂（頂法寺） 〈ろっかくどう〉	221-2686　中京区六角通東洞院西入堂之前町248 地下鉄/烏丸御池駅	6時～17時 **所要15分** いけばな資料館は平日のみ開館（9時～16時） 盆・年末年始・他休	境内自由　いけばな資料館（池坊ビル3F）は要予約・無料（4月・11月の行事中は予約不要・有料） 《掲載頁付記》	25 13C2

※時間は季節・天候によって若干変わる場合があります。
記載内容は2023年8月時点の情報です。（一部コロナ前の情報を含む）

タクシー自主研修　ワークシート（行程計画）

年月日	コース名	組	班	コース係名

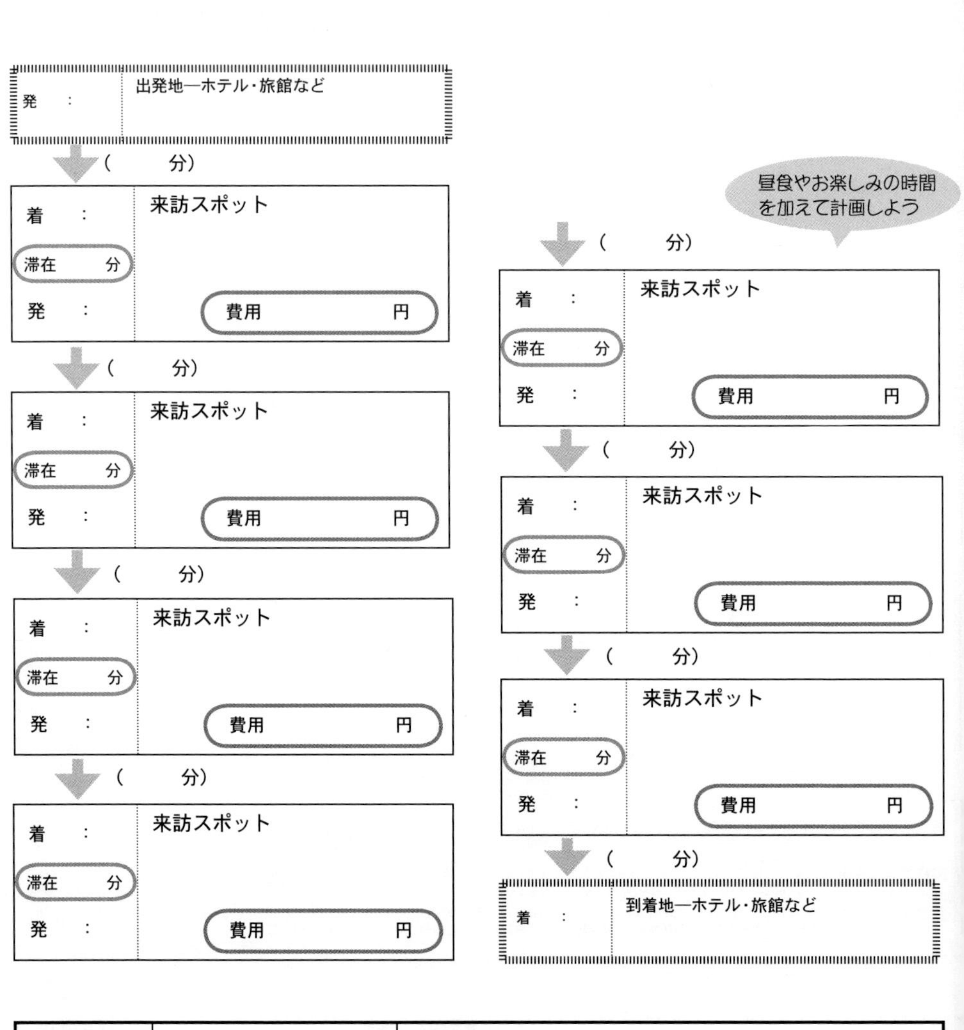

費用合計	円	備　考
交通費合計	円	
入場料	円	
体験学習	円	
昼食代	円	
おみやげ代	円	
その他	円	

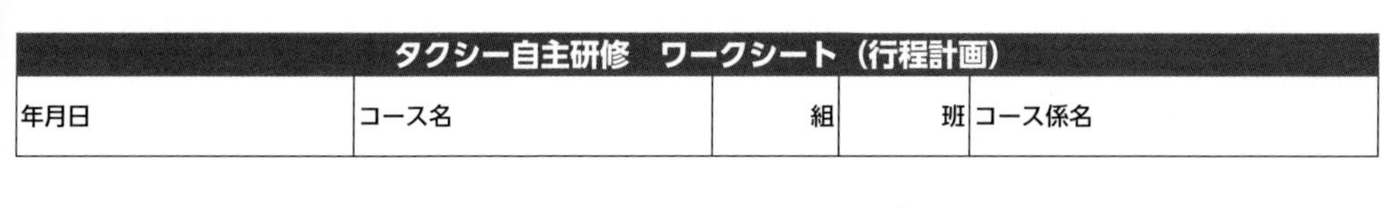

タクシー自主研修　ワークシート（行程計画）

年月日	コース名	組	班	コース係名

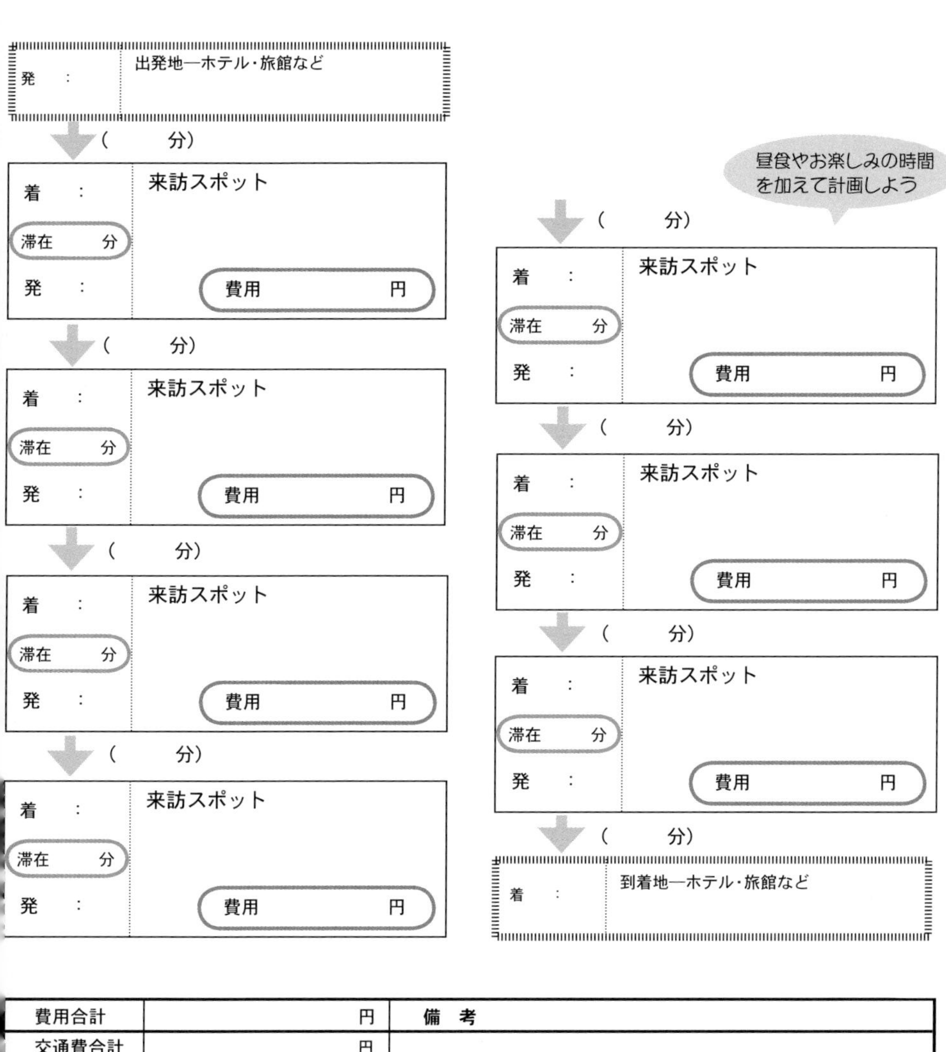

発　：	出発地―ホテル・旅館など

（　　分）

着　： 滞在　分 発　：	来訪スポット 費用　円

（　　分）

着　： 滞在　分 発　：	来訪スポット 費用　円

（　　分）

着　： 滞在　分 発　：	来訪スポット 費用　円

（　　分）

着　： 滞在　分 発　：	来訪スポット 費用　円

（　　分）

着　： 滞在　分 発　：	来訪スポット 費用　円

（　　分）

着　： 滞在　分 発　：	来訪スポット 費用　円

（　　分）

着　： 滞在　分 発　：	来訪スポット 費用　円

（　　分）

着　：	到着地―ホテル・旅館など

費用合計	円	備　考
交通費合計	円	
入場料	円	
体験学習	円	
昼食代	円	
おみやげ代	円	
その他	円	

タクシー運転手さんが選ぶ京都名所

京都観光のプロであるタクシー運転手さんに教えて頂いた
「修学旅行生に喜ばれた」名所ベスト10です。
定番の観光名所は勿論、意外な穴場物件も。
観光地選びにご活用してください。

※京都大手タクシー会社様のご協力をもとに、2020年11月弊社にて集計致しました

修学旅行生に喜ばれた名所

1 BEST 清水寺 P45

2 BEST 金閣寺 P89

3 BEST 伏見稲荷大社 P113

4 BEST 二条城 P20

5 BEST 銀閣寺 P64

6 BEST 三十三間堂 P41

7 BEST 北野天満宮 P85

8 BEST 龍安寺 P91

9 BEST 地主神社 P46

10 BEST 平等院鳳凰堂（鳳翔館） P124

修学旅行生に喜ばれたオススメの庭園

1 BEST 天龍寺「曹源池庭園」 P99

2 BEST 慈照寺（銀閣寺）庭園 P64

3 BEST 龍安寺石庭 P91

4 BEST 二条城二の丸庭園 P20

5 BEST 鹿苑寺（金閣寺）庭園 P89

6 BEST 東福寺本坊庭園 P38

7 BEST 詩仙堂庭園 P66

8 BEST 平安神宮神苑 P56

9 BEST 桂離宮庭園 P112

10 BEST 曼殊院庭園 P69

修学旅行生に喜ばれた仏像拝観ならこの寺院
1 BEST
東寺
P12
2 BEST
三十三間堂
P41
3 BEST
広隆寺
新霊宝殿
P96
4 BEST
平等院ミュージアム
鳳翔館
P124
5 BEST
千本釈迦堂
（大報恩寺）霊宝殿
P88
6 BEST
三千院
P73
7 BEST
六波羅蜜寺
宝物館
P47
8 BEST
醍醐寺
霊宝館
P120
9 BEST
延暦寺
国宝殿
P76
10 BEST
清凉寺
（嵯峨釈迦堂）霊宝館
P106

修学旅行生に喜ばれた美術館・博物館
1 BEST
京都国立
博物館
P42
2 BEST
霊山
歴史館
P50
3 BEST
京都鉄道
博物館
P16
4 BEST
京都市京セラ
美術館
P58
5 BEST
京都府京都
文化博物館
P25
6 BEST
京都水族館
P17
7 BEST
京都国際マンガ
ミュージアム
P26
8 BEST
宇治市源氏物語
ミュージアム
P125
9 BEST
承天閣
美術館
P33
10 BEST
京都国立
近代美術館
P58

修学旅行生に喜ばれたパワースポット
1 BEST
地主神社
P46
2 BEST
北野天満宮
P85
3 BEST
白峯神宮
P146
4 BEST
伏見稲荷大社
P113
5 BEST
晴明神社
P147
6 BEST
車折神社
芸能神社
P98
7 BEST
下鴨神社
相生社
P31
8 BEST
貴船神社
P78
9 BEST
八坂神社
美御前社
P52
10 BEST
安井金毘羅宮
P48

京都人気観光スポットタクシー所要分

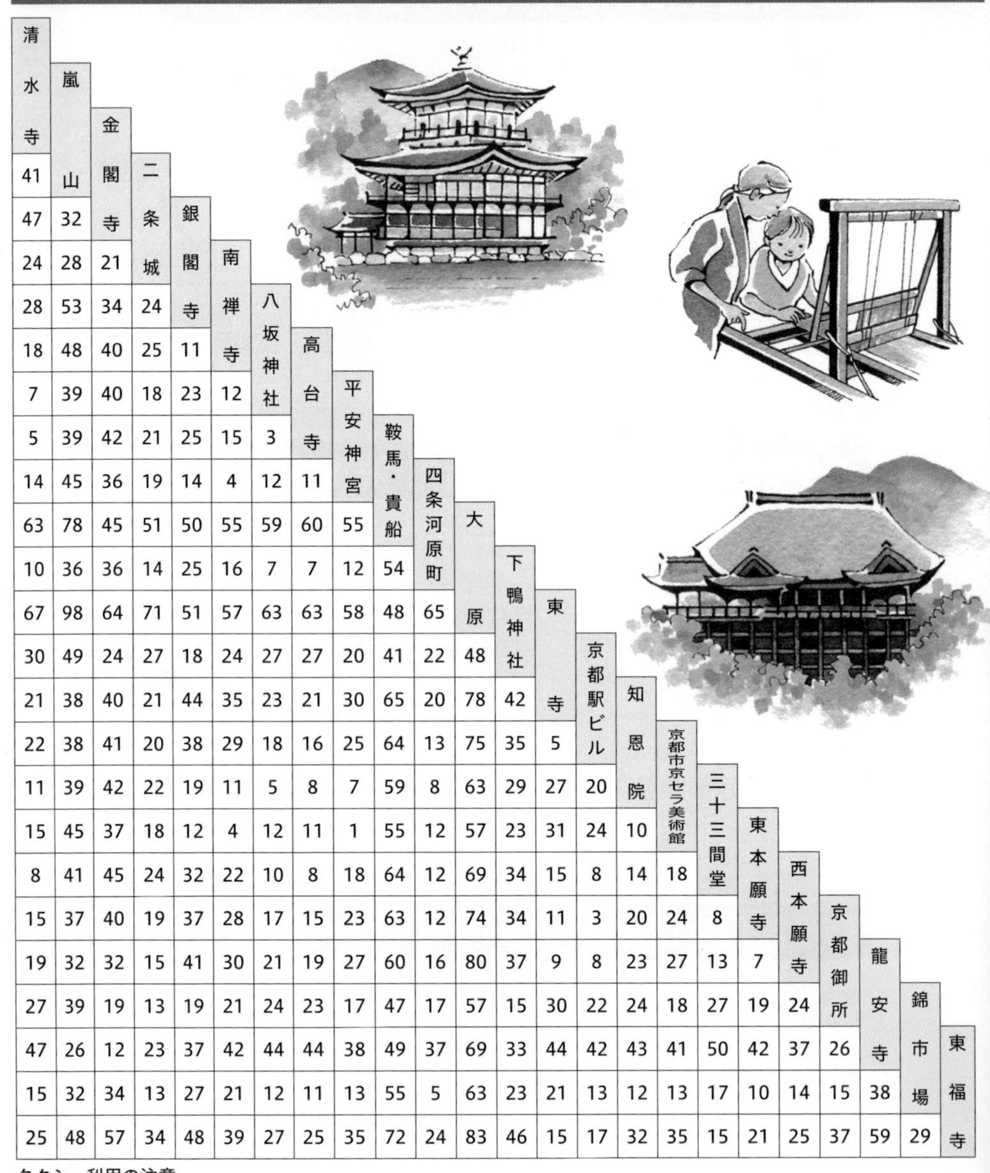

	清水寺	嵐山	金閣寺	二条城	銀閣寺	南禅寺	八坂神社	高台寺	平安神宮	鞍馬・貴船	四条河原町	大原	下鴨神社	東寺	京都駅ビル	知恩院	京都市京セラ美術館	三十三間堂	東本願寺	西本願寺	京都御所	龍安寺	錦市場
嵐山	41																						
金閣寺	47	32																					
二条城	24	28	21																				
銀閣寺	28	53	34	24																			
南禅寺	18	48	40	25	11																		
八坂神社	7	39	40	18	23	12																	
高台寺	5	39	42	21	25	15	3																
平安神宮	14	45	36	19	14	4	12	11															
鞍馬・貴船	63	78	45	51	50	55	59	60	55														
四条河原町	10	36	36	14	25	16	7	7	12	54													
大原	67	98	64	71	51	57	63	63	58	48	65												
下鴨神社	30	49	24	27	18	24	27	27	20	41	22	48											
東寺	21	38	40	21	44	35	23	21	30	65	20	78	42										
京都駅ビル	22	38	41	20	38	29	18	16	25	64	13	75	35	5									
知恩院	11	39	42	22	19	11	5	8	7	59	8	63	29	27	20								
京都市京セラ美術館	15	45	37	18	12	4	12	11	1	55	12	57	23	31	24	10							
三十三間堂	8	41	45	24	32	22	10	8	18	64	12	69	34	15	8	14	18						
東本願寺	15	37	40	19	37	28	17	15	23	63	12	74	34	11	3	20	24	8					
西本願寺	19	32	32	15	41	30	21	19	27	60	16	80	37	9	8	23	27	13	7				
京都御所	27	39	19	13	19	21	24	23	17	47	17	57	15	30	22	24	18	27	19	24			
龍安寺	47	26	12	23	37	42	44	44	38	49	37	69	33	44	42	43	41	50	42	37	26		
錦市場	15	32	34	13	27	21	12	11	13	55	5	63	23	21	13	12	13	17	10	14	15	38	
東福寺	25	48	57	34	48	39	27	25	35	72	24	83	46	15	17	32	35	15	21	25	37	59	29

タクシー利用の注意

◆道路状況について

桜・紅葉の時期など観光客の多いシーズンはもちろん、１年を通して交通渋滞が発生しています。また、渋滞しやすい場所もあり、上記所要分はあくまで目安としてご利用ください。

※所要時間の計算方法：距離×1.5（信号など）÷速度（30Km/h）、 嵐山・大原・鞍馬寺は郊外なので、速度（40Km/h）で計算

渋滞しやすい場所の一例

・京都駅周辺、河原町通り（特に御池～四条）、四条通り（特に河原町～烏丸）、東大路通り（特に南行き（八坂神社・祇園→清水寺・京都駅方面））